일제강점기 지방의회 회의록 번역·해제집 3

1920년대 전라·충청·평안 편

동국대학교 대외교류연구원 · 인간과미래연구소 번역해제집 013

일제강점기 지방의회 회의록 번역 · 해제집 3

1920년대 전라·충청·평안 편

초판 1쇄 발행   2024년 3월 31일

편역자 | 천지명
펴낸이 | 윤관백
펴낸곳 | ▓선인

등 록 | 제5-77호(1998.11.4)
주 소 | 서울시 양천구 남부순환로 48길 1
전 화 | 02) 718-6252 / 6257
팩 스 | 02) 718-6253
E-mail | sunin72@chol.com

정가   28,000원
ISBN   979-11-6068-798-9   94910
ISBN   979-11-6068-795-8   (세트)

· 잘못된 책은 바꿔 드립니다.

이 저서는 2017년 대한민국 교육부와 한국학중앙연구원(한국학진흥사업단)을
통해 한국학 분야 토대연구지원사업의 지원을 받아 수행된 연구임
(AKS-2017-KFR-1230007).

동국대학교 대외교류연구원
인간과미래연구소 번역해제집 013

일제강점기 지방의회 회의록 번역 · 해제집 3

1920년대 전라·충청·평안 편

천 지 명 편역

▌ 발간사 ▐

이 책은 동국대학교 대외교류연구원이 한국학중앙연구원의 지원을 받아 2017년 9월부터 2020년 8월까지 진행한 〈일제강점기 '지방의회 회의록'의 수집·번역·해제·DB화〉 사업의 결과물을 간행한 것이다.

우리나라에서 지방자치제도가 본격적으로 도입된 것은 1948년 대한민국 헌법에서 지방자치를 명시하고, 이듬해인 1949년 최초의 「지방자치법」이 제정되면서부터였다. 그러나 6·25전쟁의 발발로 1952년에 와서 비로소 최초의 지방의회가 구성되었다. 이후 1960년 4·19혁명과 함께 제2공화국이 수립되면서 장면 정부(1960~1961년)는 「지방자치법」을 개정하여 지방자치제를 실시하였으나, 1961년 군사 쿠데타로 집권한 박정희 군사정부는 지방의회를 해산하고 「지방자치에 관한 임시조치법」을 제정하여 「지방자치법」의 효력을 정지시켰다. 1972년 유신헌법은 지방의회의 구성을 조국의 통일 때까지 유예한다는 부칙 규정을 두었고, 1980년 헌법도 지방의회의 구성을 지방 자치 단체의 재정자립도를 감안하여 순차적으로 하되, 그 구성 시기는 법률로 정한다는 부칙조항을 두었다. 그러다 1987년 6월 항쟁으로 개헌이 이루어지면서 1987년 헌법에서야 비로소 지방의회의 구성에 관한 유예 규정이 삭제되었고, 1988년에는 「지방자치법」이 전면 개정되었다. 이에 따라 1991년 상반기 각급 지방의회가 구성되었고, 1995년 광역 및 기초단체장과 광역 및 기초의회 의원선거를 실시하게 되었다.

그러나 우리나라에 지방자치의 전신제도가 싹트기 시작한 것은 1895년 「향회조규」 및 「향약판무규정」이 시행되면서부터라고 할 수 있다. 이 조규와 규정은 지방 공공사무를 처리할 때 주민의 참정권·발언권을 인정한 획기적인 것이었으나, 1910년 이후 모두 소멸되었다.

근대적 의미의 지방자치제도가 불완전하나마 실시된 것은 일제가 식민지정책의 일환으로 1913년 10월에 제령(制令) 제7호로 부에 「부제(府制)」를, 제령 제8호로 재한 일본인의 교육을 위한 「학교조합령」을 제정하고, 1917년에 제령 제1호로서 「면제(面制)」를 공포·시행하면서부터였다. 또한 일제는 1920년 제령 제15호로 「도지방비령(道地方費令)」, 제령 제14호로 「학교비령(學校費令)」을 제정·시행하였는데, 학교조합을 제외하고 의회는 없었고, 자문기관만이 있었으나, 그 심의사항도 극히 제한되었다.

그 후 1931년 「부제」·「읍면제」·「학교비령」의 개정 및 「학교조합령」의 개정이 있었고, 「도제(道制)」 등이 제령 제13호 내지 제15호로 공포되어 「부제」와 「읍면제」는 1931년 4월부터, 「도제」는 1933년 4월부터 시행되었다.

도·부·읍의 조직은 의결기관과 집행기관으로 구분되었는데, 의결기관으로는 도회(道會)·부회(府會)·읍회가 있었고, 그 의장은 각각 도지사·부윤(府尹)·읍장이 맡았다. 의결기관이라고는 하나 자문기관의 지위를 겨우 면한 정도였고, 권한도 도정 전반이 아니라 법령에 열거된 사항에 한정되었다.

식민지 시기에 실시된 '지방의원'의 선거는 일정액 이상의 세금을 납부한 자에 대해서만 투표권을 부여하였기에 그 요건을 충족하는 부유층, 일본인, 지역 유지만 참가할 수 있는 불공평한 선거였다. 그나마 식민지 시기의 종식과 함께 일제 강점기의 지방의회제도는 역사에서 삭제되었고, 국민으로부터도 외면당하였다. 일제에 의하여 도입·시행된 지방의회제도에 어떤 식으로든 참여하였다는 것은 일제 통치에 '협력'하였음을 의미할 수 있으므로, 드러낼 수 없는 수치스러운 과거로 인식되었기 때문이다. 이로 인하여 상당 기간 이 분야의 연구는 진척되지 못하였고, 역사의 공백기로 방치되어 있었다.

그러나 식민지기 '지방의회' 연구는 다음과 같은 이유로 볼 때 학문적 가치가 높다 할 것이다. 첫째, 일제 강점기 지방의회에 참여한 '지역 엘리트'는 해방 후에도 지방의회에 참여하여 일제 시대의 지방의회 제도를 상당 부분 계승하였기에, 일제 강점기 지방의회 제도의 연구는 해방 전후 지역사를 탐색하기 위한 필수적인 작업이 될 수밖에 없다. 둘째, 일제 시대의 '지방의회'는 '식민지적 근대'가 집약되고 농축되어 있는 대표적 영역 중의 하나다. 전근대부터 형성된 사회관계의 동태적인 지속과, 근대의 불균등성 및 모순과 대립이 고스란히 '지방의회'를 둘러싼 지방 정치에 녹아있기 때문이다. 셋째, 회의록에 담긴 내용은 그 시기 그 지역 주민들의 삶을 고스란히 보여주고 있다는 점에서 일제 강점기 '민초'들의 일상을 엿볼 수 있는 귀중한 자료가 된다.

특히 지방의회 회의록은 지방행정 실태와 지역 권력 구조의 실상을 밝히는 데 필수적 자료라고 할 수 있다. 지방의회는 그 지역의 산업·경제, 문화, 환경, 관습, 제도, 지역민의 욕구, 취향 등 지역민의 생활과 직결된 다양한 영역이 총체적으로 동원된 네트워크였다. 지방의회는 그 지역의 역사적 고유성과 차별성이 빚어낸 집단적 사고방식, 생활습관 등에 따라 매우 다양하게 운영되었는데, 지역의 역동성을 가장 실체적으로 드러내는 자료는 지방의회 회의록이다. 그럼에도 불구하고 그동안 이 귀중한 문헌이 제대로 활용되지 못한 이유는, 회의록이 국가기록원의 방대한 자료 속에 산재해있어 접근이 용이하지 못했기 때문이다.

본 연구팀은 이에 착안하여 국가기록원 문서군에 흩어져있는 지방
의회 회의록 약 5천 건을 추출하여 연도별, 지역별, 행정단위별 등 여
러 범주에 따라 분류 가능하도록 체계화하였다. 그리고 회의에서 다
룬 의안과 회의 참석 의원, 결석 의원, 참여직원, 서명자, 키워드 등을
DB화하였다. 또한 회의록 중 지역사회에 파장을 가져오거나 이슈가
되었던 사안과, 그 지역의 장소성을 잘 보여주는 회의록, 일제의 지방
정책의 특성이 잘 나타나는 회의록 등을 선별하여 번역·해제하였다.
이로써 기존 연구에서 부분적으로 활용되던 지방의회 회의록을 종합
하여, 지역의 정치·경제·문화·사회운동·일상 등 모든 분야에 걸친 식
민지 사회 연구의 토대 조성에 일조하고자 하였다.

연구대상의 시기는 일제 통치방식의 변화가 지방의회에 미친 영향을
고려하여 1920년대(1기), 1930~1937년 중일전쟁 이전까지(2기), 1937~
1945년 해방까지(3기)의 기간으로 구분하였다. 1시기는 1920년 부제와
면제시행규칙 등 지방제도가 개정된 후 도평의회가 설치되고 부협의회
와 면협의회 선거를 실시하기 시작한 시기이다. 2시기는 1930년 개정된
지방제도로 도평의회가 도회로 개정되고 부회와 읍회가 자문기관이 아
닌 의결기관이 된 시기이다. 3시기는 중일전쟁 이후 사회 각 전반에서
통제정책이 시행되고 지역 사회의 공론장이 위축되며 지방 참정권이
극도로 제한된 시기를 포괄한다. 총 9권으로 이루어진 이 총서의 1~3권
은 1시기에 해당하며, 4~6권은 2시기, 7~9권은 3시기에 해당한다.

이 총서는 연구팀이 수행한 번역과 해제를 선별하여 경기·함경, 강
원·경상·황해, 전라·충청·평안 등 지역별로 나누어 각 권을 배치하였
다. 물론 방대한 회의록 중 이 총서가 포괄하는 분량은 매우 적다 할
수 있다. 그러나 가능한 도·부·읍·면 등 행정단위와 지리적·산업적 특
성, 민족적·계층별 분포에 따라 다양한 범주를 설정하여 회의록의 선

택과 집중에 힘썼기에, 각 도와 도 사이의 비교나 도의 하위에 포괄되는 여러 행정단위의 공통점과 차이점을 간파하는 데 도움이 될 것으로 기대한다. 특히 지역의 다층적 구조 속에서 '근대적'이고 '식민주의적'인 요소가 동시대에 어떻게 병존하는지, 그 관계성의 양상이 지역의 역사지리적 특성에 따라 어떻게 다르게 전승되는지를 파악하는 데 도움이 될 것이라 생각한다. 총서뿐 아니라 지방의회 회의록을 체계적으로 분류하고 집대성한 성과는 앞으로 식민지시기에 대해 보다 폭넓고 심도깊은 연구를 추동할 수 있으리라 믿는다.

이 총서가 간행되기까지 많은 분들이 도움을 주셨다. 먼저 지방의회 회의록 번역과 해제 작업이 전면적으로 이루어질 수 있도록 연구비를 지원해준 한국학중앙연구원과, 연구팀을 항상 격려해주신 동국대학교 전 대외교류연구원 고재석 원장님과 현 박명호 원장님께 감사드린다. 연구팀의 출발이 가능하도록 지원해주신 하원호 부원장님께 특히 감사의 마음을 전하고 싶다. 그리고 연구의 방향성 설정과 자료의 선택에 아낌없는 자문을 해주신 국민대학교 김동명 교수님, 동아대학교 전성현 교수님, 공주교육대학교 최병택 교수님께 감사드린다. 또한 연구팀의 원활한 운영을 위해 최선을 다해주신 국사편찬위원회 박광명 박사님과 독립운동사연구소 김항기 박사님, 그리고 동북아역사재단 박정애 박사님께도 감사드린다. 시장성이 적음에도 흔쾌히 출판에 응해주신 선인출판사 여러분께도 감사드리고 싶다. 끝으로 지리한 작업을 묵묵히 진행한 총서 간행위원회에 몸담은 모든 연구자 여러분께 우정의 마음을 전한다.

2024년 3월
연구책임자 동국대학교 조성혜

▌ 머리말 ▐

　일제강점기 지방의회 회의록 번역·해제집 시리즈(1~9권)은 한국학
중앙연구원의 2017년도 한국학분야 토대연구지원사업의 일환으로 진
행된 「일제강점기 '지방의회 회의록'의 수집·번역·해제·DB화」사업의
결과물을 단행본으로 발간한 것이다. 이 책에는 위 사업의 1년차 작업
물의 일부로 1920년대 전라도·충청도·평안도 지역의 지방의회 회의록
중 그 시기 지방의회의 특징을 잘 보여주는 회의록들을 선별하여 수
록하였다. 도평의회 3건, 부협의회 9건, 면협의회(지정면) 13건으로 총
25건의 지방의회 회의록을 수록하였다.

　일제는 지방제도의 개정을 통해 식민지 조선인에게 제한적이나마
정치적 참여를 허용하고, 식민지 지방정책에의 협력을 유도하였다. 일
제시기 일련의 지방제도 개정 과정은 이러한 양상을 잘 확인시켜준
다. 1914년, 1917년, 1920년, 1931년, 1933년 시행된 부제, 면제, 부·면
제, 개정 부제 및 읍면제, 도제 등은 일제시기 지방제도 개정의 기본
으로, 이러한 지방제도 개정을 거치면서 불완전하지만 '지방자치'를 표
방하며 도(평의)회, 부(협의)회, 읍·면협의회 등을 설치하였다. 위 기
관들은 제도 개정에 따라 명칭과 성격의 변화를 거쳤다. 1920년대 설
치된 도평의회, 부협의회, 면협의회는 지방행정 자문기관으로 의결권
을 갖지 않았고, 1930년대 이후 설치된 도회, 부회, 읍회는 지방행정
의결 기관이었다.

1920년대 지방제도 개정의 가장 핵심적인 내용은 1910년대 부에만 두었던 협의회 제도를 도(道), 면(面)까지 확대하여 도평의회, 면협의회를 둔 것이었다. 도평의회와 부협의회, 면협의회는 각각 다음과 같이 구성되고, 아래의 사항 등을 자문하였다.

먼저 도평의회원은 도지사가 1/3을 임명하고, 나머지 2/3는 부군도에 배당하여 해당 부군도의 부면협의원이 선거한 후보자 중에서 임명하였다. 그리고 도지사는 도평의회에 1) 세입출예산 2) 지방세, 사용료, 수수료 또는 부역현품의 부과징수 3) 기채 4) 세입출예산으로써 정하는 것을 제외한 이외 새로 의무의 부담하거나 포기한 일 등을 자문하여야 했고, 도평의원은 도(道)의 공익(公益)에 관한 사건에 대한 의견서를 도지사에게 제출할 수 있었다.[1]

부협의회는 기본적으로 1913년 10월 발포된 부제(府制)에 따랐으나, 위와 달라진 것은 관선(官選)으로 선출하던 협의원을 민선(民選)으로 선출하게 된 것이었다. 부윤은 부 사무와 관련하여 1) 부조례를 설치 또는 개폐 2) 세입출예산 3) 부채(府債) 4) 세입출예산에서 정하는 것을 제외한 새로운 의무의 부담 또는 권리 포기 5) 기본재산·특별기본재산 및 적립금곡(積立金穀) 등의 설치 또는 처분 6) 부의 폐치에 따른 재산처분 7) 이외 부윤이 필요하다고 인정하는 일 등을 협의회에 자문하였다.[2]

면협의원의 경우, 지정면(指定面)은 선거방식을 취하였고, 일반 면(面)은 지방관이 임명하였다. 면장은 면협의회에 1) 세입출예산(歲入出豫算) 2) 법령에서 정하는 것을 제외한 외 사용료, 수수료, 부과금

---

1) 「朝鮮道地方費令施行規則左ノ通正ス(朝鮮總督府令第百五號)」, 『朝鮮總督府官報』 號外, 1920.07.29.
2) 「府制(制令 第7號)」, 『朝鮮總督府官報』 號外, 1913.10.30.

(賦課金) 또는 부역(夫役) 현품(現品)의 부과징수(賦課徵收) 3) 차입금
(借入金). 단 면은 예산 내의 지출을 하기 위해 필요할 때에는 도장관
의 인가를 받아 회계연도 내의 수입으로써 상환할 일시의 차입금을
할 수 있는데 이 경우는 제외 4) 새로 의무 부담을 정하거나 권리를
포기할 경우 5) 면의 구역 변경에 따르는 재산 처분 6) 이외 면장이 필
요하다고 인정하는 면에 관한 사건 등을 자문하였다.[3]

따라서 여기에 수록한 회의록들은 기본적으로는 위와 관련된 내용
들을 주로 담고 있다.

도평의회와 관련하여서는 총 3건의 회의록을 수록하였는데, 사실상
1920년대 해당 지역 도평의회 회의록을 선별, 수록하는 것은 쉽지 않
았다. 초본 형태로 남아 회의록이 지나치게 소략되어 있었기 때문이
다. 그 중 제10차 전라남도평의회 회의록 초본 제9일 ~ 제10일(1929년
2월 29일 ~ 1929년 3월 1일)과 제11회 충청남도임시도평의회 회의록
초본(1928년 2월 8일)을 수록하였다. 전라남도평의회 회의록의 경우
내용이 극소량이지만 당시 신문자료와 전하는 내용이나 분위기가 달
라 양자를 비교하여 본다는 측면에서 수록하였다. 충청남도임시도평
의회 회의록은 도평의회의 회기 진행, 의사방식 등을 확인할 수 있는
자료로써 수록하였다. 대전도립의원 보조와 관련되어 개최된 충청남
도임시도평의회는 정기(定期)가 아닌 임시(臨時)로 진행되었다. 동 회
의의 회의록은 본 회의가 왜, 어떻게 정기가 아닌 임시로 추가 소집되
었는지에 대한 내용 등이 상세하게 확인되어, 도평의회의 회기 진행,
의사방식 등을 확인할 수 있는 자료로써 의미가 있다.

부협의회와 관련하여서는 총 9건의 회의록을 수록하였다. 부협의회

---

3) 「面制中改正ノ件(制令第十三號)」, 『朝鮮總督府官報』 號外, 1920.07.29.

의 자문 사안과 부의 사업을 다양하게 확인할 수 있도록 자료를 선별
하였다. 먼저 목포부 회의록을 2건 수록하였다. (목포부협의회) 회의
록(제1회, 1928년 3월 26일)은 공동하역장(共同荷役場), 공설시장(公設
市場), 도선경영권(渡船經營權) 등 부(府)가 이권(利權)을 확보해 가는
과정들이 잘 확인되는 자료이다. (목포부협의회) 회의록(제2회, 1929년
3월 18일)은 목포부의 각조 조례(條例) 제정을 다루고 있는 회의록으
로써 당시 부의 주요 사무를 확인하고, 이에 따른 이해관계가 어떻게
논의되는지 확인할 수 있다. 특히 부세부과규칙(府稅賦課規則) 개정
(1929.2)에 따른 부세조례(府稅條例) 제정에 대한 논의 과정은 지방 재
정의 일면을 이해하는데 크게 도움이 되는 부분이다.

다음으로 진남포부협의회 회의록을 3건 수록하였다. 1927년 회의록
1건(진남포부협의회 회의록(제1일), 1927년 3월 18일)과 1929년 회의록
2건(진남포부협의회회의록(제1, 2일), 1929년 3월 15일~16일)을 수록하
였다. 1927년도의 회의록은 1926년 제1차 지방세제정리(地方稅制整理)
가 실제 지방에 어떤 식으로 반영되는지를 보여주는 자료로써 수록하
였다. 변경된 세제가 일반민에 어떠한 영향을 미치게 되는지에 대해
부당국과 협의회원간에 상당히 상세하게 논의되고 있다. 또한 이 회
의록을 보면 그 부담으로 마련된 재원(財源)이 조선인을 위해서 사용
되지도 않는 것을 그리고 있어 해당시기 조선인의 실상을 이해하는
데에도 도움이 되는 자료이다. 1929년 3월 15, 16 양일간의 진남포부
협의회에서는 1928년도 추가예산, 1929년 세입출예산에 대한 논의가
이루어졌다. 본 협의회의 15일에는 하수공사(下水工事), 16일에는 살
수비(撒水費)에 대한 논의가 주요 쟁점이었는데 양자 모두 조선인에
대한 차별 문제가 격하게 제기되었다. 진남포의 경우, 조선인 의원들
이 많은 지역이었고, 유권자의 수의 측면에서도 보더라도 조선인들이

상당히 유세하였던 지역이었음에도 불구하고 조선인들이 놓여진 상황은 다른 지역들과 크게 다르지 않았던 것이다.

다음으로 평양부협의회 회의록 2건을 수록하였다. 제108회 평양부협의회 의사록(1926년 12월 14일), 제127회 평양부협의회 속회 의사록(1929년 3월 29일)이다. 제108회 평양부협의회 의사록은 평양부가 평양전기회사(平壤電氣會社)를 인수한 후 그 인수자금을 어떻게 할 것인지에 대해 논의한 내용을 담고 있다. 이때 조선총독부는 지방에 공채(公債)를 처음으로 인가하였고, 평양부에서 발행한 공채를 식산은행(殖産銀行)에서 인수하는 방식이었다. 평양은 지방공채의 시험무대였고, 이후 경제공황이 오기 전까지 지방단체들에 지방공채가 활발하게 발행되었다. 공공산업의 부영화(府營化)와 조선총독부의 지방 공채 정책을 이해하는 자료로써 상당히 의미있는 자료이다. 제127회 평양부협의회 속회 의사록은 지방민의 의료 현실을 확인할 수 있는 자료이다. 평양 자혜의원의 전염병 환자 격리병동의 파행적 운영과 이에 따른 조선인 환자들의 피해상이 확인된다.

다음 신의주와 관련하여 1929년 3월 22, 23 양일간 개최된 협의회 회의록을 수록하였다. 22일 회의록에서는 제방(堤坊), 수도공사(水道工事) 등으로 인해 재정난에 빠져있던 신의주의 지방공채 발행과 축견세(畜犬稅), 폐제(廢堤) 등에 대한 논의가 확인된다. 신의주 지방공채 발행 논의 내용은 평양과는 또 다른 결의 지방단체의 지방공채 발행 형태를 확인할 수 있는데, 사업 자금의 기채가 아니라 기존의 고율의 보통기채를 상환하기 위한 공채 형태를 지방단체가 활용한 사실이 확인된다. 한편 축견세 등 잡종세 신세(新稅)는 지역별로 다양하게 설정되므로 회의록을 통해 그 설정 과정이나 이에 대한 찬반 논의 내용을 비롯, 지역적 특성까지도 확인할 수 있다. 폐제(廢堤) 관련 논의는 지방에서 실시한 사업 결과물이 어떻게 운영되는지에 대한 논의로써 주목된다. 23일 회의록은 1일차에서 전원 위원부탁한 1929년 세입출 예산의 보고로 이루어졌다. 위원장이 보고한 전원위원회의 회의 내용 이다. 주요 내용으로 전기부영 요청 등이 확인되는데 이 자료 또한 관련 기사4)가 본 회의록의 내용과 다소 차이를 보임으로써 자료 접근에 대한 재고를 요하는 부분이다.

면협의회와 관련하여서는 총 13건의 회의록을 수록하였다. 관선(官選) 의원의 보통면협의회를 제외하고, 민선(民選) 의원의 지정면을 중심으로 회의록을 수록하였다. 먼저 제주면협의회 회의록을 3건 수록 하였다. 1928년 3월 22, 23일 양일간 개최된 회의의 회의록을 각각 수록하고, 1929년 1월 18일 회의록을 수록하였다. 1928년 3월 22일, 23일 회의록은 제주면의 면부과금(面賦課金) 결정 및 예산 논의 과정을 확인할 수 있는 자료이다. 제주에서는 부과금의 형평성을 따지는데 시내(市內), 시외(市外)의 구별을 특히 중시하고 있는데 지역적 특성으로써 이러한 것을 확인해 나가는 것도 지역 사회를 이해하는데 크게 도움이 될 것으로 생각한다. 1929년 1월 18일 회의록에는 제주의 중요 항인 산지항(山地港)의 축항공사 관련 내용을 상세하게 확인할 수 있다. 제2기 축항공사에 대해 찬반 견해가 나뉨으로써 이를 통해 공사의 문제점이 무엇이었는지 확인할 수 있다.

다음으로는 1928년 3월 31일 개최된 전주면협의회 회의록을 수록하였다. 이 협의회에는 1명의 의원을 빼고 모든 조선인 의원들이 참석하기 않고 있다. 부장(副長) 임명 문제를 두고 군당국과 마찰하였기 때문이었다. 총사퇴하였다가 사퇴 철회를 하기는 하였지만 이들은 전부

---

4) 「電氣府營 問題擡頭 新義州府議」, 『매일신보』 1929.3.25.

회의에 참석하지 않았고 이러한 사건의 여파는 회의록에서도 확인할 수 있다.

다음으로 1929년 3월 27일 공주면협의회 회의록을 수록하였다. 이 회의록은 동 26일에 이어 2일차에 해당하는 회의록으로 각 관항목을 빠짐없이 논의하고, 면당국의 항목 설명도 상세하여 면 사업을 이해하기 좋은 자료로써 수록하였다. 그리고 협의원들의 면이원(面吏員) 여비 확대 주장, 조선인 구장(區長)의 세금징수, 수도급수 차별 등은 본 회의록에서 주목하여 볼만한 사항이다.

다음으로 충주면의 1929년 제2회 면협의회 회의록 초본(1929년 3월 16일)을 수록하였다. 충주면의 세입출예산에 대한 각 항목 논의가 상당히 자세히 기재되어 있는 자료이다. 이 중 주목되는 것은 구장(區長)의 대우에 대한 부분으로 대우 방식을 변경하려는 논의를 하고 있어 지방 말단행정을 이해하는 측면에서 볼만한 자료이다.

선천면협의회는 총 3건의 회의록을 수록하였다. 1928년 2월 24, 25일 양일간 개최된 제23회 1~2일차 회의록과, 동 9월 25일 제25회 회의록이다. 1928년 2월 24일 회의록은 선천면의 1928년도 세입·세출의 논의한 회의록으로 신탄시장 관련 논의가 주목할 만하다. 면당국이 신탄시장을 신설하여 면민들의 고충이 커진 상황에서 협의원 측은 면민들의 입장을 대변하여 각종 주장을 전개한다. 이 회의록에는 이 내용을 상세하게 담고 있어서 면의 이권 장악 관련 면당국과 협의원, 면민들의 입장까지 다각적으로 확인할 수 있다. 25일 회의록은 세입경상부 중 세금징수과 관련된 부분을 상세하게 다루고 있어, 선천면 세입의 일반적 상황을 확인하는데 도움이 된다. 동 9월 25일 회의록에서는 선천면의 주요 사업인 도로수선공사와 배수공사, 천연두 창궐과 관련된 예산 처리, 비용문제, 사업 방식 등의 구체적 내용을 확인할 수 있다.

마지막으로 의주면협의회와 관련하여 회의록 4건을 수록하였다. 의주면협의회 회의록은 제28회 면협의회 회의록으로 1~4일차 회의록 (1928년 3월 8~11일)을 전부 수록하였다. 1일차 회의록에서는 1928년 의주면 세입출예산에 대한 논의 내용이 주로 들어있다. 의주면의 경우 면당국보다 면협의원 측 적극적으로 세입 확보 및 절감, 사업 점검 등에 앞장서는 모습을 확인할 수 있다. 면당국의 정책에 수동적으로 따르기만 하는 것은 아닌 것으로 확인된다. 2일차인 9일의 회의록은 1일에 이어 역시 세입출예산 논의에 대한 내용이다. 면협의원들의 면무(面務)에 대한 다양한 문제제기를 확인할 수 있다. 3일차는 부과금(賦課金)에 대한 내용이다. 의주면의 부과금인 시가지세할, 영업세할, 호별할, 특별영업세할, 잡종할 등에 대해 논의한 내용이 확인된다. 특히 잡종할 중 축견세는 조선인 의원들의 반대로 부결되었다. 축견세를 비롯하여 지역적 특성을 갖는 잡종할 관련 논의는 다른 지역 회의록과도 비교 분석하여 보기에도 좋은 자료이다. 그러한 작업들을 통해 일제시기 지방세(地方稅)의 지역적 특성을 규정하고, 지방세제(地方稅制)를 이해하는 데에도 일조할 수 있을 것이라 생각한다.

1920년대 지방의회 회의록은 도평의회, 부협의회, 면협의회가 각각 자문하는 내용들이 유사한 측면이 있기 때문에 같은 내용이 지역별로 어떻게 나타나는지 비교하여 살펴볼 수 있는 자료이기도 하다. 그 가운데 유사성과 특이성이 추출되고 기관의 일반성, 지역적 특수성 등을 규정할 수 있게 될 것이라 생각한다. 또한 회의록 자료는 지역의 사업, 사건 등에 대해 행정 당국의 입장뿐만 아니라 부족하나마 협의회원들의 의견까지 종합적으로 확인할 수 있어 해당 지역의 이해관계를 복합적으로 보여주기 때문에 지방 사회를 이해하는데 중요성을 갖는 자료라 생각한다.

▌목차 ▌

Ⅲ. 면협의회 회의록

I
도평의회 회의록

1) 제10차 전라남도평의회 회의록 초본(제9일)

항 목	내 용
문 서 제 목	第十次 全羅南道評議會 會議錄 抄本(第9日)
회 의 일	19290228
의 장	金瑞圭(전라남도 지사)
출 석 의 원	村上直助(1), 吉田直良(2), 朴泰奎(3), 鄭昌旭(5), 河野喜三郎(6), 朴鍾德(7), 黃権八(9), 李載㴋(10), 文在喆(11), 金奉珏(12), 金漢昇(13), 崔元淳(14), 吳憲昌(15), 政吉信(16), 金相亨(17), 金俸寶(19), 林炳元(20), 孫英(21), 李根彰(22), 盧載昇)(24), 尹燁(26), 朴珥圭(27), 板口喜助(28), 朴準圭(29), 金商燮(30), 李康烈(31)
결 석 의 원	丁奎泰(4), 玄俊鎬(8), 宮脇丈八(18), 李根浩(23), 許燦(25), 金玹載(32), 金相弼(34)
참 여 직 원	
회 의 서 기	
회 의 서 명 자 (검 수 자)	井手誠(조선총독부 도속)
의 안	자제1호 1929년도 전라남도지방비 세입세출예산안
문 서 번 호 (I D)	CJA0002690
철 명	도지방비예산서철
건 명	도지방비세입세출예산에관한건(회의록첨부)
면 수	5
회의록시작페이지	568
회의록끝페이지	572
설 명 문	국가기록원 소장 '도 지방비 예산서철'에 포함된 1929년 2월 28일 전라남도평의회 회의록

해 제

본 회의록(총 5면)은 국가기록원 소장 '도 지방비 예산서철'의 '도지방비 세입·세출예산에 관한 건(회의록 첨부)'에 포함된 1929년 2월 28일 전라남도평의회 회의록이다. 제10차 제9일의 회의록인데 회의록은 아쉽게도 자세하지 못하다. 이 회차의 전라남도평의회와 관련하여 확인되는 회의록은 제9일과 제10일의 회의록인데 분량이 극소하여 이 회의록들만 보아서는 회의장의 분위기나 논의 내용이 무엇이었는지 사실상 알기 어렵다. 반면 이 회차 전남도평의회와 관련 당시 신문자료[1])에는 회의 전말을 상당히 상세하게 전하고 있다. 사실상 이 회차의 경우 회의록보다는 신문 자료가 회의내용을 확인할 수 있는 주요 자료라 할 수 있다. 그럼에도 불구하고 신문 자료와 함께 이 원자료 회의록을 비교하여 살펴볼 필요가 있다. 신문 자료는 제1독회를 상세하게 전달하고 있고, 회의록은 2독회를 마치는 부분만을 기록하고 있는데 신문자료와 회의록 자료가 남기고 있는 내용에 차이가 보인다.

신문 자료의 경우 희망, 요청 사항이기는 하나 조선인 의무교육 실시, 여자 생도들을 위한 여자부 설치, 실업보습학교의 설치 등 조선인 교육을 주장하는 내용으로 회의가 마무리 되고 있는데, 회의록 자료는 8만 원의 예산을 도민의 부담 외로 증대시킨 도 당국에 대한 찬사로 마무리하고 있다. 이하 신문 자료의 회의 내용을 참조로 게재한다.

전남도평의회 제8일은 28일 오전 10시 35분부터 개회, 세출 위생비에 대하여 카미우치(上內) 경찰부장의 대략(大略)한 설명이 있은 후 위생비 질문에 들어가

무라카미(村上) 군(목포) : 본 도내 도립의원은 매년 결손(缺損)을

---

[1]) 제목과 내용에서 8일차로 되어 있지만, 일자 및 시간이 동일하여 같은 회의로 확인되며, 평의회 일정 기사를 보면 9일차가 맞는 일정임을 알 수 있다.
「全南第八日 衛生費質問後 豫算案可決 醫療機關의 施設普及과 公醫素質向上要望」, 『매일신보』 1929.3.2;「드디어 막을 올리는 제10차 전남도평의원회 ; 소화4년도의 세입출과 예산안의 심사를 진행」,『부산일보』 1929.2.23.

하게 되니 경영 방법과 기술 방면에 더 좀 주력하라.

타카하마(高濱) 위생과장 : 도립의원은 수익만을 목적으로 한 개업의와는 다르다. 그러나 주의하겠다.

김봉각(金奉珏)(순천) : 순회 진료비에 계상된 도서(島嶼) 방면 기왕 성적은 어떠한가.

박종덕(朴鍾德)(해남) : 모히 환자 취체를 일층 철저히 하고 남부에 의료 기관을 설치하라.

타카하마(高浜) 위생과장 : 모히 환자는 일층 적극적으로 취체한다. 남부에 의료 기관 설치 요망은 적절한 말이나, 가령 설치한다 하더라도 부지는 지원민(地元民)이 부담하도록 신영비(新營費) 6만 원 또 년년히 지방비(地方費)로 일주년에 2만 5천 원 이상의 보조를 계속하여야 한다. 금일의 재정(財政)으로 보면 당분간 가능성이 없다.

김상섭(金商燮) 군(목포) : 목포 부립병원을 도립으로 할 수 없는가. 무안군(務安郡) 이로면(二老面)에 공동 정호(井戸) 필요를 역설.

카미우치 경찰부장 : 목포 부립병원은 그대로 목포부가 경영하는 것이 유리하다.

타카하마 위생과장 : 무안군 이로면(二老面) 정호는 4년도에는 설치하려 한다.

문재철(文在喆) 군(목포) : 교통이 심히 편치 못한 무안군 다도해(多島海) 지방에 소규모의 의료 기관을 설치함이 어떠한가. 또 해안지방의 음료수를 개량하라고 역설.

위 질문에 대하여 카미우치 부장, 타카하마 과장 유의하겠다는 답변이 있었다.

이근창(李根彰)(목포) : 모히 중독자 만연의 무서운 예를 들어 각 경찰서의 전임 취체원을 두라 한 후 조선 상구(喪具) 소독 장치고(裝置

庫) 취체의 필요를 역설.

이로써 오전 중의 의사(議事)는 종료하고 오후 0시 20분 휴식, 오후 1시 20분 재개하고.

윤엽(尹燁) 군(강진) 모히 환자와 매약상(賣藥商)을 취체하라는 말과 또 공의(公醫) 소질 문제와 다음에 경찰관(지방)의 소질 개선을 역설

이강열(李康烈)(영광) : 4, 5월경 성어기(盛漁期)에는 매일 만여 명 이상의 어선(漁船) 어상(漁商)이 출입하는 영광군(靈光郡) 위도(蝟島)에 임시적 의료 기관을 설치하면 어떠한가.

타카하마 과장 : 위도에는 법성포로부터 공의(公醫) 1인, 의생(醫生) 2인을 파견하려 한다.

정창욱(鄭昌旭) 군(광양) : 지방개량비 중 영화 구입비에 다액(多額)의 경비를 계상한 것보다 다른 긴급한 지방 개량에 사용하라. 즉 지방 개량 활동사진은 일종의 여흥 거리에 불과하니 필요를 인정할 수 없으며 지방과에서 발행하는 호남월보비(湖南月報費)를 5,200원이나 계상하였으니 호남월보가 지방 교화에 얼마나 필요한가. 기타의 긴급한 사업에 사용하는 것이 어떠한가.

오카자키(岡崎) 내무부장, 모리(森) 지방과장이 이에 대하여 당국의 뜻을 말하여 양해를 구하였다.

박준규(朴準圭) 군(장성) : 도립의원에 입원한 환자 통계에 의하면 내지인(內地人) 입원 환자가 반분(半分) 이상을 점령하고 있다. 이것은 언어의 관계이니 도립의원에 조선인 의원이 1인뿐이다. 적어도 각 과에 1인씩의 조선인 의사를 둘 필요가 없는가.

카미우치 부장의 주의하겠다는 답변이 있은 후

이로써 각비(各費)의 1독회를 종료하고 세입·세출 전부의 2독회로 질문을 옮겼다.

오헌창(吳憲昌)(화순) : 가옥세(家屋稅) 부가를 욱일(旭日)과 같이 발전하는 여수(麗水), 순천(順天), 제주(濟州)에도 부가하라.

모리 지방과장 : 의견은 좋으나 당국의 인가를 요(要)하는 것임으로 고려하여서 하겠다.

정창욱군(광양) : 행정시설을 도시 집중주의를 취한다고 생각 아니할 수 없고 더욱이 토목 정책 같은 것은 일층 그러한 감이 있으니 농촌을 더 좀 사랑하여 주기 바란다.

오카자키 내무 : 명년도(明年度)부터는 전부를 귀의(貴意)에 응케할 수는 없으나 심히 연구하여야 하겠다.

윤엽군(강진) : 조선인에게 (지정면부터) 의무교육을 실시하고 여자 생도가 40명 이상에 달하는 보교(普校)는 여자부를 특설하라. 그리고 실업보습학교를 매년 2교씩 신설하라.

오카자키 내무 : 희망으로 알고 들어두겠다.

오후 4시 50분 제2독회를 종료하고, 의장으로부터 자문(諮問) 제1호 세입·세출예산안에 이의가 없으면 기립을 원한다 하매 전원 기립하여 만장일치로 가결하고 산회, 때는 오후 4시 55분.

내 용

1928년 2월 28일 오전 10시 35분 개의(開議)(중략-편자)

의장 : 지금부터 전일에 계속하여 의사를 진행하겠습니다. 조금 무리가 있을지도 모르지만 의사의 진행상 자문 제1호안의 토목(土木), 권업(勸業), 교육(教育)을 제외하고, 위생비(衛生費) 이하 세출 전부의 제1독회를 하고자 생각하는데 이의 없습니까?

('이의 없다'는 소리가 남)

의장 : 그럼 무리가 될지도 모르지만, 그렇게 결정해서 지금부터 참여원의 설명이 있겠습니다. (중략·원문)

22번(李根彰 군) : 의사 진행에 대해 드릴 말씀이 있습니다. 저도 질문이 있고 여러분도 상당히 있을 것이라 봅니다만, 제1회 독회에서 충분히 말해 두기도 했고, 또 도당국에서도 정신(精神), 성의(誠意), 도민(道民)의 복리를 도모하고 있음에 본 예산 편성에 대해서는 신중하게 고려했던 것이라 생각합니다. 새로운 세(稅)를 설치하여서 도민의 부담도 늘어나겠지만, 약 8만 원은 도민의 부담 외로 증가하고 있어, 도 당국의 성의는 충분히 인정되어지는 것이므로 이 정도에서 제2독회를 종료하고, 제3독회를 생략하여 바로 원안에 찬성하고자 생각하는데 어떻습니까?

의장 : 여러분의 의견을 살펴보니 또 대체 이 정도로 제2독회를 종료해도 좋다고 생각하는 것 같으므로 지금 22번 의원의 동의에 대해서 이의는 없습니까?

('이의 없다'는 소리 일어남)

의장 : 이의 없다는 분이 다수이므로, 22번 의원의 동의는 성립했습니다.

의장 : 지금 22번 의원의 동의에 의해서 자문 제1호안은 제3독회를 생략하고 채결되었으므로 찬성하시는 분은 기립해주십시오.

(전원 기립)

의장 : 만장일치 찬성해주셨으므로 자문 제1호안은 원안대로 가결하겠습니다.

내일은 제2호안부터 제8호안까지 할 것이므로 정각까지 모여주시길 바랍니다. 금일은 여기서 폐회하겠습니다.

시간 4시 50분

위 원본에 의해 등사(謄寫)함

1929년
조선총독부 도속(道屬) 이데 마코토(井手誠)

2) 제10차 전라남도평의회 회의록 초본(제10일)

항 목	내 용
문 서 제 목	第十次 全羅南道評議會 會議錄 抄本(第10日)
회 의 일	19290301
의 장	金瑞圭(전라남도 지사)
출 석 의 원	村上直助(1), 吉田直良(2), 朴泰奎(3), 鄭昌旭(5), 河野喜三郞(6), 朴鍾德(7), 黃権八(9), 李載煉(10), 文在喆(11), 金奉珏(12), 金漢昇(13), 崔元淳(14), 吳憲昌(15), 政吉信(16), 金相亨(17), 金俸寶(19),林炳元(20), 孫英(21), 李根彰(22), 盧載昇(24), 尹燁(26), 朴珥圭(27), 板口喜助(28), 朴準圭(29), 李康烈(31)
결 석 의 원	丁奎泰(4), 玄俊鎬(8), 宮脇丈八(18), 李根浩(23), 許燦(25), 金商爕(30), 金玹載(32), 金相弼(34)
참 여 직 원	木村寬藏(지방과장)
회 의 서 기	
회 의 서 명 자 (검 수 자)	
의 안	자제3호 1929년도 전라남도 아동장려학자금 특별회계 세입세출예산안 외 6건(제2호~제8호)
문서번호(ID)	CJA0002690
철 명	도지방비예산서철
건 명	도지방비아동장학자금특별회계세입세출예산에관한건(회의록첨부)
면 수	5
회의록시작페이지	577
회의록끝페이지	581
설 명 문	국가기록원 소장 '도 지방비 예산서철'에 포함된 1929년 3월 1일 전라남도평의회 회의록

해 제

본 회의록(총 5면)은 국가기록원 소장 '도 지방비 예산서철'의 '도지

방비 아동 장학자금 특별회계 세입·세출예산에 관한 건(회의록 첨부)'
에 포함된 1929년 3월 1일 전라남도평의회 회의록이다. 제10차 전라남
도평의회의 최종일(제10일) 회의록이다. 동 제9일차 회의록과 마찬가
지로 회의록은 상세하지 않다.

　회의록에는 자문 제7호안에 대해서만 약간의 의론이 있은 후 제7호
안을 제외한 제2호~제8호안까지는 특별한 이론 없이 의결한 것으로
기록하고 있는데, 당시 신문 자료를 종합해보면 회의장 분위기는 사
뭇 회의록과는 달랐다는 사실을 확인할 수 있다.[2] 자문 제7호안 '조면
검사수수료징수규칙중개정도령안(繰綿檢査手數料徵收規則中改正道令
案)'의 "제1조 제2항 중 40전(錢)을 30전으로 개정함"이라는 안건에 대
해 찬반 의론이 격렬하여 회의 진행 자체가 잘 되지 않았던 것 같다.[3]
또한 이 회차 회의안 중 중요 안건인 「소화5년도에 관립 사범학교를
광주에 설치하기를 요망함」이라는 의원 측 요망안(要望案)[4]의 가결도
신문 자료를 통하지 않으면 전혀 확인되지 않는다.

내 용

1929년 3월 1일 오전 10시 30분 개의(開議)(중략·편자)
의장(金知事) : 지금부터 개의(開議)합니다.
(중략·원문)
의장(金知事) : 자문안 제2호에서 제8호까지 일괄하여 자문하는 것으

---

[2] 「전남 최종일, 광주사범설치를 만장일치로 요망, 9일간 심의 후 무사히 종료. 예산
기타 전부 가결」, 『매일신보』 1929.3.3.
[3] 「繰綿檢査料로 一波瀾惹起 全南道評議會」, 『동아일보』 1929.3.4.
[4] 「官立師範校를 光州에 設置하라 全南道評議會決議」, 『매일신보』 1929.3.4·5.

로 하였으므로 이점 양지의 후 심의해주시길 바랍니다.

번외(木村 지방과장)

(설명생략·원문)

17번(金相亨) : 의사진행에 대해 말씀드리고자 합니다.

제7호안에 대해서는 아침부터 다소 의론도 있었던 것 같은데 이미 오찬의 시각도 경과하고 있으므로 제가 심히 죄송하지만 제7호안을 제외한 제2호안부터 제8호까지의 의안에 대해서는 별도로 반대하는 것 없고 모두 찬성하므로 원안 찬성이라 하는 것으로 결정하는 것이 어떠한가 동의를 제출합니다.

의장(金知事) : 17번이 문의하였는데 지금의 동의 취지는 제7호안을 제외한 제2호부터 제8호까지의 의안에 대해서는 독회를 생략하고 채결하자는 생각입니까?

17번(金相亨) : 그렇습니다.

의장(金知事) : 지금 17번 의원의 동의에 대해 이의 없습니까?

('이의 없다'라 소리치는 자 다수)

의장(金知事) : 이의 없는 자 다수라 인정합니다. 17번의 동의는 성립했습니다.

의장(金知事) : 지금 17번의 동의에 의해서 자문안 제2호 내지 제6호 및 제8호를 일괄하여 제2독회 및 제3독회를 생략하고 바로 채결하는 것에 찬성하는 분은 기립하여 주시길 바랍니다.

(전원 기립)

의장 : 만장일치라 인정합니다. 제2호 내지 제6호 및 제8호 자문안은 가결, 확정하겠습니다.

의장(金知事) : 지금부터 잠시 휴식하겠습니다.

(이하 생략·원문)

위 원본에 의해 등사함

1929년 3월 28일
조선총독부 도속(道屬) 신철균(申轍均)

3) (충청남도) 제11회 임시도평의회 회의록 초본(제1일)

항 목	내 용
문 서 제 목	第11回 臨時道評議會 會議錄 抄本(第1日)
회 의 일	19280208
의 장	申錫麟(도지사)
출 석 의 원	權丙夏(2), 林世熙(4), 丸山虎之助(5), 田中陣平(6), 具秉定(7), 山道一夫(8), 金昌洙(9), 安鍾洵(11), 辻謹之助(12), 土井禮作(13), 金炳鶴(16), 尹致昞(17), 金裕鉉(18), 沈相台(20), 朴春緒(21), 立川芳(22), 池喜烈(23)
결 석 의 원	
참 여 직 원	南宮營(도참여관), 武井秀吉(내무부장, 도사무관), 佐伯顯(경찰부장, 도사무관), 高橋敏(재무부장, 도사무관), 調武男(농무과장, 도기사), 上田長吉(지방과장, 도이사관), 淸水精一(위생과장, 도기사), 大森鶴吉(토목과장, 토목기사), 瓦元啓(학무과장, 도이사관), 綿貫正治(회계과장, 도속), 琴坂淸松(지방과 근무, 도속)
회 의 서 기	
회 의 서 명 자 (검 수 자)	
의 안	제1호 1928년도 충청남도지방비 세입세출 추가경정예산안, 제2호 1928년도부터 1929년도까지 충청남도지방비 위생비(衛生費) 계속연기(繼續年期) 및 지출 방법
문서번호(ID)	CJA0002632
철 명	도지방비기채의무부담계속비소방비부담에관한철
건 명	도지방비위생비,도립의원비계속비설정의건(충청남도지사)(회의록첨부)
면 수	23
회의록시작페이지	175
회의록끝페이지	197
설 명 문	국가기록원 소장 '도지방비기채의무부담계속비소방비부담에관한철', '도지방비위생비,도립의원비계속비설정의건(충청남도지사)(회의록첨부)'에 실려 있는 1928년 2월 28일 제14회 임시도평의회 회의록 초본

해 제

　본 회의록(23면)은 국가기록원 소장 '도지방비기채의무부담계속비 소방비부담에관한철', '도지방비위생비,도립의원비계속비설정의건(충청남도지사)(회의록첨부)'에 실려 있는 1928년 2월 28일 제14회 임시도평의회 회의록의 초본이다.

　2일간 계획되어 있었던 제11회 충청남도 임시도평의회의 제1일차 회의록의 초본으로, 동 회차에는 권업, 교육 등에 대한 추가예산 논의가 예정되어 있었다.5) 본 회의록의 주요 내용은 대전에 도립의원을 설치하는 것에 대한 논의이다. 그러나 본 회의록은 형식이나 내용면에서 상당히 주목할 만한 내용을 많이 담고 있다. 특히 의사진행과 관련한 부분이 그러하다. 이 회의록은 정기(定期)가 아니라 임시(臨時)도평의회인데, 이렇게 임시로 회의가 진행될 수밖에 없었던 이유와 이에 대한 의원들의 문제제기 부분에서 당시 도평의회의 의사 진행 방식과 문제점 등을 확인할 수 있다.

　이 임시 도평의회는 앞서 언급하였듯 대전 도립의원 설치 관련 안건 등을 논의하기 소집되었다. 그런데 정기가 아니라 임시회의 형식으로 회의를 소집하였는데, 이는 이전 도평의회에서 대전 도립의원 설치가 부결되었기 때문이었다. 대전 도립의원 설치 문제는 1927년 12월 23일 충남도평의회 제3일차에서 지방비 보조 문제를 두고 찬반 의론이 나뉘었고 결국 11대 9로 부결되었다. 대전 도립의원 설치비 18만 원 중 5만 원을 지방비로 보조하는 문제를 두고 공주측 의원인 마루야마 토라노스케(丸山虎之助) 등을 중심으로 반대론이 비등하였다.

---

5) 「忠南 臨時道評議會」, 『동아일보』 1928.1.28.

도당국에서는 방청을 금지하고 휴회6)를 선언할 정도로 회의장의 분위기는 험악했다. 재개된 회의에서 결국 대전 도립의원 설치를 위한 지방비 보조는 부결되었고, 이에 이 임시 도평의회가 소집되게 된 것이었다. 당대 신문에서는 이 부결 사건을 총독 정치 이래 유례가 없었던 일이라고 평가하였다.7) 동일 사건에 대해 당시 대전 측에서 이야기하는 것처럼 도평의회는 의결기관이 아니라 자문기관에 불과하므로 부결되었다 해도 도당국의 의향에 따라 충분히 방향 선회가 가능하였다.8) 그럼에도 불구하고 도당국은 임시 도평의회 소집 방식을 채택하고, 반대파 의원들의 요구에 따라 위원회 방식을 채택하여 조사, 논의의 후 본 문제를 다시 결정하는 과정을 거치고 있음이 확인된다. 본 회의록은 도평의회가 자문기관일 당시 도당국과 도평의회 간의 관계, 도내 각 지역 간 정황과 예산 집행 관계 등을 확인할 수 있는 자료로써 의미가 있다.9)

내 용

오전 10시 25분 도평의회장(道評議會場)에서 개회(開會)함. (중략-편자)

---

6) 「忠南道評議會突如衛生費で大論戰, 大田道立醫院設立補助を否決,當局頗る狼狽す」, 『조선신문』, 1927.12.25; 「대전도립의원, 보조비 문제로 분규, 결국 11대 9로 부결, 충남도평의회 제3일」, 『중외일보』 1927.12.27.

7) 「忠南道評議會突如衛生費で大論戰,大田道立醫院設立補助を否決,當局頗る狼狽す」, 『조선신문』 1927.12.25.

8) 「大田道立醫院 設置問題의 運命」, 『중외일보』 1928.1.29.

9) 2일차는 9일 개최되었다. 교육비와 마루야마 의원(공주) 외 4명이 제출한 건의안 '공주 마곡사(麻谷寺)간 도로개수, 예산군(禮山郡) 덕산면(德山面) 정혜사(定惠寺) 간 직통 도로 개수, 당진군(唐津郡) 오천(汚川) 실업보습학교설치', 군산(群山) 용당(龍唐) 간 도선(渡船) 문제 등에 대해 심의하고, 만장일치 가결하였다. 「臨時忠南道議會」, 『매일신보』 1928.2.10.

도지사 : 지금부터 개회합니다. 출석 도평의회원의 씨명(氏名)을 점호
　하겠습니다.

서기 : 출석 도평의회원 16명입니다.

도지사 : 출석 도평의회원 16명으로 조선 도지방비령시행규칙(道地方
　費令施行規則) 제10조에 의해 유효 성립하였습니다.

(회의록 서명원 선거 생략함)

의장 : 지금부터 서기가 이번 보고사항을 보고하겠습니다.

서기 : 보고드리겠습니다. 작년 12월 제10호 통상 도평의회 개회 후
　동 평의회원의 이동은 없습니다.

　다음으로 본 도지사로부터 본회 자문하였던 자문사항은 제1호 1928
　년도 충청남도지방비 세입·세출 추가경정예산안, 제2호 1928년도부
　터 1929년도까지 충청남도지방비 위생비(衛生費) 계속연기(繼續年
　期) 및 지출 방법

　모두 배부했던 인쇄물의 대로입니다.

(참여원 씨명의 보고, 지사의 인사, 내무부장, 자문안 설명 생략)

5번(丸山虎之助) : 이번 임시도평의회에 있어서 본회에 제안의 일부는
　작년말 상당 문제가 되었던 것이므로 본일은 지금부터 휴게(休憩)
　하여 본 문제를 신중하게 조사하는 것으로 태도를 정하였으면 하므
　로 동의를 제출합니다.

(찬성하는 자 많음)

의장 : 5번으로부터 휴게의 동의는 찬성이 있었으므로 성립하였습니
　다. 찬성하는 분은 기립하여 주시길 바랍니다.

(전원 기립)

의장 : 그렇다면 지금부터 휴게하고 재개(再開)의 시각은 추후 곧 통
　지합니다. (시각 오전 11시 30분)

(오후 2시 재개)

의장 : 지금부터 개회합니다. 제1호 및 제2호안을 일괄하여 제1독회를 하겠습니다.

8번(山道一夫) : 본일 제안하였던 제1호 및 제2호안의 대체에 대해 질문하고자 합니다. 본원이 묻고자 하는 것은 그 내용에 관계하여 이에 질문하고자 하는 바는 예산안과 동떨어진 것을 묻고자 합니다. 먼저 1928년도 통상 예산을 심의한 후 겨우 40여 일이 경과해서 다시 도평의회를 개최한다고 하는데 만약 재심의할 필요가 있다면 무슨 이유인지, 그때 재논의에 붙이지 않고 이렇게 다시 임시회를 열었는가 하는 것은 도(道) 재정상으로 보아도 의원들이 한번 돌아간 후 다시 모이는 것은 다대의 경비를 요구하는 것으로 경제적이지 않은 것이라 생각합니다. 그런데 본 제안의 이유를 보면 국고(國庫)의 보조를 많이 받는 의원(醫院)에 수익이 많으므로 그대로 설치한다면 불합리한 것이라 하는 것인데 과연 그렇다면 의안 집행의 방법도 있는 것으로 이전 회의에서 이미 불합리하다고 인정하여 부결한 것을 무슨 이유로 다시 제안하는 것인가를 먼저 제일로 묻고자 합니다. 이어서 의원(醫院)의 위치를 대전으로 하려고 하는 것은 어떠한 사유가 있어서 인가라 하는 것이고 본도에 설치할 필요가 있으면 다른 지방에도 적당한 장소가 있을 것이라 생각합니다.

본원은 사소한 일에 파고들 이유는 없습니다. 신중한 태도로 질문하는 것으로 또 이전 회의에서 당국의 설명이 불충분하여 타당한 이유도 없습니다. 오직 본 예산을 심의함에 있어 동의하여 둘 필요가 있어 묻고자 하는 것입니다.

참여원(武井 내무부장) : 간단히 답변드립니다. 지금 8번 의원의 질문은 좋은 것입니다. 만약 다시 논의한다면 이전 회의 기간 중에 심의를 했던 쪽이 편의하다라 하는 것은 동감합니다. 그러나 그때는 이 미 회기도 쫓기고 신중한 연구도 필요해서 재의에 부치는 것이 필요하게 되었던 것을 유감이라 생각합니다. 다음 무슨 이유로 대전에 설치하려고 하는 것인가 하면, 대전의 의원의 설치는 7, 8년 전에 이미 본부(本府)에서 내정되어졌던 것으로 계획을 본부와 절충하여 점차 이번 설립하기에 이르렀던 것이므로 마찬가지로 동의를 희망합니다.

참여원(上田 지방과장) : 같은 연도의 회의에서 같은 의안을 다시 자문하는 것인가 하면 무슨 연유로 그때 재심(再審)에 붙이지 않았는가의 8번의 견해와 당국의 해석이 차이가 있는 것이라 생각하여 이번 의회를 기회로 한마디 하고자 합니다. 일단 부결된 같은 사건을 같은 회의 중에 몇 회라도 반복하면 언제까지나 결말을 지을 수 없으므로 회기를 바꾸어 자문한 것으로 같은 회기 중에 일단 부결한 것을 다시 제출하는 것이 가능하지 않다고 생각하고 있는 것입니다. 이는 말할 것도 없는 일사부재리(一事不再理)[10]의 원칙에 의한 것입니다.

그런데 본도의 의사세칙(議事細則)에 의하면 그 제17조에 의안은 동일 회의 중에는 다시 제출하는 것이 가능하지 않은 것으로 되어 있는데 기타에 대해서는 별도로 규정하고 있지 않습니다. 그러나 이는 동 회기 중 다시 제출을 허락하는 주의가 아니라서 회의체의 결의 방법에 대해서 일반 원칙으로 지배되어지는 것이라 이해되고 같은 회기 중의 재제출은 타당하지 않다고 생각합니다. 그러므로

---

10) 어떤 사건에 대하여 판결이 내리고 그것이 확정되면 그 사건을 다시 소송으로 심리·재판하지 않는다는 원칙.

일사부재리라 하는 것은 의사 진행의 원칙으로써 일단 부결되어진 것은 영원히 제안하는 것이 가능하지 않다라 하는 의미가 아니라 생각합니다. 이러한 것은 일본에서도 부현회(府縣會)에서 많이 그 예를 볼 수 있습니다. 그리고 또 부결했던 것을 다시 재심함은 혹 비난이 있어 이번은 새로운 제안의 형식을 취했던 것으로 또 그 정신에 있어서도 특별히 기준에 벗어나지 않는 것이라 생각합니다. 그렇다면 도(道)는 당연한 원안(原案) 집행의 방법을 무슨 이유로 취하지 않았는가 하는 의심이 있을 것인데 이번의 재초집(再招集)은 내무부장이 설명한 것 같은 이유의 의의를 존중했기 때문이므로 그 뜻을 단초로 하여 심의하여 주시길 바랍니다. 이는 요컨대 이번의 재초집은 어떠한 위법이 아니라 오히려 통상이라 생각합니다. 이 점에 오해가 있다면 의사 진행에 방해가 된다라 생각하므로 이상과 같이 한마디 말씀드렸습니다.

이에 따라 임시회(臨時會)를 개최하여 재의(再議)에 붙인 점에 대해서는 당국을 신뢰하여 심의하여 주시길 바랍니다.

8번(山道一夫) : 대체의 설명은 양해하였는데 지금 본원이 가장 존경하는 지방과장의 설명 중에 헤아리기 어려운 점이 있습니다.

본 문제는 본 도(道)뿐만 아니라 조선 전도(全道)의 문제라고도 할 수 있는 것인데 그러나 어떠한 답변이 없었으므로 그 요지가 헤아릴 수 없었던 결과 원안을 찬성해달라는 것인지 본원이 질문하고자 하는 것은 안의 찬성, 불찬성과는 별도로 당국은 도민(道民)의 이해(利害), 휴척(休戚)[11]을 고려하여서 제안을 하였던 것이라 생각하는데 그렇다면 무슨 이유로 지사(知事)의 권한에 속하는 원안 집행의

---

11) 편안함과 근심.

방법을 취하지 않고 재심을 한 것에 대해 위법이라 하지 않습니다. 그러나 이전 회의에서 도치(道治)상 불리불익(不利不益)이라고 부결했던 것을 다시 심의할 필요가 없다라 생각합니다. 만약 재초집이 불가했다라 하면 그때 재심하는 것도 지장없다고 생각합니다. 요컨대 원안 집행도 재심하는 것도 의의는 마찬가지인 것으로 재심이 위법이 아닌 이상 같은 회기 중에 부결된 것을 그 회기 중 재초집한 것도 별도로 불온당은 아닌가라 생각합니다. 또 그 내용을 새롭게 다시 한다라 하는데 정말로 금액이 다소 달소 달랐던 점도 있는데 실질적으로 무엇이 변한 것인가도 없는 것입니다. 재심에 대해 그 이유가 불철저하므로 이 점에 대해 지금 한 번 답변하여 주시길 바랍니다.

참여관(武井 내무부장) : 제가 답변드리겠습니다. 지금 지방과장의 설명은 다소 이론적인 경향이 있는데 요컨대 일반의 의사진행에 대해 방해되는 것이라 인정하여 설명한 것에 지나지 않습니다. 상세한 설명이 필요하다면 답변드리겠지만 조금 전 제 설명에 동의하여 주시길 바랍니다.

21번(朴春緖) : 본원도 대체로 야마미치(山道) 군의 질문과 동일한 것으로 다시 보완하여 질문을 하고자 합니다. 과연 지방과장이 이야기한 것 같이 일사부재리는 일반의 원칙입니다. 그러나 나는 도무지 그 의견을 납득할 수 없는데 당국에서는 이렇게 재심의에 붙일 정도로 필요, 유익한 것이라면 원안 집행의 방법도 있는 것입니다. 지방비령(地方費令)에서는 본건에 관한 어떠한 규정이 없으므로 혹 재의(再議)에 붙이려고 하는 것이나 본원은 일사부재리의 원칙은 반드시 같은 회기 만은 아니라고 생각합니다.

일단 가능한 신중하게 심의했던 것을 무슨 이유로 다시 자문하려고 하는 것인가. 다음으로 의원설치는 환영하는데 무슨 이유로 대전에 설치하려고 하는 것입니까? 본도에서도 이제 하나의 의원을 설치하려고 하는 움직임으로 완전 많이 당국이 고심을 하고 있습니다. 그러나 내무부장의 이야기로는 8년 전의 계획으로 대전에 설치하려고 했다는 답변인데 대전이 아니라면 충남에는 보조를 받는 것이 가능하지 않은가. 만약 받지 않는다면 어떠한 불리한 것이 있는 것인가. 본건에 대한 이해득실(利害得失)의 어떻게 하는 것이 좋은가 하면 혹은 찬성할지도 모릅니다. 여하간 본 문제에 대한 의견은 별도로 하여 이번 당국에서 원안 집행을 하지 않고서 민의를 존중하고 중요시하여 본회를 초집한 것에 대해서는 매우 감사하는 것이나 재심의 이유 등은 지금 조금 철저하게 알고자 하는 것입니다.

참여관(武井 내무부장) : 답변드리겠습니다. 대전이 아니라 다른 지방에 설치하지 않으면 안 되는가라 하는 것에 대해서는 대전이 아니라면 절대 국고보조를 받는 것이 가능하지 않은 것입니다. 본원의 설치 재원의 반액 이상을 국고보조에 의하지 않으면 안 되는 관계상 대전 이외에는 설치하는 것이 가능하지 않은 것입니다. 조금 전 예산의 설명에서도 말씀드린 것 같이 본 의원 설치비는 18만 4,500원으로 그 재원은 국고보조 9만 6,500원, 기부금 3만 3천 원, 지방비지출액 5만 5천 원이고 또 이외에 시가로 환산하면 약 5만 원의 부지의 기부가 있으므로 사실상의 의원 설치비는 합계 23만 4,500원으로 지방비의 지출액은 총액의 2할(割) 3푼(分)에 해당하는 것입니다. 만약 본 의원을 대전에 설치하지 않는다면 국고보조를 얻을 수 없을 뿐만 아니라 본 의원 설치에 의해 장래 34만 원의 지방비 재원을 완화하는 것으로 감정되고 있습니다. 실은 이러하여서 본원의 설치는 의료기관을 충실하게 하려는 그 목적을 달성하려고 하는 것임에 불구 또 한편으로는 지방비의 재원을 완화하는 것이므로 이른 바 일거양득(一擧兩得)이란 완전 이것을 이르는 것이라 믿습니다. 다음으로 원안 집행을 하지 않고 무슨 이유로 재심을 하는 것인가의 이유에 대해서는 지사가 인사에서도 말한 것 같이 도민(道民)의 복리증진을 주요한 목적으로 하는 것인데 또 조금 전 제가 이야기했던 대로 당국과 평의회의 관계를 한층 밀접하게 하여 도치(道治)의 원활을 기대하고자 작은 것도 주의하고 있음을 이해하여 주시길 바랍니다.

5번(丸山虎之助) : 긴급 동의를 제출합니다. 본안에 대한 앞서 우리의 행동이 불법이라면 재심에 붙이는 것도 적당하다고 생각하는데 이전 회의 차수에서 취해져 성립한 태도는 결코 법리에는 맞지 않는 것이라 생각합니다. 본안은 전회(前回)에서도 종종의 사정이 있어 도치(道治) 상의 이해관계도 헤아리지 않은 것으로써 이를 2일간의 심의로는 가능하지 않은 것이라 생각하는데 이번의 임시회는 당국과 의원과의 원만을 계획한 후에도 필요하지 않는 것이라 생각되므로 본원은 위원회를 조직하여서 충분히 심사를 해야 한다고 생각합니다. 나아가 위원은 7명으로 하여 호선으로 선정하고자 생각합니다. 각위도 찬성하기를 바랍니다.

(찬성의 소리 일어남)

23번(池喜烈) : 의안에 진행에 대해서 말씀드립니다. 5번의 위원회 조직 전에 말씀드리고자 생각하는 것은 본안의 재제출은 상당 이유가 있으므로 민의(民意)를 준중한 것은 크게 감사합니다. 우리는 성의로 충분히 심의하고자 하는 것으로 그 재료를 다하고자 하는 것입니다. 뒤에서 할 질문은 보류하고 그 내용의 설계가 있다면 보아 두고자 합니다. 또 이전 회의에서 경찰부장의 이야기도 있는데 장차 사정에 따라 분원도 설치한다라는 것인데 그렇다면 그 경비는 대저 얼마를 필요로 하고 또 대전의원의 수지예산(收支豫算)은 숫자만으로 불명하므로 내용의 명세한 계획을 보아두고자 하는 것입니다. 앞서 내무부장의 이야기로는 이전 회의는 설명이 불철저하다고 하는 것이나 겸양이라 생각합니다. 우리는 이전 회의에서도 철저하려고 했던 것입니다. 이는 의사 진행에 대해 필요한 것이므로 이전 회의의 회의록을 그 부분이라도 배견(拜見)하고자 합니다.

참여관(武井 내무부장) : 지금은 동의를 채결 중이므로 계속해서 위원회에서 이해를 바랍니다.

의장 : 5번으로부터 위원회를 설치하여서 자문안을 조사하는 것으로 하고 위원은 7명으로 한다라 하는 동의가 있어서 찬성자가 있으므로 채결합니다. 5번의 동의에 찬성하는 분은 기립하여 주시길 바랍니다.

(전원 기립)

의장 : 그렇다면 자문안을 위원회에 부탁하는 것으로 하고 위원에 의사세칙(議事細則) 제2호 3조에 의해 무기명 투표로써 선정하는 것으로 합니다.

(서기 투표용지를 배부함)

의장 : 투표가 끝났으므로 개표를 할 사람을 6번 다나카 진페이(田中 陣平) 군, 18번 김유현(金裕鉉) 군에게 부탁드립니다.

서기 : 개표의 결과를 보고드립니다. 출석의원 17명으로 투표수 17표입니다.

1. 득표자 다음과 같다.(16명)

　　마루야마 토라노스케(丸山虎之助) 군 　17점

　　권병하(權丙夏) 군 　　　　　　　　　12점

안종순(安鍾洵) 군	12점
다치카와 호우(立川芳) 군	12점
지희열(,池喜烈) 군	11점
심상태沈相台) 군	10점
박춘서(朴春緒) 군	10점
김창수(金昌洙) 군	7점
구병정(具秉定) 군	6점
임세희(林世熙) 군	5점
도이 레이사쿠(土井禮作)	5점
야마미치 카즈오(山道一夫)	5점
김병학(金炳鶴) 군	1점
다나카 진페이(田中陣平) 군	1점
쓰지 긴노스케(辻謹之助) 군	1점
윤치병(尹致昞) 군	1점

2. 당선자 다음과 같음(7명)

마루야마 토라노스케(丸山虎之助) 군	17점
권병하(權丙夏) 군	12점
안종순(安鍾洵) 군	12점
다치카와 호우(立川芳) 군	12점
지희열(,池喜烈) 군	11점
심상태沈相台) 군	10점
박춘서(朴春緒) 군	10점

의장 : 위원 제군은 바로 위원실에서 위원회를 열고 심의를 마친 후 그 결과를 보고하여 주시길 바랍니다. 위원회 개최 중에는 본 회의 는 휴게합니다. 위원회의 진행 시간을 길지 않게 해주십시오.

(시각 3시 27분)
(오후 5시 15분 재개함)

의장 : 위원회를 마쳤으므로 지금부터 재개합니다. 본안의 심의를 마
칠 때까지 시간을 연장합니다.

5번(丸山虎之助) : 위원회의 결과를 보고합니다. 본원은 위원회에서
위원장으로 당선되어서 충분한 조사를 마치고 그 결과를 보고드립
니다.

의원(醫院) 설치에 대한 조사의 제1 방법으로 설계의 내용에 대해
질문하여 도면 및 기타 계획을 세밀하게 조사한 결과 적당한 것이
라 생각하였습니다. 다음으로 도 예산에 의한 내용 및 수지계산 등
도 이 또한 확실하게 어떠한 의심할 바가 없습니다. 다음으로 위치
에 대해서는 여러 가지 문제가 있지만 그래도 중대 사무의 견지에
서 적당하다고 생각합니다.

또 토목(土木), 권업비(勸業費)도 조사함에 모두 적당하다고 생각하
여 만장일치로 확정하였는데 의원(醫院) 설치 문제에 대해서는 도
지방비(道地方費)에 여유가 있는 한 서북지방 방면에 가능한 분원
을 설치하여 주는 것 및 의원의 건물(지하실을 포함) 1,300여 평은
목적 외로는 절대 달리 사용하지 않고 또 분원 설치에 대해 조사를
마쳐준다라 하는 것을 희망했던 바 당국에서도 재정이 허락하는 시
기가 되면 가능한 분원을 설치하는 것에 힘쓸 것, 건물은 목적 외에
는 사용하지 않는다라 하는 언명(言明)이 있었으므로 분원 설치의
조사는 위원회의 희망으로써 위원회 만장일치로 하여 모두 원안대
로 찬성했던 것입니다.

이상 보고드립니다.

8번(山道一夫) : 지금 위원장의 보고에 의하면 위원 각위는 신중한 태도로 심의하였다는 것으로 진실로 감사하는 것입니다. 이미 위원회에서 원안에 찬성한 후에는 바로 제2독회로 넘어가는 것이 어떠한가 생각합니다.

13번(土井禮作) : 나는 긴급 동의로써 독회를 생략하고 바로 확정 의결하는 것에 동의를 제출합니다.

(찬성자 있음)

8번(山道一夫) : 지금의 동의를 채결하기 전에 의견으로써 한마디 올립니다. 원래 본도에 의료기관이 불충분하여 이전 회의에서 부결되었던 것이란 것은 그 필요를 인정하지 않은 것이 아닙니다. 오직 당국과 의원 간에 의견의 소통이 충분하지 않았기 때문에 부결되었던 것이라 생각하는데 다시 그 설계 및 내용, 계획이나 위치를 조사함에 가장 적당한 것이라 하는 것으로 위원은 충분히 심사했던 것이므로 이를 신뢰하여 본원은 다소 다른 의견을 가지고 있지만 대세를 따르는 바이므로 13번의 동의에 본원도 찬성합니다.

의장 : 13번으로부터 독회를 생략하고 바로 확정 의결하자는 동의가 나와서 성규(成規)의 찬성이 있으므로 채결합니다. 13번의 동의에 따라 원안에 찬성하는 분은 기립을 희망합니다.

(전원 기립)

의장 : 만장일치의 찬성이 있었으므로 제1호 및 제2호 자문안은 모두 원안의 대로 가결했습니다.

(박수 일어남)

(이하 생략함-원본)

II

부협의회 회의록

1) (목포부협의회) 회의록(제1회)

항 목	내 용
문 서 제 목	會議錄(第1回)
회 의 일	19280326
의 장	飛鋪秀一(부윤)
출 석 의 원	金商燮(1), 山野瀧三(3), 車南鎭(4), 朴采麟(5), 村上直助(7), 伴諒輔(9), 松井邑次郎(11), 奈良次郎(12), 佐藤秋二(13), 石森武男(14)
결 석 의 원	木山右馬太(2), 李根厚(10)
참 여 직 원	鈴木夢哉, 岩崎末彦, 外園惠藏, 川原平次(이상 부속), 北村兵之助, 山田信太郎, 安部誠一(이상 부서기)
회 의 서 기	大畑淸(부속)
회 의 서 명 자 (검 수 자)	飛鋪秀一(부윤), 松井邑次郎(11), 奈良次郎(12)
의 안	자제1호 1927년도 목포부 세입출예산 추가의 건, 자제2호 목포부 역전매립공사 계속비를 1928년도 이후 폐지의 건, 자제3호 공동하역장 사용조례 설정의 건, 자제4호 1928년도 목포부 세입출예산
문서번호(I D)	CJA0002637
철 명	목포부예산서철
건 명	제1회목포부협의회회의록
면 수	24
회의록시작페이지	51
회의록끝페이지	74
설 명 문	국가기록원 소장 '목포부예산서철', '제1회목포부협의회회회의록' 건에 실려 있는 1928년 3월 26일 회의록(제1회)

해 제

본 회의록(24면)은 국가기록원 소장 '목포부예산서철'의 '제1회목포부협의회회의록'건에 실려 있는 1928년 3월 26일 개최된 회의의 회의록(제1회)이다. 이날 회의는 1927년도 목포부 예산 중 추가 경비가 발생한 내용한 대한 자문과 이 경비의 충당, 목포부 역전 매립공사, 공동하역장사용조례((共同荷役場使用條例) 설정, 1928년도 목포부 세입·세출예산을 주요한 논의 내용으로 하는 회의록이다. 원래 해당 차수 전체 의안은 8호까지 있었던 것으로 확인되는데 이날은 제4호안까지 논의를 시도하였다. 이중 특히 공동하역장사용조례 설정에 대한 논의 내용과 1928년 목포부 세입·세출예산에 대한 상세한 설명 내용을 담고 있어 목포부의 현안 사업에 대해 이해할 수 있는 좋은 자료이다.

상세한 내용은 담고 있지 않지만 회의록 서두에 부제시행규칙(府制施行規則)의 개정[12]으로 결산 보고를 실시하고 있는 것도 확인할 수 있다. 추가예산은 전근 직원에 대한 위로금과 소방 관련 호스 구입비로 이는 사용료 및 수수료, 수도사용료에서 충당하는 것으로 결정하고 있다. 소방에 대한 예산 부담 관련 부의 감독 권한에 대한 논의가 이루어졌다. 경비를 부가 부담하고 있는데 부와 경찰 중 어느 곳이 감독권을 갖느냐는 것이었다. 소방의 소속을 명확하게 하자는 의원 측의 희망 의견이 있었다. 역전 매립과 관련하여서는 매립하기로 한 것을 부가 진행하는 것이 아니라 공동경영하기로 하면서 예산 변경 사안이 생겼고, 이 역시 명확한 사안이었기 때문에 별다른 논의 없이 가결 확정되었다.

공동하역장사용조례는 부민의 이권과 직접 관련된 문제였기 때문에

---

12) 제29조의 2 다음에 게재한 사건은 협의회에 이를 게시해야 한다.
  1) 부제(府制) 제12조 제1항 단서의 규정에 의해 처리하는 사건
  2) 결산(決算)
   「面制施行規則中左ノ通改正ス(朝鮮總督府令第50號, 1927.5.28)」, 『朝鮮總督府官報』號外, 1927.5.28.

상당히 활발한 논의를 진행하였다. 위와 관련하여 토지, 사용료, 또
이를 통해 이익을 얻고 있던 단체의 이익이 소멸되는 것 등 다양한 논
의가 이루어졌다. 공동하역장사용조례의 경우 이전 차수 회의에서도
부의되었으나 특히 사용료 문제로 다시 회기를 달리하여 자문하게 된
것이었다. 공동하역장을 부에서 설치하고, 부가 수수료를 징수하며,
부가 수용 물품까지 허가하는 시스템으로 변경하는 과정이었다. 하역
장에 대한 내용이 확인되는 자료가 많지 않으나 이전에는 지역 상업
회의소 등에서도 논의를 하는 등 확실한 관리 주체가 없었던 것으로
보이는데[13] 부가 이익을 취할 수 있는 주요 사업들을 점차 부의 권한
하에 두는 작업들을 진행해나간 것으로 보인다. 이는 1928년 예산안
속에서도 확인할 수 있다. 1928년의 목포부 세출의 주요 내용은 어대
전봉축, 토목, 촉탁병원, 공원조성, 부사(府史) 편찬, 부영시장(府營市
場) 설치, 공유수면매립(公有水面埋立) 관련 관립 감독원의 비용 등이
었고, 세입과 관련해서는 재산매각대금과 도선(渡船) 사용료 문제 등
이었다.

1928년 목포부의 가장 큰 신설 사업은 부영의 공설시장 설치였다.
1914년 9월 조선총독부령 제136호로 시장규칙(市場規則)을 발포한 이
래 일제는 조선의 시장 운영 및 통제를 관의 주도하에 두고자 하였
다.[14] 이 규칙에 따라야만 시장의 경영이 가능했고, 시장의 경영의 주
체는 공공단체 또는 이에 준하는 것이라야 했다.[15] 부는 법인이었기
때문에 시장 설치, 운영의 권한을 가지고 있었다. 목포의 부영시장 설

13) 「부산상업회의소 총회 결의 ; 공동 하역장의 숙제 등 논의」, 『부산일보』 1915.3.10.
14) 「市場規則左ノ通定ム」, 『朝鮮總督府令』 第136號, 1914.9.12.
15) 제2조 시장은 공공단체 또는 이에 준하는 것이 아니라면 이를 경영할 수 없음.
    「市場規則左ノ通定ム」, 『朝鮮總督府令』 第136號, 1914.9.12.

치는 1927년부터 계속 논의되었으나 1928년 예산에 과목을 신설하고 예산은 3만 2,627원을 계상하였다.[16] 이 회의에서는 토지 매수 등을 논의하였고, 1928년 말에 기채가 인가되었다.[17] 목포부에서는 시장 설치 예산으로 2만 5,000원의 기채를 인가하여 부지를 부내 남교동(南橋洞)으로 선정하고 연내 설치를 목표로 하였지만, 다음해 7월에 가서야 개시하였다. 일반에 굉장한 인기를 얻어 신청자가 쇄도하였다고 한다.[18] 본 회의록에는 시장 부지 및 도로 등 부대시설 마련에 대한 논의가 주로 이뤄진 사실이 확인된다. 동양척식주식회사로부터 토지를 매수하게 되어 있었으며, 시장 설치로 주변 지가가 높아졌기 때문에 향후 상황에 따라 토지수용령까지 내릴 수 있다는 입장이었다.

다음 부가 새롭게 이권을 확보해 가는 과정과 관련하여 살펴볼 만한 사항은 도선(渡船) 사용료와 관련된 내용이다. 원래 목포의 도선경영권은 영암군(靈岩郡) 곤일종면(昆一終面)이 가지고 있었던 것을 목포부가 양도받았다. 회의록에 따르면 민간이 하고 있는 도선 경영을 부가 경영하는데 문제점이 없겠느냐는 지적이 있는데, 부는 도선 사업을 부의 중요 사업으로 인지하였던 것 같다. 목포부는 1928년 4,600원을 투자하여 목포와 대안 용두(龍頭)[19]의 도선을 개시하였고, 추가로 배를 발주하면서 도선 사업에 대한 자신감을 표출한다.[20]

본 회의록은 목포부가 도시계획을 추진하고, 부영 신설 사업 등을

---

16) 원래는 5만 770원을 계상하였다가 수정한 사실이 확인됨(세출 임시부 제5관). 「1928년도 목포부세입출예산 설명서」, 『목포부예산서철』 CJA0002637.

17) 「목포공설시장 25,000원의 기채로 연도내 설치」, 『부산일보』 1928.12.16.

18) 「매우 인기좋은 목포의 남교동 부영시장 ; 신청자가 쇄도하여 성황, 5월 중순경부터 개시」, 『부산일보』 1929.4.9.

19) 「목포부영도선과 민간도선의 대경쟁 : 쌍방 모두 성적은 나쁜데 부는 다시 일척 신조(新造)」, 『부산일보』 1929.1.23.

20) 「목포부영도선과 민간도선의 대경쟁」, 『부산일보』 1929.1.23.

계획하던 중요 시기의 회의록으로 부가 어떻게 이 이권들을 장악해나
가는지 살펴 볼 수 있는 중요 자료라 할 수 있다.

내 용

의장 : 지금부터 1928년 제1회 부협의회를 개최하겠습니다. (중략·편자)
본회를 열기 전에 작년도의 부(府)세입출 결산을 제시하겠습니다.

(서기 낭독) 1925년, 1926년도 목포부세입출 결산 제시의 건

부윤 : 이것은 작년 부제시행규칙 제29조의 2가 새롭게 생겨서 부세입
출 결산을 제시하게 되었습니다. 여러분에게 드린 그대로이므로 열
람하여 주시기를 바랍니다.

의장 : 오늘의 자문사항은 제1호 의안에서 제8호 의안까지입니다. 순
차적으로 자문1호 의안부터 부의(附議)하겠습니다. 자문 제1호 1927년
도 목포부 세입출예산 추가의 건

(서기 낭독)

부윤 : 이것은 1927년도 목포부 세입출예산 추가이며, 세출경상부 제
21관 잡지출에서 250원을 추가하려고 합니다. 이것은 전 내무주임
스즈키 타미(鈴木民)이 도청에 전근 갔기 때문에 목포부 재직 중의
공적을 사례하여 노고를 달래기 위해 부(府)로부터 위로금을 증정
하려고 하기 때문에 전례를 참조하여 이대로 계상(計上)하려고 합
니다. 다음은 세출임시부 제5관 경비비에서는 198원을 추가할 때라
고 생각합니다. 이는 작년 화재가 많았기 때문에 호스가 상당히 손
상되었기 때문에 이것을 구입 할 필요가 생겨, 이대로 계상(計上)하
였습니다. 이상 2개 합계 1,148원의 추가로 이 재원은 수도전용 급
수 호수(戶數)가 추가되어 그 사용료 증수(增收)를 기대할 수 있게

되었기 때문에 이를 할당하고 싶다고 생각하여, 세입경상부 제2관 사용료 및 수수료 제8항 수도사용료를 1,148원 추가하였습니다. 부디 심의를 부탁드립니다.

11번(松井邑次郎) : 설명에 따라 잘 이해하였습니다. 본안은 독회 생략하고 바로 가결, 확정하기를 바랍니다.

1번(金商燮) : 찬성

7번(村上直助) : 소방에는 부(府)가 경비를 내는데 감독은 하지 않습니까?

부윤 : 소방에 대해서는 부(府)가 경비의 부담할 뿐이라서 감독은 경찰 쪽에서 하기로 되어 있습니다.

12번(奈良次郎) : 본년은 경찰에서는 소방조의 기부금을 모았습니다만, 부(府)의 예산은 빠져나가지 않았기 때문에 그 사이 관계는 알 수 없기 때문에 어떻게 되어 있는지 설명을 부탁합니다.

부윤 : 이것은 부(府) 예산에서 지금은 관계없이 그 기부금이 모인 후, 그것으로 소방 펌프를 구입하여 현물을 부(府)에 기부할 예정인 모양이라고 합니다. 그곳에서 부(府)의 예산에서는 그 소방펌프를 조종하는 인원 1인만큼의 경비를 1928년도의 예산에서 계상했을 뿐입니다.

12번(奈良次郎) : 그럼 예산에서 소방수 1인의 경비는 늘어났는데, 그 이전 기부 모집할 때 경찰로부터 부(府)에 상담이 있었습니까?

부윤 : 그것은 공공연히 알린 이야기가 없지만 그 사이 서장으로부터 비공식적 이야기가 있었기 때문에 따라서 그 일은 모르지 않습니다.

7번(村上直助) : 그것을 조금 더 확실히 하고 싶기 때문입니다. 소방을 충실한 점은 찬성합니다만, 소방은 어디의 것인지 잘 모르는 자도 있기 때문에 부(府)의 것이라는 것을 명백히 하고 싶습니다.

의장 : 기타 이견은 없습니까?

(3번(山野瀧三), 7번(村上直助) 기타 '이의 없다'고 외침)

의장 : 11, 1, 3, 7번 기타 이견이 없기 때문에 11번 의원의 말대로 본
    안은 독회 생략하고 곧바로 가결 확정할 때라고 생각하지만, 이견
    없습니까?

일동 : 이견 없습니다.

의장 : 일종 이견이 없으므로 독회를 생략하고, 가결 확정하도록 하겠
    습니다.

의장 : 다음은 자문 제2호 의안을 부의하겠습니다. 자문2호. 목포부
    역전 매립공사 계속비를 1928년도 이후에 폐지하는 건

(서기 낭독)

부윤 : 부(府)에서는 역전매립을 하기로 되어있었습니다만, 여러 종류
    의 관계에서 다른 곳과 공동경영하기로 되었습니다. 이것은 예전에
    내시회(內示會)의 때에 상담하고 찬성을 얻어 둔 것입니다. 도(道)
    쪽에도 본 부(府)도 대체로 좋다고 한 일이었습니다.

11번(松井邑次郎) : 본안도 매우 훌륭한 것이기 때문에 1호 의안대로
    속회를 생략하고 바로 가결 확정할 것을 바랍니다.

1번(金商變) 7번(村上直助) 11번(松井邑次郎) : 찬성

의장 : 11번, 1번, 7번, 9번 의원이 본안에 이견이 없이 찬성했지만 기
    타 이견 없습니까?

(일동 '이견이 없다'고 외침)

의장 : 그러면 본안은 누구도 이견이 없기 때문에 독회를 생략하고 바
    로 가결 확정하겠습니다. 다음은 자문 제3호 의안을 부의하겠습니다.
    자문 제3호 공동하역장(共同荷役場) 사용조례 설정의 건(서기 낭독)

부윤 : 이 공동하역장 사용조례는 이전 회의에 자문하였던 것인데, 그

후 다시 다소 조례안에 변경을 가하는 것이 좋겠다고 인정되었으므
로 이 안을 제출하였습니다. 일체 본건은 토지 차용(借用)의 관계상
계속 늦어졌는데, 저 해안도로의 일부가 일등도로(一等道路)이고
또 등외도로(等外道路)이었던 것을 먼저 이 폐도(廢道) 처분의 절차
를 하여 관유재산(官有財産)에 편입하여 이것을 부(府)가 빌리는 것
으로 하였습니다. 그 절차 중 차입(借入) 이외는 전부 끝나서 지난
달의 24일자로 인허되었습니다. 조례의 쪽도 절차가 끝나 허가하는
것으로 하였습니다. 현재 고무신을 팔고 있는 곳은 전부 제거되어
이곳을 하역장으로 하여, 그 안에 일부분을 창고로 하고 있는 것으
로 이는 이전 회의에 자문했던 것입니다. 그 창고를 가진 장소의 사
용자는 사용하는 날부터 1평(坪)에 대해 6전(錢)을 납부해야 하고,
또한 사용을 계속하는 경우에는 다음날부터 하루 증가할 때마다 사
용료는 5할(割)을 가산(加算)하고, 창고에 수용을 허락하는 물건의
종류는 부윤이 별도로 지정하는 것으로 하였습니다. 이것만 새로운
규정을 넣으려고 하는 점이 이전 회의와 다른 조항입니다.

3번(山野瀧三) : 제2조의 동일 물건에 단지 하역장소의 위치를 변경하
고 또는 소유명의자의 변경을 하는 경우는 계속해서 이를 사용하는
자로 간주하고 있는데, 이는 지나치게 가혹하기 때문에 이 경우는
한번 중단하여 새로 사용하는 것으로 하면 어떻겠습니까? 제4조에
솔잎을 추가하고 싶다는 것과, 또 하나는 부패물이 떠올라서 곤란
하므로, 이것도 적당한 장소에 두는 것으로 부탁드립니다.

부윤 : 이것은 동일한 물건인지 어떤지 모르기 때문에 곤란한 점도 있
습니다. 그러나 하역장 간수인(看守人)이 항상 있으므로 실수는 일
어나지 않을 것입니다. 그러므로 4조(條)의 얘기는 지당하므로 규정
은 이대로 두고 당사자가 취급하는 것으로 하겠습니다.

6번(朴埰麟) : 창고에 수용을 허하는 물건의 종류는 부윤이 별도로 정한다고 했는데, 구획(區劃)은 세세하게 되어있습니까?

부윤 : 너무 세세하면 짐의 취급에 곤란하기 때문에 상당히 넓게 하고 있습니다.

6번(朴埰麟) : 거기에 소매(小賣)를 시킬 예정입니까?

부윤 : 소매는 절대로 시키지 않습니다.

6번(朴埰麟) : 현재 노변(路邊)에서 장사를 하고 있는 자를 완전히 중지시키는 것은 가능하지 않다고 생각하기 때문에 장소를 정하여 장사를 시키는 것이 어떻겠습니까?

부윤 : 그것은 3번 의원에게 설명한 대로 장소는 모두 폐가 되지 않는 곳에 둘 생각입니다.

6번(朴埰麟) : 장작, 솔잎 등은 조금 더 다른 장소에서도 좋다고 생각합니다.

부윤 : 송도(松島)의 쪽으로 부피가 커진 것을 보내고, 역전(驛前)의 매립이 가능하다면 그쪽에 두는 것도 좋다고 생각합니다.

14번(石森武男) : 하역장에서 사용하는 도로는 어떤 곳부터 어떤 곳까지입니까? 또한 안벽(岸壁)부터 몇 미터입니까?

부윤 : 서정(曙町)부터 무선전신까지로 안벽부터 1미터를 두고 4미터입니다. 도면을 보고 넣었기 때문에 보아주시기를 바랍니다.

14번(石森武男) : 해산물상조합(海産物商組合)의 용지는 하역장으로 편입하지 않습니까?

부윤 : 그곳은 하역장이 아닙니다.

1번(金商燮) : 지금까지 해안 일체의 청소비로서 소방조(消防組)가 하주(荷主)로부터 요금을 받고 있는데, 공동하역장이 된다면 받을 수 없게 되는 것입니까?

부윤 : 그것은 받을 수 없습니다.

1번(金商燮) : 염건어(塩干魚)의 쪽은 어떻게 됩니까?

부윤 : 염건어는 욱(旭)시장에서 1년 팔아 손해를 보았기 때문에 잠시
멈추었습니다만, 어업조합이 다시 하겠다고 출원하였습니다.

7번(村上直助) : 지금 현재 조선우편주식회사 장소는 저 곳에 있으면
일반에게 상당히 곤란하므로 저것을 거둬들이기를 바랍니다.

부윤 : 주선우편주식회사에서는 총독부로부터 빌린 것이므로 우리 부
(府)로서 직접 어떻게 하는 것이 가능하지 않지만, 저도 말씀처럼
하고 싶다고 생각하고 있습니다.

1번(金商燮) : 소방조에서 경영하고 있는 철도 인입선(引込線)의 장소
의 음식점은 공동하역장이 생긴다면 그대로 하여 두는 것입니까?

부윤 : 그렇습니다.

1번(金商燮) : 부(府)가 상당한 설비를 하여 대여하는 것은 어떻습니까?

부윤 : 그것은 그대로 두는 쪽이 좋다고 생각합니다. 소방조는 그 수
입에서 소방기구, 기계를 구입하여 거기에도 기부하고 있습니다.

1번(金商燮) : 부(府)의 사업을 소방조가 하고 있는 것 같은 것이므로
부와 소방조의 사업을 명확히 구분하여 주십시오.

3번(山野瀧三) : 하역장으로 지정하지 않은 곳은 어떻게 됩니까? 그 부
분은 취체를 하고 있습니까?

부윤 : 거기에는 짐을 두지 않은 것으로 합니다.

1번(金商燮) : 본안 이견 없습니다.

(11번(松井邑次郎), 14번(石森武男) 기타 '찬성')

부윤 : 1번, 11번, 14번, 의원은 본안에 이견이 없는 것 같은데, 기타
다른 분은 의견 없습니까?

(일동 '이견이 없다'고 외침)

부윤 : 모두 이견이 없기 때문에 본안은 독회를 생략하고 곧바로 가결 확정하고자 하는데 어떻습니까?

(일동 '찬성'이라고 외침)

부윤 : 그러면 본안은 독회를 생략하고 곧 바로 가결 확정하겠습니다.

의장 : 다음은 자문 제4호 의안을 부의하겠습니다.

자문 제4호 1928년도 목포부 세입출예산 (서기 낭독)

부윤 : 자문 제4호 의안 즉 1928년도 목포부 세입출예산의 개요에 대해 설명을 드리겠습니다. 부제시행 이래 세월이 이미 14년, 시세의 추이와 목포부 내외의 형세는 목포부로써 종래의 시설에 개선을 가하고 또는 새롭게 기획 경영이 필요한 사업이 자못 많은데, 아울러 1928년도에 일반 시황(市況)의 부진에 수반하여 전년도에 비해서 부세(府稅) 수입이 얼마간 감소를 보아, 사용료, 수수료 기타 부(府)에 속하는 일반 세입을 크게 기대할 수 없는 상태에 비추어, 요즘은 부(府) 존립상에 필요한 종래의 사업 이외는 꼭 필요하여 피할 수 없는 사업 또는 각별히 부의 부담에 의하지 않고 직접 복리 증진상 편익이 있다고 인정되는 사업만을 새로 계획하는 것에 그쳐서, 본 예산을 편성하였습니다.

1928년도의 예산총액은 36만 1,102원, 이것을 전년도 예산액 31만 3,540원에 비교한다면 4만 7,585원이 증가하였습니다. 그런데 이의 주된 원인은 제3수원지 확장공사는 전년도로써 공사는 완료되어, 역전공유수면(驛前公有水面)매립공사는 다른 방법에 의한 것을 했기 때문에, 이들의 공사비는 감액되었지만, 새로이 상수도 송수관 확장공사, 시장설치비, 시가정리조사비, 부사(府史) 편찬비, 도서관비를 계상(計上)하였고 도로개수비에 상당한 다액을 계상하였고, 오물위생시설(오물청소)에서도 진일보를 도모하였고 또한 부세(府

勢)의 신전(府勢)을 동반하여 경상비 등 불가변 소요 경비를 계상하였다. 임시적 시설에 대한 재원관계 및 부채(府債)의 상환재원으로 하였던 것은 부(府)의 일반세입 4만 4,700원을 충당하는 외에 기채 8만 8,000원 보조금 5만 6,000원 및 재산매각대금 가운데 수면매립 정리적립금을 제외하고 2만 원을 충당한 모양인 것으로, 재차 상세하게 설명하였고 세출경상부 제1관 사무비 제2항 부리원(府吏員) 급여에 1,510원을 증가한 것은 세금징수에 대해 세무리원의 자격이 필요하기 때문에 고원(雇員)을 부리원에 임명하였고, 현원 현재 급여에 정기 승급을 예상하고 있습니다. 고원 급여를 부리원에 비추어 보더라도 다른 부를 참조하여도 아직 일부분 당 부(府)는 인상을 삼가고 있는 쪽입니다.

제2관 토목비(土木費)에서 146원을 감소한 것은 설명서대로입니다. 제6관 오물청소비에서 1,217원이 증가한 것은 주로 구거류지 이외에 오물청소차가 부족하기 때문에 본 연도에 2대가 증가하였기 때문입니다.

제15관 경비비(警備費)에서 1,248원이 증가한 것은 이번 경찰에서 기부를 모아 자동차 펌프를 한 대 사기 때문에 이것을 조종하는 경비의 소방수를 1명 증원하였고, 작년은 화재의 수가 많아서 출동수당이 부족하여 예비비[21]에서 1,780원을 지출하였기 때문으로 본년은 약간 늘려 715원을 계상(計上)하였습니다. 그러므로 종래 조두(組頭)가 본회 등에 나올 때 여비(旅費)가 없었으므로 본년은 5,000원 정도 계상했던 것입니다.

제20관 시장비는 본년 새로이 마련한 것입니다. 기타 설명서를 보

---

21) 원문의 豫算費는 豫備費의 오기.

고 이해해주시기를 바랍니다.

세출임시부 제1관 어대전봉축(御大典奉祝)비 500원을 계상하였습니다. 이것은 이번 가을 시행된 어대전(御大典)의 때에 부민으로서도 축의를 표할 때라고 생각하여 이 모든 잡비에 할당시키기 위해서입니다.

제2관 토목비에 2만 700원을 계상하였습니다. 이것은 내시회(內示會)의 때에 말씀드린 것입니다.

제3관 위생비(衛生費)는 설명서로 이해해주시기 바랍니다.

제4관 촉탁병원비 900원을 계상했는데 이 중 기구기계비 650원을 확인했습니다. 이것은 태양등(太陽灯) 구입비이며 다른 것은 소사(小使) 대기실 및 세안실 신축비에 150원을 계상했던 것입니다. 이는 종래 소사실도 없고, 잠시 세탁하는 곳도, 약병(藥瓶)을 씻을 곳도 없는 상태에서 이번에 그것을 증설하고자 하는 것입니다. 아울러 본년은 '뢴트겐[22]'의 구입비를 넣지 않아 차액 278원을 줄였습니다. 다음에는 제5관 경비비에서 기구기계비의 내역은 각종 요구에 의해 계상하였던 것이지만, 이 안에 피복비는 지급피복이 연한(年限)에 이르러 새로이 맞출 필요가 있기 때문에 261원을 계상하였습니다. 제6관 시가정리조사비 2,837원을 계상한 것은 목포부에서는 아직 시가정리조사가 이루어지지 않았습니다. 그럼에도 불구하고 목포시가 특히 구거류지 밖은 현재에는 거의 완전히 엉망진창이어서 교통의 불편은 원래부터 위생, 화재상 보아도 한심하여 견딜 수 없기 때문에 일부는 보조금 일부는 수익자 부담으로서 시가정리를

---

[22] roentgen. 조사선량(照射線量)의 단위. 여기서는 x-ray 기계 구입의 의미로 사용한 것으로 보임.

하고 싶다고 생각하여 그 조사비를 계상하였습니다.

제7관 수도비 5,720원을 계상한 것은 제2수원지에서 철조망 신설과 사설전화가설의 필요에 의해 상당한 경비를 계상하였습니다. 그러므로 수원지에서 보호상 배가 필요하기 때문에 소선(小船) 1척을 새로이 만드는 경비 300원을 계상하였습니다. 이것이 주된 것입니다.

제9관 적립금곡(積立金穀)은 각각 그 명칭의 목적에 의해 설치되었습니다.

제10관 기부(寄附) 및 보조(補助)는 부기란의 명세대로입니다.

제11관 공원비(公園費)는 유달산(諭達山) 도로축조비로 등산할 수 있는 만큼의 도로를 만들고 싶습니다. 무엇보다도 이 도로가 만들어지면 구거류지 밖에서 공장지 및 화물 취급 해안으로 통하는 도로가 상당히 가까워지므로 일반 교통상에서 볼 때 극히 편리합니다.

제10관 부사(府史) 편찬비는 전회(前回)도 말씀드린 대로 목포부도 30년을 경과하였지만 이전에 만든 목포사(木浦史)는 오래 되어 잔여 부수도 없기 때문에 이번은 내용을 확충하여 편찬할 예정으로 본년은 재료를 수집하는 것으로 내년에 인쇄하고자 생각합니다.

다음은 제15관 시장비(市場費)로 이것은 전년도 총예산회의 때에 협의를 마치고 또한 전회 내시회의 때에도 말씀드린 대로 동척(東拓) 기타 토지를 매수하여 부영(府營)의 일용품 시장을 설치하여 시장도 이 안에 마련할 때라고 생각하는데, 동시에 또 현재 사유(私有)도로를 넓히기 위해 이들 경비를 확인하여 두었습니다. 잠시 양해를 구하고자 하는데, 민간에 전달되어 근래 그 부근 토지의 시가가 높아져 있습니다. 도로확장을 위해서는 우치다니(內谷) 군의 집까지 해당되는데, 만약 토지매입이 곤란하면 토지수용령(土地收用令)까지 내리게 될 것 같아 어떻게 할지 그때 다시 자문을 하겠습니다.

제16관 역전 공유수면매립비(公有水面埋立費)에 1,510원을 계상하였습니다. 이것은 역전매립을 부와 개인이 공동으로 경영하는 것으로 하면 공사 감독이 필요하다라 하였던 것으로 감독원(監督員)의 급료를 예정해 두었습니다. 그리고 지금 매립하려는 역전공유수면은 재향군인회(在鄕軍人會)의 양어지(養魚池)로 상당한 수입이 있어, 군인회의 경비에 충당하고 있었는데, 이번에 매립한다면 재향군인회의 수입이 없어지므로 그 보상금으로 1,500원을 계상하였습니다.

다음은 제17관 부채비(府債費) 3만 4,111원은 13만 원의 수도채(水道債)의 상환을 시작하였고, 시장 신설비채(新設費債) 이자 등이 새로 추가되었습니다.

다음은 제18관 수도송수관 확장공사비 본년도 지출액 12만 원을 계상한 것입니다. 이는 송수관 부설 교체에 필요한 경비입니다.

이상으로써 세출경비 설명을 드렸습니다.

다음은 세입경상부에서 제1관 부세(府稅)의 2,000원 감소 예상입니다. 이것은 내역서(內譯書)를 보아주시기 바랍니다.

제2관 사용료 및 수수료가 4,103원 늘어났습니다. 이것은 수도사용료, 시장수입, 공동하역장사용료, 증명 기타 제 수수료 등이 늘어났기 때문입니다. 도선(渡船) 사용료는 처음 예정했던 것보다 적게 견적하여 786원이 감소하였습니다.

제3관 급수설비료는 전년도와 동일합니다.

제4관 교부금 7,012원을 감소한 것은 본세(本稅)가 감소하였기 때문입니다.

제5관 재산으로부터 생기는 수입 및 제6관 잡수입은 설명서대로입니다.

다음은 세입 임시부의 제1관 이월금은 일반 이월금과 불용(不用)토지

매각대금을 이월금에 편입하였기 때문에 2만 5,994원 증가하였습니다.
제2관 보조금 5,001원 증가한 것은 수도송수관 확장공사비 보조인데
지방비 보조는 감소하였지만 국가의 보조가 늘어났기 때문입니다.
제3관 기부금은 전년도와 동일합니다.
제4관 재작년도 수입도 전년과 동일합니다.
제5관 재산매각대금은 남교동(南橋洞) 토지매각대금과 폐도(廢道),
폐구(廢溝) 처분비입니다.
제6관 부채(府債)는 부기란 명세의 대로입니다.
이상 임시부에 속한 세출은 21만 3,427원이며, 이에 경상세출을 합
산한다면 37만 8,557원으로 세입 합계 37만 8,557원이기 때문에 세
입출 차액은 없습니다.
이상으로써 설명을 마치겠습니다. 다른 질문이 있다면 답변하겠습
니다.

13번(佐藤秋二) : 세입경상부 제10관 도선사용료에서는 작년에 1,786원
이 감소했고 동(同) 제11관 공동하역장 사용료에서는 작년에 430원
이 증가하였는데 아직 실시하기 전으로 증감할 리가 없으므로 작년
의 예산액과 일치해야 하는 것 아닙니까?
다음으로 세출임시부 제5관 재산매각대금 가운데 남교동 토지매각
대금은 1평당 평균 48원 7전이지만 이 불경기의 때에 고가로는 팔
리지 않는다고 생각합니다. 만약 이것이 팔리지 않는다면, 2만 770원
의 손해가 생기기 때문에 이 보충은 어떻게 합니까?
그리고 세출경상부 제15관 경비비에서 이번 새롭게 자동차펌프를
구입하기 위해 상설소방수를 1명 증원했는데 화재의 때에 펌프가
부족하기 때문이 아니라 물이 부족한 것이라고 느꼈습니다. 만약
펌프가 충분하지 않다면 이를 위해 필요한 인건비는 추가예산에서

어떻게 합니까?

제16관 역전 공유수면매립비의 감독원 급료가 예정되어 있는데, 공사 때는 현재 부(府) 직원 중에서 감독을 해보는 것도 좋은 것으로, 건축 등과 같이 항상 붙여 둘 필요는 없다고 생각되므로 그 감독원의 급료를 없애는 것이 어떻습니까?

부윤 : 세입경상부 제2관 사용료 및 수수료 가운데 제10항 도선사용료 및 제11항 공동하역장 사용료는 작년에 비교하여 증감이 있는 것은 어떻게 된 것인지 질문이 있었는데, 이는 지난해에는 준비 형편상 실시하지 않았던 것입니다. 이 수입을 예상하여 실시한다면, 공동하역장은 그 정도 증가가 예상되고, 도선도 그 정도가 적당하다고 예상했습니다. 1년 해보지 않는다면 실제 수입은 뚜렷하지 않습니다. 다음은 남교동 토지매각대금은 48원 7전으로 팔릴 것으로 예상합니다. 도로가 생기고 시장이 생긴다면 이대로 팔리지, 결코 팔리지 않는다고는 생각하지 않습니다.

그리고 경비의 건은 소방조와 경찰 사이에 협의가 이루어져 펌프를 매입한 것입니다. 만약 펌프를 구입할 수 없었다면 소방수는 증원하지 않았을 것입니다. 이는 지휘감독을 하는 자 또는 소방조가 부내(府內) 유지(有志)의 의향을 물었더니 찬성자가 있는 것입니다. 이렇게 화재가 많기 때문에 만약 이대로 두어 화재보험료가 오르는 것은 큰일인 것입니다.

한 번 올라가면 좀처럼 내려가지 않기 때문에, 이때 소방기관의 충실을 꾀하여 화재보험료의 인상을 방지하는 취지에서 나온 것입니다. 상세한 것은 서장에게서 말씀을 들어주시기를 바랍니다. 그리고 역전매립공사에 대해서는 부(府)에서 보여준 규정설계에 의해 실시하기 때문에 매립의 때에 충분히 감독하지 않으면 후에 토지가

함몰하여 여러 가지 지장이 있을 것이라 생각합니다. 그리고 수면 (水面) 이용자에 대해서 보상금은 재향군인회가 물을 모아두는 곳 (水溜)에서 사용료로서 해마다 250원의 수입이 있어서 그 회(會)의 활동유지비에 할당하고 있는 것입니다만, 매립의 결과 재향군인회 는 그 사용료는 취할 수 없게 되기 때문에 이대로 보조금을 계상하 였습니다. 내지(內地)의 시(市)에서는 대체로 재향군인회 쪽에 해마 다 상당한 보조금을 주고 있는 정도입니다. 부디 양해를 바랍니다.

13번(佐藤秋二) : 지금의 질문에 대해 한 가지 없는 것은 남교동의 토 지가 팔리지 않는 경우는 그 보전에 대해 어떻게 하고자 하냐라는 점입니다. 현재의 좁은 사유도로를 매수하는 것이 어떠한가 묻고자 합니다.

부윤 : 좁은 사유도로는 매수하겠습니다. 다음으로 남교동은 팔릴 예 정입니다. 만일 팔리지 않는다든지 또는 싼 가격이 아니라면 사지 않겠다고 하는 경우는, 그때 협의를 부탁드립니다.

13번(佐藤秋二) : 현재 도로로 되어 있는 것을 사고, 대지의 부분을 기 부시키는 때는 무리한 것이 되지 않겠습니까?

부윤 : 저 도로는 사설도로로, 그것은 수매한 것이므로 달리 기부가 없을 때는 구태여 거기에 도로를 만들지 않는 것이 좋은 것입니다.

7번(村上直助) : 도선의 수입이 이 정도일 예정입니까? 무언가 조사를 하여 계상한 것입니까? 그리고 시장의 토지는 48원으로 견적한 것 은 너무 과대하다고 생각합니다. 가능한 한 30원 정도가 적당하다 고 생각합니다.

부윤 : 도선 수입은 조사하고 있는데, 현재 경영자가 부의 조사에 대 해 그다지 호의적이지 않으나, 점차 증가하고 있는 것 같습니다. 그 것은 평수항로(平水航路)로서 허가하고 있지만, 면(面)과 안도(安

渡)23)와의 도선 경영의 계약은 작년 5월에 연한이 마감되었습니다. 면(面)은 부(府)로 도선 경영권을 양도(讓渡)했습니다. 평수항로는 경찰 관헌의 감독으로, 도선은 군수(郡守)의 관리로 되어 있습니다. 안도에게는 평수항로로서 허가를 했지만, 경무국장, 내무국장의 통첩에서도 이러한 것은 도선으로 하여야 하는 것이라고 하고 있습니다. 그리고 남교동의 토지 매각대금 평당 48원은 그곳의 매매 관례를 보아 계상한 것입니다.

7번(村上直助) : 이 예산에 계상한 토지매각대금은 경기가 좋을 때의 것입니다. 그리고 도선은 이론상으로는 부윤의 설명대로는 모르겠습니다만, 실제 안도와 경쟁이 되기 때문에 부(府)에서 도선을 한다면 안도에 있어서는 상당한 타격이기 때문에 그때 위자료는 주는 것은 어떻습니까?

부윤 : 위자료는 생각하고 있지 않았지만, 위자료를 준다면 한 번 별도로 협의를 해봐야 합니다.

12번(奈良次郎) : 저는 갑자기 그 이야기를 들었는데, 우리는 지금 예산에 대해서 심의를 하고 있는 것이므로 위자료에 대해서는 나중에 협의하는 것이 좋다고 생각합니다.

세입경상부 제6관 제1 불용품 매각대금의 시뇨(屎尿) 매각대금은 2,763원 계상했습니다만, 전월 입찰한 때 높게 낙찰했더니 어째서 이대로 계상한 것입니까? 다음에 세입임시부 제2관 보조금 가운데 일등도로(一等道路)에는 지방비에서 보조가 없는 것입니까? 그리고 남교동의 토지매각대금은 평당 48원에는 매각할 수 없다고 생각합니다. 만약 팔리지 않을 때의 손해에 대한 고려는 있을까요?

세출경상부 제15관 경비비에서 자동차펌프를 한 대 구입하여 상비
소방수 1명을 증원했지만, 자동차 펌프를 1대 늘린다면 의용소방수
는 현재 들어가지 않는다고 생각합니다. 이것은 경찰에게서 교섭이
있었습니까?

그리고 7관 수도비의 선박급수소비(船舶給水所費) 1,500원의 내역을
설명해주시길 바랍니다. 그리고 수도 관계 경비를 임시부에서 제7관
과 제18관으로 나누어 계상했는데, 이것은 별도로 할 필요가 없다고
생각합니다.

부윤 : 분뇨 매각대금은 전년의 실적을 보아 계상했습니다. 작년은 구
매한 사람이 상당히 손해를 보았습니다. 이는 작년은 근처의 농민
이 황산암모늄(硫安)비료를 사용하고 분뇨를 사용하지 않은 것과
군청에서 농민에게 자유롭게 퍼내도 좋다고 말했다든가 하여 자유
로이 퍼냈기 때문에 불하를 받은 사람이 대부분 손해를 입었습니
다. 본년은 2,798원을 적당하다고 보아서 계상했습니다만, 예산편성
후 입찰 결과 경쟁자가 많아서 비싸게 하여 올렸습니다. 이 비싼 부
분은 어떤 때의 경비에 충당하여 이대로 여유를 둔 것입니다. 그리
고 도로비 보조는 지방비에서 해마다 1,200원의 보조가 있습니다.
남교동의 토지는 매수하는 쪽도 가격을 대부분 높게 보고 있기 때
문에 이 범위에서 팔 수 있다고 보아 계상했습니다. 만약 손해가 발
생한다면 역전매립비의 방법 혹은 기타 방법으로써 보충하려고 생
각합니다만, 그 점은 예전에 말씀드린 바가 있습니다.

경비비에서는 상설소방수가 6명 있어서 매일 3명씩 교체하고 있습
니다. 펌프 1대를 늘린다면 2명의 소방수를 늘리지 않으면 안 되는
데, 경찰 쪽에서 1명은 도와줄 수 있다고 하여 1명만 증원해두었습

니다.

선박급수소비(船舶給水所費)는 철근 콘크리트로 폭 3척, 길이 72척의 잔교(棧橋)를 만들 것입니다. 현재는 해면(海面)에서 말뚝을 세워 그곳에서 급수하고 있습니다만, 배가 충돌하거나 해서 위험하기 때문에 이것을 완전하게 하려는 것입니다.

제18관의 수도 송수관(送水管) 확장공사비 12만 원은 계속비로 본 예산의 쪽에서 내어 계속비로 받는 것으로 하고 있으므로 일반수도비와 별도로 관(款)을 설치할 필요가 있습니다.

12번(奈良次郎) : 자동차 펌프 1대를 늘린다면 의용소방의 쪽을 30인 줄이는 것이 어떻겠습니까?

부윤 : 그것은 화재를 위해 예비로 두는 쪽이 좋다고 생각합니다.

11번(松井邑次郎) : 시장부지 예정지는 동척(東拓)으로부터 18원에 사는 것으로 되어있는데, 넓은 곳을 전부 사지 않고 필요한 평수만을 사서, 팔았다가 샀다가 하는 번잡한 수고를 줄이면 어떻겠습니까?

부윤 : 모처럼 만드는 시장이기 때문에 가능한대로 큰 면적으로 하는 편이 장래를 위해 좋다고 생각합니다. 또한 그때 도로를 내는 것은 시장으로서도 또한 일반 왕래 즉 목포로서 가장 중요한 2대 간선을 연결하는 장소이므로 매우 필요하다고 생각합니다. 게다가 그 필요한 도로를 지금 만들지 않으면 시장이 생겨버려서 지가가 상당히 비싸게 되어 더 이상 쉽게 만드는 것이 가능하지 않다고 생각합니다. 그래서 그 도로를 내기 위해서는 먼저 1대를 사서 도로를 내어 시장을 마련하고, 그런 후 불필요한 부분을 파는 것이 가능하다고 생각합니다.

1번(金商燮) : 12, 13번 의원의 시장토지 매각은 평당 48원으로 팔수 있을 것인지 어떤지 걱정하는 것은 지당한데, 지금 시장의 예정지는 대지(垈地)이므로 거기에 도로를 내어 시장이 생긴다면, 70원 이상의 매가(賣價)가 나올 것이라고 생각합니다. 시장이 되는 입구의 장소 근처는 70원 이하로는 지금도 살 수 없다고 생각합니다.

3번(山野瀧三) : 본년 시설 사업은 중요한 신사업이므로 좀 더 생각하지 않으면 안 된다고 생각합니다. 나아가 이를 위원부탁(委員附託)으로 일본인 3명, 조선인 2명을 위원으로 발탁하여 심의를 하는 것은 어떻습니까?

다음에 조금 전 도선(渡船)에 관해 7번 의원과 부윤과의 경위(經緯)가 있었지만, 이는 작년 계상하였고 곤일종면(昆一終面)에 해마다 150원을 지불하고 있으므로 안도는 면(面)에 대해 항의해야 하는 것으로 부(府)에 대해 어떠한 말을 한다는 것은 합당하지 않다고 생각합니다.

올해는 부(府)의 자원 함양이 되는 것은 하나도 없는 것 같습니다. 저는 항상 해운업(海運業)에 종사하고 있는데, 종래는 항로 보조가 있었던 것으로 재정 관계상 본년도부터 그 보조가 없어졌습니다. 군산부(郡山府)는 군산, 법성포(法聖浦) 간에 1,500원의 항로 보조를 하고 있습니다. 목포와 법성포 간과의 거래는 활발히 행해지고 있으므로 재정의 형편이 가능하다면 부(府)의 자원 함양의 관점에서 이 항로 보조를 부활하여 받고자 합니다.

다음으로 토목비를 해마다 많이 계상하여 도로도 대부분 잘 되었습니다. 신문에서 보면 군산, 부산(釜山), 원산(元山)은 수익세를 거두고 있는데, 목포도 그렇게 하면 어떻겠습니까?

부윤 : 지금은 의견이 있었는데, 이는 이 예산을 일괄하여 위원회의 부탁한다면 그 위원회에서 협의하는 것으로 하겠습니다.

수익세(收益稅)는 시가정리를 하는 때에 부과하는 것이지만, 보통

으로 되어 있는 것 같습니다. 우리 지역도 시가정리를 할 때에 부과
하는 생각을 갖고 있습니다.

1번(金商燮) : 방금 3번 의원의 본건 위원회 부탁 건에 찬성합니다.

부윤 : 3번 의원의 본안위원회 부탁의 동의(動議)가 있고 이에 1번 의
원은 찬성하였는데, 다른 의견은 없습니까?

4번(車南鎭) : 목포의 수도사용료는 다른 곳에 비해 비싼 것인데, 다른
수도사용료를 들려 주십시오.

도수장(屠獸場), 화장장(火葬場)의 건은 작년은 아직 도시계획이 완
성되지 않았으므로 이전(移轉)하는 것이 가능하지 않은 것으로 했
는데, 도시계획은 어디까지 진행되고 있습니까? 아직 본년도 예산
에 계상하고 있지 않아서 묻습니다.

부윤 : 수도사용료는 번외가 설명하겠습니다. 그리고 도시계획은 본년
중에 정리하여 총독부에 제출하는데, 그 외에 여러분에게 심의를
부탁드릴 것이므로 그때까지 잠시 기다려주시길 바랍니다.

번외(北村 府書記) : 각부(各府)의 수도사용료를 설명드리겠습니다.

전주(全州)	55석(石) 4	3원	석당(石當) 5전(錢) 4리(厘)
신의주(新義州)	60석	2원 51전	석당 4전 1리
청진(淸津)	83석 1	2원 25전	석당 2전 7리
(중략·편자)			
목포(木浦)	38석	1원 80전	석당 4전
평양(平壤)	66석 48	1원 50전	석당 2전 2리

의 순서로 그 다음이 부산, 대구(大邱), 원산, 함흥(咸興)으로, 가장
낮은 것이 군산으로

군산은	15석 4	60전	석당 3전 8리

3번(山野瀧三) : 5번 의안 이하는 4호 의안의 부대 사항이기 때문에 일

괄하여 위원부탁으로 하기를 희망합니다.

의장 : 제1독회는 이것으로 끝내고 제2독회를 위원부탁으로 하여 제4호 의안 이하를 일괄하여 부탁하는 것이 어떻겠습니까?

(일동 '찬성')

의장 : 그러면 모두 3번 의원의 말에 찬성하기 때문에 4호 의안 이하 위원부탁으로 하겠습니다.

(투표를 시행함)

개표결과

사토 아키지(佐藤秋二)	6점
나라 지로(奈良次郎)	6점
마쓰이 사토지로(松井邑次郎)	6점
차남진(車南鎭)	9점
김상섭(金商燮)	7점
무라카미 나오스케(村上直助)	5점
야마노 타키조우(山野瀧三)	5점
박채린(朴埰麟)	4점
반 료스케(伴諒輔)	1점

사토 아키지, 나라 지로, 마쓰이 사토지로, 차남진, 김상섭의 제씨가 당선되었으므로, 내일 오후 1시부터 위원의 편에서 모임을 부탁합니다. 또 위원의 쪽이 3인 이상 모인다면 위원회를 여는 것으로 하겠습니다. 오늘의 회의는 이로써 마치겠습니다.

시간은 정각 오후 5시

위 회의의 전말을 기록하여 그 정확한 것을 증명하기 위해 이에 서명함

의장   히시끼 슈이찌(飛鋪秀一)

부협의회회원   마쓰이 사토지로(松井邑次郎)
동   나라 지로(奈良次郎)

위 원본에 의해 등사함
부속(府屬) 오오하타 끼요시(大畑淸)

2) (목포부협의회) 회의록(제2회)

항 목	내 용
문 서 제 목	會議錄(第二回)
회 의 일	19290318
의 장	飛鋪秀一(목포부윤)
출 석 의 원	木山本鳥太(2), 朴挾麟(6), 村上直助(7), 伴諒輔(9), 松井邑次郎(11), 奈良次郎(12), 佐藤秋二(13), 石森武男(14)
결 석 의 원	金商變(1), 車南鎭(4), 李振厚(10)
참 여 직 원	富樫不苫矢(부속), 增田半七(부속), 川原平次(부속), 北村兵之助(부서기), 山田信太郎(부서기), 安部誠一(부서기)
회 의 서 기	大畑淸(부속)
회 의 서 명 자 (검 수 자)	飛鋪秀一(목포부윤), 伸諒輔(부협의회원), 村上直助(부협의회원)
의 안	1927년도 목포부 세입출 결산 제시 건, 자문 제2호 무안군 이로면 산정리 55번지 소재 목포부 공동묘지와 58번지 소재 형무소 소유 토지의 교환 건, 제3호 목포부 수입증지조례 제정 건, 제4호 목포병원 위탁 경영에 관해 계약 체결의 건, 제5호 1929년도 호별세 부과 등급 및 부과율 개정 건, 제6호 목포부 부세조례 중 개정 건, 제7호 목포부 특별소득세조례 폐지 건, 제8호 구채상환자금 충당을 위한 공채 발행 건, 제9호 목포부 정리공채조례 제정의 건, 제10호 1928년 목포부 세입출예산 경정의 건
문서번호(ID)	CJA0002734
철 명	목포부관계서류
건 명	목포부부세조례중개정의건-회의록첨부
면 수	8
회의록시작페이지	11
회의록끝페이지	18
설 명 문	국가기록원 소장 '목포부관계서류'철의 '목포부부세조례중개정의견'에 포함된 1929년 3월 18일 목포부협의회 회의록

해 제

이 회의록(8면)은 국가기록원 소장 '목포부관계서류'철의 '목포부특별소득세조례폐지의건-회의록첨부'에 포함된 1929년 3월 18일 개회된 목포부협의회의 회의록(제2회)이다.

본 회의는 결산제시와 총 9건의 자문안을 다루었는데, 특히 부의 각종 조례 제정과 관련된 자문이 많았다. 부조례를 설치 또는 개폐할 때 부윤은 부협의회에 자문을 거쳐야 했다.24) 이 회의록에서 논의하고 있는 조례는 수입증지조례, 부세조례, 특별소득세조례, 정리공채조례 등이다. 부는 법령이 허락하는 한에서 부의 사무에 대한 조례를 제정할 수 있었고, 이 조례 제정을 위해서는 부협의회의 자문을 거치는 것으로 하였다. 부협의회 회의록들을 보면 각 지역별로 제정된 각종 조례들을 확인할 수 있고, 이 조례들은 당시 부의 주요 사무들을 확인할 수 있는 측면에서 주목할 만하다. 또한 조선총독부가 발포한 규칙과 이의 지방 적용을 확인할 수 있다. 수입증지조례의 경우, 1919년 11월 조선총독부령 제177호로 부제시행규칙이 개정되면서 1914년 1월 발포된 부제시행규칙 제11조25)에 "부윤이 지정한 사용료, 수수료, 기타 수입은 그 부에서 발행하는 수입증지로써 납부하게 할 수 있음"이라는 추가 항목이 설정되어 있었다. 이미 경성부, 대구부 등에서 시행하고 있었고, 목포부에서도 그 효용성 측면에 주목하여 조례 설정을 추진

---

24) 제12조
「府制(制令 第7號)」, 『朝鮮總督府官報』 號外, 1913.10.30.
25) 제11조 부세를 징수하고자 하는 때에 부윤은 납세자에 대해 그 납금액, 납기일 및 납부장소를 기재한 납세고지서를 발해야 한다.
사용료 또는 수수료를 징수하고자 하는 때에 부윤 또는 그 위임을 받은 관리, 이원은 납입고지서를 발해야 한다. 단 즉납(卽納)의 경우는 이에 해당하지 않는다.
「府制施行規則(朝鮮總督府令 第3號)」, 『朝鮮總督府官報』 號外, 1914.1.25.

한 것으로 보인다.

부세조례의 개정과, 특별소득세조례의 폐지 자문은 1929년 2월 부세(府稅) 관련 조항의 개정에 따른 것이었다. 1929년 2월 조선총독부령 제11호로 부제시행규칙 제3조, 6조의 부세 부과 규정 개정의 적용이었다.[26] 1914년 1월 조선총독부령 제3호 제3조에 따르면 부세로 1) 시가지세 부가세 2) 가옥세 부가세 3) 특별세를 부과할 수 있는 것으로 규정하고 있다. 또한 동 제6조에는 시가지세부가세는 지사지세의 1/2, 가옥세부가세는 가옥세액을 초과할 수 없는 것으로 규정하고 있었다.[27] 부가세는 균일한 세율로 부과해야 한다. 단 제10조에 의해 허가받은 경우는 제외한다. 부세 관련 부제시행규칙 제3조와 6조는 여러 차례 개정을 거쳤다.

① 1919년 3월 조선총독부령 제32호[28]

- 제3조 제1항 제2호 중 '가옥세의 부가세'를 '지방비부과금가옥세의 부가세'로 고침

- 제6조 제1항 중 '가옥세부가세'를 '지방비부과금가옥세부가세'

---

[26] 「府制施行規則(朝鮮總督府令 第3號)」, 『朝鮮總督府官報』 號外, 1914.1.25.

[27] 제3조 부세로 부과할 수 있는 것은 다음과 같다. 1.시가지세 부가세 2.가옥세 부가세 3.특별세. 부가세는 균일한 세율로 부과해야 한다. 단 제10조에 의해 허가받은 경우는 제외한다.
제6조 시가지세부가세는 시가지세의 1/2, 가옥세부가세는 가옥세액을 초과할 수 없다. 다음에 기재된 경우는 특별히 조선총독의 허가를 받아 전항의 제한을 초과하여 부과할 수 있다.
  1) 부채상환을 위해 필요한 때
  2) 영구의 이익이 될 만한 지출을 할 필요가 있는 때
  3) 천재지변으로 인한 피해복구를 위해 필요한 때
  4) 전염병예방을 위해 필요한 때
「府制施行規則(朝鮮總督府令 第3號)」, 『朝鮮總督府官報』 號外, 1914.1.25.

[28] 「府制施行規則中改正(朝鮮總督府令 第32號)」, 『朝鮮總督府官報』 제1981호, 1919.3.19.

로, '가옥세액'을 '지방비부과금가옥세액'으로 고침

② 1920년 2월 조선총독부령 제16호[29]

- 제6조 제1항 중 '1/2'을 '6/10'으로 고침

  동조(同條) 제2항을 다음과 같이 고침

  필요한 경우에는 조선총독의 허가를 받아 전항의 제한을 초과
  하여 부가할 수 있음

③ 1921년 1월 조선총독부령 제16호[30]

- 제3조 제1항에 다음의 1호를 더함

  1의 2) 소득세의 부가세

- 제6조 중 '6/10'의 아래에 ', 소득세부가세는 소득세의 14/100,'를
  더함

④ 1921년 1월 조선총독부령 제19호[31]

- 제3조 제1항에 다음의 1호를 더함

  2의 2) 지방세선세(船稅)의 부가세

- 제6조 제1항의 중 '가옥세액'의 아래에 ', 지방세선세부가세는
  지방세선세액'을 더함

⑤ 1921년 4월 조선총독부령 제63호[32]

- 제3조 제1항에 다음의 1호를 더함

  1의 3) 취인소세의 부가세

- 제6조 제1항 중 '14/100'의 아래에 '취인세세부가세는 취인소세
  의 50/100'을 더함

[29] 「府制施行規則中改正(朝鮮總督府令 第16號)」, 『朝鮮總督府官報』 제2255호, 1920.2.2.20.
[30] 「府制施行規則中改正(朝鮮總督府令 第16號)」, 『朝鮮總督府官報』 제2532호, 1920.1.22.
[31] 「府制施行規則中改正(朝鮮總督府令 第19號)」, 『朝鮮總督府官報』 제2539호, 1921.1.31.
[32] 「府制施行規則中改正(朝鮮總督府令 第63號)」, 『朝鮮總督府官報』 제2607호, 1921.4.22.

⑥ 1923년 7월 조선총독부령 제96호[33)

- 제3조에 다음의 1호를 더함

    2의 3) 지방세차륜세(車輪稅)의 부가세

- 제6조 제1항 중 '지방세선세액'의 아래에 '지방세차륜세부가세
  는 지방세차륜세액'을 더함

⑦ 1927년 3월 조선총독부령 제30호[34)

- 제3조의 제1항 중 제1호의 2를 제2호로 하고 제1호의 3을 제5
  호로 하며 이하 순차 뒤로 돌리고, 제2호의 다음에 다음의 1호
  를 더함

    3) 영업세의 부가세

- 제6조 제1항 중 '소득세의 14/100'의 아래에 '영업세부가세는 영
  업세액'을 더함

⑧ 1929년 2월 조선총독부령 제11호[35)

- 제3조 제항 중 '시가지세의 부가세'를 '지세의 부가세'로 고치고,
  제8호를 제9호로 하며, 제7호의 다음에 다음 1호를 더함

    8) 지방세특별소득세의 부가세

- 제6조 제1항 중 '시가지세부가세는 시가지세의 6/10'을 '지세부
  가세는 지세의 6/10'으로, '소득세부가세는 소득세의 14/100'를
  '소득세부가세는 소득세의 7/100'으로 고치고 '지방세차륜세액'
  의 아래에 '지방세특별소득세부가세는 지방세특별소득세의 7/17'
  을 더함

1929년 2월 부세와 관련된 부제시행규칙의 개정으로 조례 개정의

33)「府制施行規則中改正(朝鮮總督府令 第96號)」,『朝鮮總督府官報』제3281호, 1923.7.18.
34)「府制施行規則中改正(朝鮮總督府令 第30號)」,『朝鮮總督府官報』호외1, 1927.3.31.
35)「府制施行規則中改正(朝鮮總督府令 第11號)」,『朝鮮總督府官報』제629호, 1929.2.7.

필요에 따라 협의회에 자문한 사항으로 회의록에는 부당국과 의원들 간의 질의 응답을 통해 관보에서 확인되는 규정상의 내용 이상으로 상세한 내용을 담고 있어 지방 재정을 이해하는데 크게 도움이 된다.

내 용

의장(부윤) : 회의에 들어가기 전 1927년[36])도 부의 세입출 결산을 제시하겠습니다.

(서기 낭독) 1927년도 목포부 세입출결산 제시의 건

의장(부윤) : 이 결산은 부세시행규칙 제29조의 2에 의해 제시한 것입니다. 내용은 부기와 같습니다. 작년도 예산의 집행은 순조롭게 진척되어 세입 합계 32만 7,094원 37전, 세출 합계 28만 3,307원 76전, 차액 4만 1,786원 61전이고 이것을 다음 해로 이월했습니다. 어서 봐두시길 바랍니다.

의장(부윤) : 다음은 자문 제2호 의안을 부의하겠습니다.

(서기 낭독) 자문 제2호 무안군(務安郡) 이로면(二老面) 산형리(山亭里) 75번지 소재 목포부 공동묘지를 동상(同上) 78번지 소재 형무소 소유 토지와 교환의 건

의장(부윤) : 이것은 형무소 토지와 부의 토지를 교환하는 것으로 형무소 감시 상황상 별도 도면의 공동묘지를 형무소가 희망하고 있어서 그것을 형무소로 하고 그 대신 별지 도면의 점선이 있는 곳을 형무소로부터 받는다는 것입니다. 형무소에 양여하는 면적은 410평이고 부가 취하는 492평입니다. 형무소에서는 식산은행에 문의한 바

---

36) 원문의 1927년은 의장이 작년도 예산이라고 하고 있는 것으로 볼 때, 1928년의 오기로 추정됨. 이하 동일.

같은 평수로 교환하면 좋겠다고 했지만 형무소 쪽에서 교환을 신청했으므로 부(府)는 82평 많게 취하는 것으로 되었습니다. 그 교환조건은 별지와 같습니다.

(부윤, 교환조건을 낭독함) 이런 조건으로 교환하려고 합니다. 심의를 원합니다.

7번(村上直助) : 정확한 가격은 아니어도 좀 형무소 쪽이 많게 하는 게 어떻습니까?

의장(부윤) : 형무소의 안에 도로가 있어서 이렇게 했습니다.

12번(奈良次郎) : 저는 이의는 없지만 묘지는 조선인이 가장 중요시하고 있는 것이므로, 이 점을 염두에 두시기 바랍니다. 또 이전료(移轉料) 등에 대해 다른 이야기는 없습니까?

의장(부윤) : 그것은 없는 것 같습니다.

11번(松井邑次郎) : 본 안은 이의 없으니 독회를 생략하고 곧장 가결 확정하길 바랍니다.

의장(부윤) : 지금 11번 의원이 본안은 이의 없으니 독회 생략하고 곧장 가결 확정하자고 하는 게 어떠냐는 동의가 있는데 다른 분들의 의견은 없습니까?

7번(村上直助), 기타 : 이의 없습니다.

의장(부윤) : 11번, 7번 기타 의원이 이의 없다고 하시므로 본 안은 독회 생략하고 곧장 가결 확정하겠습니다. 다음은 자문 제3호 의안을 부의하겠습니다.

(서기 낭독) 자문 제3호 목포부 수입증지(收入證紙) 조례 제정 건

의장(부윤) : 이것은 부가 거두는 사용료 중 수수료는 현금으로 납부하고 있는데, 불편이 많고 재무 창구나 금고 창구에 몇 번이나 왔다 갔다 해서 불편이 많은 한편, 매년 취급 건수가 많아져서 불편하며

적은 돈을 여기저기 하는 것은 불안하지만 수입증지를 사용하면 우편국에서 전보를 치는 것과 같이 극히 간단합니다. 다른 부도 하고 있는데 다른 부의 것을 보면 상황이 좋으니 그렇게 하려고 합니다. 심의를 부탁드립니다.

13번(佐藤秋二) : 사용료 및 수수료의 수입은 연액(年額) 얼마입니까?

의장(부윤) : 이 수입에 의한 부분을 예산에 6,400원 계상했습니다.

13번(佐藤秋二) : 수입증지를 판매인이 판매할 때는 거기에 5푼(分)의 수수료를 급부해야 하므로 결국 부는 5푼만 수입이 가능한 것 아닙니까?

부윤 : 그 경우는 5푼이 되는 것입니다.

11번(松井邑次郎) : 제11조에는 "판매인에 대해 수입증지를 매도(賣渡)할 때는 부는 그 권면액(券面額)의 11/100 이내의 금액을 할인함"이라 되어 있는데, 액수는 부윤이 정하는 것입니까?

부윤 : 경우에 따라서는 토지에 관계하여 매매되거나 그렇지 않은 바가 있으므로 그것을 가감하려고 생각합니다.

7번(村上直助) : 수입증지를 판매인에게 파는 경우에 부의 수입은 판매인에게 판매한 대금을 수입으로 하는 것입니까?

부윤 : 판매인이 판 것을 부의 수입으로 합니다.

13번(佐藤秋二) : 사용료 및 수수료에서 가장 큰 금액의 것은 어떠한 것입니까?

판매수수료는 장소에 따라서 달라지면 혼란스러우므로 일정한 금액으로 정하여 두면 어떻습니까?

참여원(富樫 속) : 우피건조장 사용료 1건 2원으로 가장 큰 것입니다.

(중략-역자)

의장(부윤) : 그럼 특별히 이의가 없는 것 같으므로, 본 안은 독회를 생략하고 가결 확정하고자 하는데 어떻습니까?

(일동 '이의 없음')

의장(부윤) : 그럼 본 안은 독회를 생략하고 가결 확정하겠습니다.

의장(부윤) : 다음은 자문 제4호 의안을 부의하겠습니다.

(서기 낭독) 제4호 목포병원 위탁 경영에 관해 계약 체결의 건

의장(부윤) : 4호 의안은 목포병원의 의무촉탁에 관해 부윤과 아오끼 (靑木) 병원장이 별지와 같이 계약을 체결한다는 것입니다.

　종전부터 계속해서 계약을 하고자 하는 것입니다. 내용이 전과 비교해 변한 것은 종래는 병실 보수금(報酬金) 1,560원을 받고, 그리고 촉탁료(囑託料) 6,480원으로 하고 있었는데, 이번에는 그 차액 4,920원만을 주는 것으로 변했습니다. 다음으로 그 전 부협의회 때 문제였던 소아과를 두고자 한 것을 원장에게 말했는데 내지에 인물 물색 중이지만 좀처럼 적임자가 없다고 합니다. 심의를 부탁드립니다.

12번(奈良次郎) : 계약은 좋다고 생각합니다.

　왕진료 중 차마임(車馬賃)이 있는데 부내(府內)에도 적용합니까?

의장(부윤) : 그것은 부외(府外) 만입니다.

12번(奈良次郎) : 회진료(會診料)는 무엇입니까?

의장(부윤) : 입회(立會)의 때입니다.

9번(伴諒輔) : 간호부가 적은데 지금 몇 명입니까?

참여원(富樫 속) : 8명입니다.

11번(松井邑次郎) : 제7조 촉탁 보수는 370원으로 좋습니까?

의장(부윤) : 그 외에 제8조에 의하면 2명분 40원 지급하는 것으로 되어 있습니다. (중략-편자)

의장(부윤) : 그러면 본 안은 독회 생략하고 곧장 가결 확정하는 것으로 하겠습니다. 다음은 자문 제5호를 부의하겠습니다.

서기(낭독) 자문 제5호 1929년도 호별세(戶別稅) 부과 등급 및 부과율
  개정 건

의장(부윤) : 이건 작년과 비교해서 변한 것은 작년에는 1, 2등이 없었
  는데 올해는 1, 2등을 만든 것과, 기타 다소 변경이 있습니다만, 학
  교조합 부분이 변해서 그것과 동일하게 한 것입니다. 심의를 부탁
  드립니다.

13번(佐藤秋二), 11번(松井邑次郎) : 이의 없습니다.

의장(부윤) : 13, 11번 의원은 이의 없다고 하셨으니 본 안은 독회 없
  이 곧장 가결 확정하려는데 어떻습니까?

(일동 '이의 없다'고 함)

의장(부윤) : 그러면 본 안은 독회를 생략하고 곧장 가결 확정하겠습
  니다. 다음은 자문 제6호 의안을 부의하겠습니다.

(서기 낭독) 자문 제6호 목포부 부세조례(府稅條例) 중 개정 건

의장(부윤) : 자문 제6호 의안은 부세조례 개정 건입니다. 그 요지는
  시가지세가 이번에 지세가 되어서 결국 시가지세부가세가 지세부
  가세가 되었습니다.

  다음으로 조선 이외에 본점이 있는 지점 또는 주요한 영업소를 조
  선 내에 가진 법인에 대해 금회 특별소득세로서 도 지방비가 취하
  는 것으로 되었습니다. 그 세액에 대해 부가 지방세 특별소득세부
  가세로서 징수하는 것으로 되었습니다. 위 두 가지 사항에 대해 각
  각 조례 개정을 하고자 합니다. 심의를 부탁드립니다.

11번(松井邑次郎) : 부세는 본세의 몇 할이 됩니까?

의장(부윤) : 본점을 조선 내에 두는 법인에 대해서는 본세의 17/100을
  지방세가 취하고 부는 본세의 7/100을 취합니다.

  또 본점을 조선 내에 갖지 않는 법인에 대해서는 소득금액의 17/100

을 지방세로서 징수하고 부는 그 세액의 7/17을 취합니다.

11번(松井邑次郎), 12번(奈良次郎), 기타 : 이의 없습니다.

의장(부윤) : 11, 12번, 기타 의원이 이의 없다고 하므로 본 안은 독회
생략하고 가결 확정하려는데 어떻습니까?

(일동 '이의 없음')

의장(부윤) : 그러면 본 안은 독회 생략하고 곧장 가결 확정합니다. 다
음은 자문 제7호 의안을 부의합니다.

(서기 낭독) 자문 제7호 목포부 특별소득세 조례 폐지 건

의장(부윤) : 이것은 부제 시행규칙이 개정되어 새로 지방세 특별소득
세부가세가 설정된 것으로 특별소득세조례가 개정되었기 때문에
부세조례 개정 때문에 본 조례가 필요 없게 되어 폐지하려는 것입
니다. 심의를 원합니다.

(일동 '이의 없음')

의장(부윤) : 이의 없으니 본 안은 독회 생략하고 곧장 가결 확정하려
는데 어떻습니까?

(일동 '이의 없음')

의장(부윤) : 그러면 본안 독회 생략하고 가결 확정하겠습니다.

다음은 자문안 8호 의안을 부의하겠습니다.

(서기 낭독) 자문안 제8호 구채상환자금 충당을 위한 공채 발행 건

의장(부윤) : 자문 제8호는 구채(舊債) 상환 자금 충당을 위해 공채를
발행하려는 것입니다.

이것은 본 안에 첨부한 표를 보시면 아시겠지만 1930년도에 상환
완료할 수도채, 병원채 및 한국정부로부터 무이자로 차입한 3만 원
을 제외하고 1929년도 초두에 원금 미상환액은 15만 305원 47전입
니다. 이것은 시장설치비채 외 4구입니다만 평균 이자 연 7푼 8리강

이 되어있는데 이번 내무국의 배려에 의해 연 6푼의 공채를 발행하
여 이것은 식산은행에서 인수한다는 교섭이 성립되었습니다. 매우
유리하므로 공채를 발행하자는 것입니다. 발행 수수료, 기한 전 수
수료, 증권 인쇄 등 비용을 합산하면 6푼 8리로 됩니다. 이렇게 해
도 약 1푼 쌉니다.

또 공채발행에 의해 상환 연한이 단축되어 이에 의해 약 2만 8,547원
을 부가 이익으로 하는 것입니다. 심의를 원합니다.

7번(村上直助) : 공채라 함은 부(府)의 부분은 부채(府債)라 하고 정부
부분은 공채라 하는 것 아닙니까?

의장(부윤) : 부(府)의 부분도 공채라고 말합니다.

7번(村上直助), 11번(松井邑次郞) : 이의 없습니다.

의장(부윤) : 7번, 11번 기타 의원이 이의 없다고 하니 본 안은 곧장 가
결 확정하려는데 이의 있습니까?

(일동 '이의 없음')

의장(부윤) : 그럼 본 안은 독회 없이 가결 확정하겠습니다. 다음은 자
문안 제9호 의안을 심의하겠습니다.

(서기 낭독) 목포부 정리공채조례 제정의 건

의장(부윤) : 자문안 제9호 의안은 목포부 정리공채조례(整理公債條
例) 제정 건입니다. 이것은 전에 학교조합 정치공채를 말했을 때와
내용은 대체로 같지만 내용은 질문에 의해 답하는 식으로 하겠습니
다. 심의해주십시오.

13번(佐藤秋二), 14번(石森武男) : 이의 없습니다.

의장(부윤) : 13번, 14번, 기타 의원이 이의 없으므로 본 안을 독회 생
략하고 곧장 가결 확정하려는데 어떻습니까?

(일동 '이의 없음')

의장(부윤) : 그럼 본 안은 가결 확정하겠습니다. 다음은 자문 제10호
　의안을 부의하겠습니다.

(서기 낭독) 1928년 목포부 세입출예산 경정의 건

의장(부윤) : 이것은 1928년도 부 세입출예산을 갖고 계신 별지와 같
　이 경정하려는 것입니다. 심의 부탁드립니다.

(일동 '이의 없음')

의장(부윤) : 그럼 본 안은 독회 생략하고 곧장 가결 확정하겠습니다.
　어떻습니까?

(일동 '찬성')

의장(부윤) : 그러면 본 안은 독회 생략하고 가결 확정하겠습니다. 오
　늘은 자문 제2호 의안부터 10호 의안까지 심의했습니다. 이것으로
　폐회합니다.

3) 진남포부협의회 회의록(제1일, 1927)

항 목	내 용
문 서 제 목	鎭南浦府協議會 會議錄(第1日)
회 의 일	19270318
의 장	池田魁(府尹)
출 석 의 원	川添種一郎, 柳原龜一, 馬載坤, 岡部平一, 河村國助, 鈴木種一, 趙定鎬, 立川六郎, 重枝太索37), 林炳日, 岡島英次郎
결 석 의 원	李根軾, 吳中洛, 全洛鴻
참 여 직 원	赤峯增彦, 丹羽左門, 崔泰鳳, 高島興七(이상 부속), 金子伴次郎, 朱學根, 森榮次郎(부서기), 中尾太(부기수)
회 의 서 기	
회 의 서 명 자 (검 수 자)	池田魁(府尹), 岡部平一, 鈴木種一
의 안	자제3호 1926년도 진남포부 세입출 제7회 추가경정예산, 자제4호 진남포부 특별호별세 조례폐지의 건, 자제5호 진남포부 세조례 제정의 건, 자제6호 진남포부 호별세 조례제정의 건, 자제7호 1927년도 진남포부 세입출예산의 건
문 서 번 호 (I D)	CJA0002618
철 명	진남포부관계서류
건 명	진남포부호별세조례설정의건-회의록첨부
면 수	15
회의록시작페이지	11
회의록끝페이지	25
설 명 문	국가기록원 소장 '진남포부관계서류'철의 '진남포부호별세조례설정의건-회의록첨부'에 실려 있는 1927년 3월 18일 진남포부협의회 회의록

---

37) 원문의 重技太索은 重枝太索의 오기.

해 제

본 회의록(15면)은 국가기록원 소장 '진남포부관계서류'철의 '진남포 부호별세조례설정의건-회의록첨부'에 실려 있는 1927년 3월 18일 개최 된 진남포부협의회의 회의록이다.

진남포의 경우 조선인 유권자가 상당히 많은 지역[38]으로 이에 따라 선거에서 당선된 조선인 의원인 비율도 높은 편이다. 조선인 의원들 의 다양한 의견 개진도 확인할 수 있다. 본 회의 참여한 협의회원들은 1926년 11월 선거로 선출되었고, 일본인 의원 8명 조선인 의원 6명이 었다. 그럼에도 불구하고 당시 이 선거에 대한 평을 보면, 유권자수의 다소에 따라 조선인 측 유력 인사가 1인 낙선하고, 조선인 유권자의 표가 일본인 측으로 34표나 간 것에 대한 아쉬움 등을 표하고 있다.[39] 그만큼 진남포 지역은 다른 지역에 비해 조선인들이 조금은 발언권을 갖고 의견 개진도 할 수 있었던 곳이라 할 수 있다. 따라서 이 지역 협의회 회의록을 보면 조선인의 열악한 상황을 다 확인이야 어렵겠지 만, 조선인들이 어떠한 형편에 놓이고, 어떻게 차별을 받고 있는지 조 금은 확인이 가능하다. 그리고 이에 대한 부당국의 조치 등을 살펴보 는 것은 당시 조선인 처우의 한 단면을 확인할 수 있는 방법이 되기도 한다.

본 회의록은 일제의 지방세제 정리로 일반 영세민들의 부담이 가중

---

[38] 이 회의에 참여한 협의회원 선거는 1926년 11월 21일 치러졌고, 이때 진남포 조선 인유권자 220인, 일본인유권자 272인이었다. 이전 차수 선거 당시 조선인유권자 211인, 일본인유권자 289인이었다.
「鎭南浦 府議選擧 朝鮮人이 增加」, 『매일신보』 1926.10.18.

[39] 「府協議選擧戰一瞥記 勁努强矢로 走鹿을 射止할 勇士諸氏의 面面 八對大比例人 朝鮮人六名當選 鎭南浦支局一記者」, 『매일신보』 1926.11.23.

될 것을 우려하는 내용도 확인할 수 있다. 부세 중 일반에 영향이 가장 큰 호별세 징수 기준이 소득 1,000원에서 소득 4백 원으로 개정되었다. 그리고 본 회의록에서 이러한 상황이 가져올 문제점 즉 하층민의 부담 증가, 이에 대한 무기력한 부당국의 입장 표명 등이 확인된다.

부당국 측에서는 세액 증징 즉 세입을 증가시키는 것은 부의 사업을 위해 어쩔 수 없는 것이라 하는데, 부의 사업이라는 것이 과연 무엇이고 어떻게 쓰였는가 하는 것을 살펴보는 것은 당시 조선의 실상을 아는데 중요한 요소이다. 사업이라는 것이 누구를 위해 어떻게 쓰여졌는지가 중요한 것인데 세입출예산을 다루고 있는 협의회의 회의록은 그러한 부분을 살펴보기에 유용하다. 본 회의록에서 확인되는 하수공사 공사비로 계상된 금액에 대한 지적 등도 그러한 부분을 이해하는 도움이 될 것으로 보여진다.

내 용

(상략-편자)

부윤 개회를 선언함. 시각 오후 1시 30분

의장(부윤) : 제3호안을 의제로 올립니다.

낭독을 생략하고 바로 설명하겠습니다. 세입경상부 제3관 교부금에서 319원을 추가하는 것은 각항 모두 본세 징수예산 이상에 달하였던 것으로 실제의 수입액을 경정하고자 하는 것입니다.

제4관 제1항 기본재산수입을 경정 1,586원 감액하고자 함은 재계 불황의 영향을 받아 예정대로 토지의 대부가 진척되지 않아 역전 매립지 대부료를 기본재산수입으로 계상하였는데 이를 기본재산 수입으로 하려면 성질상 부적당하다고 인정하여 그 대부료를 부동산

수입으로 별항으로 수입하는 것으로 한 관계가 있습니다.

제6관 잡수입 188원 추가 증액함은 불용품 매각대가 예상 이상에 달하였기 때문입니다.

임시부 제3관 기부금 1,245원 추가는 독지가의 기부가 있었기 때문이고, 동 제5관 재산매각대 2,500원 추가는 부립병원 구병사를 매각한 결과입니다.

제6관 부채 5만 3,500원 경정 삭제는 세출임시부 시가구획 정리사업 중지로 기책의 필요가 없어졌기 때문입니다.

다음으로 세출 경상부로 옮겨서 제2관 토목비 612원 추가하려고 하는 것은 상업회의소 앞부터 평남교(平南橋)에 이르는 사이 및 역전 매립지 도로에 가등을 설비할 필요가 발생하였으므로 전기회사에 교섭, 총공비 1,834원의 중 그 1/3 즉 611원을 지출하는 것으로 하였던 것입니다. 제16관 제1항 기본재산조성비 3,543원 추가는 앞서 서술한대로 시가구획 정리비 기채로 중지하는 것으로 하였는데, 이 사업 중지로 규정에 의해 조성의 필요가 발생하였던 것입니다.

제20관 예비비 146원 경정 감액은 기본재산 조성 기타 부득이한 경비 지출의 필요상 그 재원으로 변통할 수 없는 결과, 세입출의 조절을 도모하기 위한 것입니다.

제6관 제2항 부채(府債) 1,112원 감액은 시가구획 정리비 부채 중지로 그 이자가 필요 없게 되었기 때문입니다.

제7관 시가구획 정리비 삭제는 사정에 의해 올해는 공사시행을 중지하는 것으로 하였던 결과입니다. 대체 이상의 대로이므로 마땅히 심의를 원합니다.

11번(立川君) : 역전 매립지 대부료를 부동산 수입으로 한 관계는 설명에 의해 이해할 수 있겠는데 원 예산액과 서로 다른 이유는 무엇입니까?

의장(府尹) : 예산 편성 당시는 이 땅 총평수 약 5천 평의 1/3을 본년
　도 중에 대부할 계획이었던 바, 대부 조건 등으로 예상대로 대부하
　는 것이 가능하지 않아서 현 대부 계약을 마친 것 및 본년도 중 대
　부의 가능성이 있는 것만으로 한정하여 경정 감액하였던 것입니다.

11번(立川君) : 이의 없습니다.

12번(重枝君) : 이의 없습니다. 또 독회 생략하고 원안대로 가결 확정
　의결하기를 바랍니다.

의장(부윤) : 채결하겠습니다. 독회 생략, 원안대로 가결 확정하는데
　이의 없는 분은 기립하여 주시길 바랍니다.

(전원 기립함)

의장(부윤) : 이의 없는 것이라 인정합니다. 제3호안은 원안의 대로 가
　결 확정하겠습니다.

의장(부윤) : 제4호안 특별호별세조례 폐지를 의제로 올리겠습니다.
　낭독을 생략하고 번외 재무계 주임이 설명하겠습니다.

(니와(丹羽) 재무계주임 설명) (생략-원문)

11번(立川君) : 이의 없습니다.

1번(川添君) : 이의 없습니다.

12번(重枝君) : 이의 없습니다. 독회를 생략하고 원안의 대로 가결 확
　정 의결할 것을 바랍니다.

의장(부윤) : 채결하겠습니다. 독회 생략, 원안대로 가결 확정하는데
　이의 없는 분은 기립하여 주시길 바랍니다.

(전원 기립함)

의장(부윤) : 이의 없는 것이라 인정합니다. 제4호안은 원안의 대로 가
　결 확정하겠습니다.

의장(부윤) : 다음으로 제5호안을 의제로 올립니다. 낭독을 생략하고 번외 재무계 주임이 설명하겠습니다.

(니와 재무계주임 설명) (생략·원문)

11번(立川君) : 제3조에 의한 과율표는 어디에 있습니까?

의장(부윤) : 예산에 정해져 있으므로 종례에는 없습니다.

1번(川添君) : 세제(稅制) 정리는 좋지만 이것으로 세민(細民)의 부담이 가중되는 것은 없습니까? 부의 경비와 같은 것도 가능한 절약하여 과세를 경감하도록 고려를 바랍니다.

의장(부윤) : 조례 개정은 국세(國稅) 체계 정리에 수반하여 부득이한 결과이므로, 그 내용에서도 번외가 설명한 대로 현재의 상황에 비추어 적절한 과세 표준에 의하고자 하여, 부민 각 계급에 걸쳐 신중 조사를 하였습니다. 현행 조례 중에는 세민 과세의 염려가 있는 세종도 있는데, 개정안은 이러한 종목은 완전 폐지하고 또는 경감 하였으므로 세민의 부담을 중하게 하는 것 같은 것은 없습니다. 또 부의 경비와 같은 것도 조금 뒤에 일정으로 들어가면 이해가 가능할 것이라 생각하는데 1927년도 예산에 있어서는 극력 긴축을 하고 있습니다.

1번(川添君) : 이의 없습니다.

12번(重枝君) : 이의 없습니다. 또 독회 생략하고 원안대로 가결 확정 의결하기를 바랍니다.

의장(부윤) : 채결하겠습니다. 독회 생략, 원안대로 가결 확정하는데 이의 없는 분은 기립하여 주시길 바랍니다.

(전원 기립함)

의장(부윤) : 이의 없는 것이라 인정합니다. 제5호안은 원안의 대로 가결 확정하겠습니다.

의장(부윤) : 제6호안을 의제로 올립니다. 낭독을 생략하고 번외 재무
　계 주임이 설명하겠습니다.

(니와 재무계주임 설명) (생략-원문)

1번(川添君) : 현행 호별세(戶別稅)는 소득액 1,000원 이하의 자에게
　부과하지 않는 것으로 되어 있는데 개정안은 소득액을 4백 원으로
　저하하고 있습니다. 관계상 갑자기 하층자의 부담이 무겁습니다.
　그 결과 징수상에 지장을 초래할 우려없습니까

의장(부윤) : 개정 호별세는 현행의 것과 전연 그 내용을 달리하고 있
　습니다. 부담을 공평하게 하는 점에서 보면 하층자에게 과세하는
　것도 부득이 한 것이므로 징수상 지장을 초래하는 것은 고려하지
　않습니다.

5번(岡部君) : 호별세는 의무자의 신고에 의해 부과하는 것입니까?

의장(부윤) : 신고에 의하지 않습니다.

11번(立川君) : 이의 없습니다. 또 독회 생략하고 원안대로 가결 확정
　의결하기를 바랍니다.

의장(부윤) : 채결하겠습니다. 독회 생략, 원안대로 가결 확정하는데
　이의 없는 분은 기립하여 주시길 바랍니다.

(전원 기립함)

의장(부윤) : 이의 없는 것이라 인정합니다. 제6호안은 원안의 대로 가
　결 확정하겠습니다.

의장(부윤) : 다음으로 제7호안의 심의를 하고자 하는데, 잠시 휴식하
　겠습니다.

(시각 오후 3시 10분)

부윤 : 개회를 선언합니다.

(시각 오후 3시 40분)

의장(부윤) : 제7호 의안 1927년도 세입출예산을 부의합니다. 의사에
앞서 예산 편성의 대강에 대해 말씀드립니다.

1927년도 예산은 세입출 각 18만 9,317원으로 전년도에 비교하면
1만 8,132원이 줄었는데, 위는 주로 본년도의 부채액이 전년도보다
도 감소하였기 때문입니다.

예산 편성에 대해서는 극력 긴축의 방침을 취하였으므로 우리 부의
재정은 심히 궁박의 상태에 있어서 사업비에 있어서는 이 이상 긴
축하면 부로써의 기능을 발휘하는 것이 가능하지 않은 것으로 이때
재정을 재건할 필요를 느껴 어쩔 수 없이 인건비에 큰 수정을 가하여
부이원 3명, 부 고원(雇員) 4명 합계 7명의 감원을 단행하고 5,169원
을 절약하여, 필요상 어쩔 수 없는 경비에 충당하고 겨우 세입출의
조절을 계획하였던 것입니다.

세입출의 주요한 것에 대해 개요를 설명하자면 세입 부세로써 국세
체계 정리에 수반하여 지방, 세제정리의 주요한 취지에 따라 부세
의 개폐를 행할 필요가 발생했던 것으로 신중하게 부민의 담세력을
감안하여 시대의 요구에 응하여 가장 공평한 과세 방법에 의해 이
개폐 신설을 행하고자 합니다.

즉 국세 영업세 창설에 의해 현행 부세 영업세가 폐지되어진 결과
영업세부과세 및 특별영업세를 신설하고, 국세와의 균형을 도모하
여 현행의 호별세를 폐지하고 자력(資力)을 표준으로 한 호별세를
신설하여, 부세영업세 폐지에 수반한 세입의 결합을 보전하고, 현행
부세잡종세 중 세민 과세의 염려가 있는 종목을 전폐 또는 경감한
외 과세물건으로써 적당하지 않은 특별호별세를 폐지하는 등 각종
세목에 걸쳐 정리를 단행하였습니다. 그리고 부세 총액에 있어서

3,584원 증가함은 자연 증가의 결과입니다.

기타 세입에 있어서는 수도 보급에 의해 사용료 및 수수료 2,489원 증가의 예정이고 토목비에 대한 보조금 약 3만 3,500원 증가의 외, 부립병원 폐지에 수반하여 자연의 감수(減收) 및 기타 각 과목에 걸쳐 약간의 증액이 있어 결국 총액에서 1만 8,132원의 감소가 되었습니다.

세출에서 경상부 사무비 2,988원 감액하면 전술과 같이 부재정 현황에 비추어 이때 가능한 한 인건비의 대 긴축을 행함으로서 필요상 어절 수 없는 사업비로 충당하였던 것입니다.

다음으로 종래 종두(種痘) 예방주사 검미(檢黴), 기타 방역 보건에 관한 의무는 부립병원 의사로써 담당시키고 있었는데, 병원 폐지에 수반하여 자연 의사의 고용 필요가 발생하여 이를 촉탁의로써 이 사무에 종사시킴을 적당하다고 인정하여 촉탁의 수당을 계상하여 전염병 예방비에서 310원 증액하였습니다. 또 살수비(撒水費)는 신설 과목으로 우리 부 시가지는 매립지가 많은 관계상 하계 먼지가 날리는 것이 심하여서 위생 보건의 점에서 볼 때 유감이 적지 않으므로 본년도는 하계 중 시내 추요 지역에 대해 살수를 하고자 하여, 당초의 계획대로 경상부, 임시부를 합하여 1,036원을 계상하였던 것입니다.

기본재산 조성은 전년도 시가구획정리비 부채를 하는 것을 중지하고 있는데 본년도부터 이를 부활하여 기타 각 과목에서 약간 증감 있었던 결과 경상부 총액에서 4,213원 감소하였습니다.

임시부 수도비에서 3,784원 증가함은 급수 보급으로 역전 매립지, 후포리(後浦里) 매립지 및 비석리(碑石里)에서 평남가도(平南街道)에 접속하는 방면에 새로 수관을 부설하고자 합니다. 게시장(揭示

場)비에서 283원 증액함은 부내 각 게시장의 위치가 부적당하여 법령 기타 부세 주지상 지장이 있으므로 부민 유지가 간절하게 바라는 것도 있어서 이 증설 및 이전을 행하고자 합니다.

부채 5,294원 감소는 방수공사비채 전년도로써 상환 완료하였던 것입니다.

하수개량, 시구개정 및 도로, 교량개수비 5만 6,291원은 우리 부 시가지의 주가 매립지이므로 지세(地勢) 일대에 의해 하루 아침 호우라도 내리면 갑자기 빗물이 넘쳐서 도로가 진흙탕이 심하여 용이하게 건조되지 않으므로 부민 다년간 요망하여 본년도부터 국비의 보조 16만 1,300원, 지방비 보조 5만 3,749원, 부채 12만 원을 주요한 재원으로 공비 33만 9천 원으로써 5개년 계속사업으로 하여 하수개량공사를 단행하는 것으로 하고 그 초년도인 본년도 지출액을 계상하였습니다.

예산의 개요는 대략 상술한 대로인데 모두에도 이야기한 것 같이 예산 편성의 방침은 부의 재정 기초를 견고하게 함과 동시에 조금이라도 부민의 복리증진을 하는데 필요한 시설을 하고자 노력하였는데 신규사업으로써는 대하수개량공사 및 살수시설의 외 생각했던 사업이 가능하지 않았던 것은 특히 유감이라 생각하고 있는데 부재정의 현황으로써는 어쩔 수 없는 바입니다. 원컨대 당국의 고심하는 바를 헤아려 신중, 심의의 후 협찬할 것을 간절히 바랍니다. 또 상세에 대해서는 번외 서무계 주임이 설명하겠습니다.

(아카미네(赤峯) 서무계 주임 설명함) (생략-원문)

의장(부윤) : 제1독회로 옮깁니다.

11번(立川君) : 간담회에서 대저 질문을 다하였다고 생각하므로 바로 제2독회로 들어갈 것을 바랍니다.

의장(부윤) : 11번으로부터 1독회 생략의 동의가 있었습니다. 이에 대해 이의 있습니까?

('이의 없다'라는 소리 일어남)

의장(부윤) : 이의 없다고 인정합니다. 제2독회로 옮겨 세출경상부 제1관부터 차례로 심의를 하고자 합니다.

1번(川添君) : 부이원 급여, 고원 급여에서 절약을 인정하는데 사업부 용인료(傭人料)가 증가하고 있지 않습니까?

의장(부윤) : 용인료 증가는 주로 수도비입니다. 이는 수도사용료 징수사업을 서무계에서 분장시켰던 관계상 순시(巡視)를 2명 증원하여 사무개선 및 수도료 징수의 성적을 향상시킬 목적입니다.

의장(부윤) : 제1관에 대해 질문 있습니까? 그럼 제2관부터 제5관까지 일괄하여 심의를 하고자 합니다.

12번(重枝君) : 삼화공원 앞에서 광량만(廣梁灣) 가도(街道)로 통하는 노상(路床) 공사는 본년도 시행하지 않는 것입니까?

의장(부윤) : 본년도 1, 2, 3등 도로에 대한 보조는 지정되어 있지 않으므로 먼저 필요 개소부터 시행하는 것으로 하고 있습니다.

10번(趙定鎬) : 토목비 가등비 1,300원 계상하고 있는데 우리 부도 전주세(電柱稅)를 부과하여 가등비에 충당하는 것은 어떻습니까?

의장(부윤) : 전주세는 시가가 아직 이르다고 생각하고 있습니다.

의장(부윤) : 외에 질문 없습니까?

다음으로 제6관부터 제11관까지 일괄하고자 합니다.

1번(川添君) : 살수비의 시설은 좋은데, 이 철저에 대해서는 충분 감독을 바랍니다.

의장(부윤) : 올해는 당초의 계획으로써 가능한 규모를 적게 하고 있는데 그 성적에 의해 점차 완전을 기하려고 생각하고 있습니다. 또 감독은 충분히 하려고 생각합니다.

12번(重枝君) : 이의 없습니다.

의중(부윤) : 외에 질문 없습니까?

그럼 제11관부터 제20관까지 하고자 합니다.

12번(重枝君) : 권업비에 대해 설명을 바랍니다.

의장(부윤) : 부업장려, 어업장려비 등이 주요한 것입니다. 또 번외가 상세하게 설명하겠습니다.

번외(赤峯屬) : 부업 장려는 주료 양계조합(養鷄組合)에 대해 상당 보조 장려를 하고 기타 산업장려 선전과 부득이한 것을 계상했던 것입니다.

8번(河村君) : 사회교화비 500원은 근소에 지나지 않을 우려가 있다고 생각합니다. 우리 부에서는 어떠한 교화시설이 없는 것을 유감으로 생각합니다. 이 점 고려하여 주시길 바랍니다.

의장(부윤) : 교화시설에 대해서는 고구하고 있는데 재정 상황에 따라, 그 시기에 이르지 않았던 것입니다. 희망대로 되도록 힘쓰고자 생각하고 있습니다.

11번(立川君) : 기본재산조성은 전년도에 없었다고 생각하는데………

의장(부윤) : 전년도는 기채로 중지하고 있었는데 본년도는 이를 부활하였던 것입니다. 본년도도 하수공사비의 기채를 하였는데 아시는 대로 본 공사비 부채는 5개년도 계속하였으므로 조성을 중지시켜 부의 재정적 기초를 위험하게 할 우려가 있으므로 올해는 규정에 의한 정액의 반액을 조성하는 것으로 하였습니다.

11번(立川君) : 이의 없습니다.

의장(부윤) : 외에 질문 없습니까?

질문 없다라 인정하여 임시부로 옮겨 일괄하여 심의하고자 합니다.

10번(趙定鎬) : 전기회사 앞 측구(側溝) 공사비 896원 계상하고 있는데 저 땅과 같은 것은 그다지 시급을 요하는 것이라 생각하지 않습니다. 그런데 후포리 삼성정미소 앞 도로와 같은 것은 비상하게 황폐하여 해빙기는 통행 곤란의 상황에 있음에 이를 방임함은 심히 모순하고 있는 것이라 생각하는데 어떻습니까?

의장(부윤) : 후포리 도로가 나쁜 것은 극히 알고 있습니다. 이에 대해서는 먼저 하수개량공사를 해결할 필요가 있습니다. 고로 올해부터 시행하고자 하는 대하수공사를 기초로 하여 지선(支線)의 개수를 실시하고 그런 후 도로 개수를 완성하고자 생각하고 있습니다. 전기회사 앞 측구는 시비 본년도 시행의 필요를 인정하여 본년도 시행으로 결정했던 것입니다.

또 동일 공사에 대해서는 회사 측이 공사비의 반액부담을 하는 것으로 되어 있습니다.

10번(趙定鎬) : 본년도부터 시행하는 하수공사는 명협정(明峽町)이 제1기로 되어 있는데 후포리와 같은 습지부터 먼저 시행하는 것은 어떻습니까?

의장(부윤) : 도로와 하수는 나누어서 생각하고자 합니다. 하수 개수와 같은 것은 그 배출구부터 먼저 하는 것이 당연한 것으로 배수가가 완전하게 되면 물이 넘칠 우려가 없습니다.[40]

11번(立川君) : 이의 없습니다.

의장(부윤) : 달리 질문이 없는 것 같은데 다음으로 세입의 심의를 하고자 합니다.

11번(立川君) : 본일은 여기서 폐회하는 것이 어떻습니까?

---

40) 원문의 'アリマス'는 'アリマセン'의 오기.

의장(부윤) : 11번으로부터 폐회를 희망하는 것의 동의가 있었는데 이
   에 대해 이의 있습니까?

('이의 없다'라는 소리 일어남)

의장(부윤) : 이의 없다라 인정합니다. 본일은 시각도 어느 정도 지났
   으므로 폐회하는 것으로 하겠습니다.

   내일은 오후 1시부터 개회하는 것으로 양지하여 주시길 바랍니다.

   본일의 의사록에는 9번 오카베(岡部) 군, 7번 스즈키(鈴木) 군에게
   부탁드립니다.

시각 오후 6시 40분

4) 진남포부협의회 회의록(제1일, 1929)

항 목	내 용
문 서 제 목	鎭南浦府協議會 會議錄(第1日)
회 의 일	19290315
의 장	池田魁(부윤)
출 석 의 원	川添種一郎(1번), 馬載坤(3번), 李根軾(4번), 岡部平一(5번), 吳中洛(6번), 鈴木種一(7번), 河村國助(8번), 全洛鴻(9번), 趙定鎬(10번), 立川六郎(11번), 重枝太索(12번), 岡島英次郎(14번)
결 석 의 원	柳原龜一(2번)
참 여 직 원	丹羽左門(부속), 松井尙一(부속), 上野初三(부속), 高島與七(부속), 金子伴次郎(부서기), 朱學根(부서기), 趙禹錫(부서기), 田熊義一(부서기), 中尾太(부기수), 原田豊太郎(부기수), 小倉淸一郎(명예직 부서기)
회 의 서 기	
회 의 서 명 자 (검 수 자)	池田魁(부윤), 重枝太索(부협의회원), 岡島英次郎(부협의회원)
의 안	자문사항 1.진남포부 여비지급조례 개정 건 2.진남포부 부리원 퇴은료, 퇴직급여금, 사망급여금, 유족부조료, 기본재산축적 및 관리조례 제정 건. 3.부금고 사무취급조례 중 개정 건. 4.진남포부 수도급수조례 중 개정 건. 5.진남포부 공회당사용조례 제정 건. 6.진남포부 가축시장조례 제정 건. 7.1928년도 진남포부 세입세출 제4회 추가예산 건. 8.1929년 진남포부 세입세출예산 건
문 서 번 호(I D)	CJA0002741
철 명	진남포부관계서류
건 명	진남포부공회당사용조례설정의건-회의록첨부
면 수	21
회의록시작페이지	58
회의록끝페이지	78
설 명 문	국가기록원 소장 '진남포부관계서류'철의 '진남포부공회당사용조례설정의건'에 포함된 1929년 3월 15일 진남포부협의회 회의록

해 제

본 회의록(21면)은 국가기록원 소장 '진남포부관계서류'철의 '진남포
부공회당사용조례설정의건'에 포함된 1929년 3월 15일 개최된 진남포
부협의회의 회의록이다. 해당 협의회의 회기는 16일까지 2일간에 걸
쳐 행해졌고, 본 회의록은 1일차 협의회의 회의록이다. 이 회기의 진
남포부협의회에서는 진남포의 각종 조례 제정 및 개정, 1928년도 추가
예산, 1929년도 세입출예산에 대한 논의가 행해졌다.

조례 관련 사항은 부직원 여비, 급여, 부금고 사무, 수도급수, 공회
당 사용, 가축시장 신설 등이 취급되었다. 부당국의 조례 제정 및 개
정의 필요성, 의원들의 문제점 지적 및 부당국과의 질의 응답을 통해
해당 사안에 대한 대략적인 내용의 파악이 가능하다. 제2수원지 급수
를 위한 전력비, 세제 변화를 통한 세입의 증가 등 1928년도 추가예산
관련 내용도 확인할 수 있다.

본 협의회에서 가장 크게 대두되었던 문제는 조선인 시가의 하수공
사 문제였다. 조선인 시가지인 용정리, 비석리, 후포리, 한두리 일대는
배수가 잘 되지 않아 비만 오면 진남포의 어느 지역보다 더 심하게 침
수됨에도 불구하고 이 지역의 하수공사를 실시하지 않는 것에 대해
조선인 의원들이 강력하게 문제제기를 하였다. 이전 회기의 협의회에
서도 문제가 제기되었었는데 계속 받아들여지지 않았고, 이번 협의회
에서 조선인 의원들이 이에 대해 본격적으로 문제제기를 한 것으로
보인다. 회의록에는 문제 제기 정도로만 이 내용을 전달하고 있는데
당시 신문은 조선인 의원들의 강력한 반발로 회의장 분위기가 상당히
험악하였다 하여 회의록과 실제 회의는 다소 차이가 있을 수 있다는
점도 감안하고 자료에 접근하여야 할 것으로 보인다.[41]

　　조선인 시가지인 용정리 쓰레기장의 매립문제, 조선인 공설운동장 사용허가 문제 등 다양한 조선인 차별 문제가 확인되는 회의록으로 조선인들이 강력하게 반발한 조선인 시가지 하수공사는 1935년에 이르러서야 가능하게 되었다.[42]

내 용

(상략-편자)

부윤 개회를 선언함. 시각 오전 11시 50분

의장(부윤) : 제1호 의안을 의제로 올립니다. 낭독을 생략하고 설명하겠습니다. 우리부 여비지급조례는 1915년 제정한 것으로 그 후 수차 개정되어져 현재 시행하는 것은 1927년 7월 개정되어진 것입니다. 대체 종래부터 국비지변직의 례에 준하여 개정되어지고 있지만 이래 국비지변여비규정원(國費支辨旅費規程)은 개정되어짐에 불구하고 부의 쪽은 구래의 대로로 현재는 지급액에 있어서 약간 등차를 발생하고 있습니다. 그러므로 취급상 번잡할 뿐만 아니라 시세에 적합하지 않을 우려도 인정되므로 종래대로 국비지변직원에 준하여 개정하는 것이 적당하다고 인정하여 제안하였던 것입니다.

의장(부윤) : 지금부터 제1독회로 옮깁니다.

12번(重枝君) : 본안은 상급 관청에서의 지시에 의해 개정하는 것입니까?

의장(부윤) : 별도로 지시에 접했던 것은 없습니다.

11번(立川君) : 본안에 대해서는 별도로 이의 없다라 생각합니다. 고

41) 「窪地埋策과 下水溝問題로 朝鮮人議員大論擊, 鎭南浦府協議會」, 『동아일보』 1929.3.19.
42) 「舊市街 下水溝는 明年에 實施, 총독부의 양해도 얻어 鎭南浦府 來年 新事業」, 『동아일보』 1934.7.28.

로 독회 생략, 가결 확정, 의결하기를 바랍니다.

의장(부윤) : 11번 의원의 동의에 이의 있습니까?

('이의 없다'라는 소리 일어남)

의장(부윤) : 채결하겠습니다. 독회 생략, 원안대로 가결 확정하는데 이의 없는 분은 기립하여 주시길 바랍니다.

(전원 기립함)

의장(부윤) : 이의 없는 것이라 인정합니다. 제1호안은 원안의 대로 가결 확정하겠습니다.

의장(부윤) : 다음으로 제2호안을 의제로 올립니다. 본안도 낭독을 생략하고 설명하겠습니다.

전에 부이원퇴은료, 퇴직급여금, 사망급여금, 유족부조료조례를 제정하여 부이원 대우의 방도를 강구하였는데, 이 급여 재원에 대해 기본재산축적 및 관리조례를 제정하고자 하는 것입니다.

11번(立川君) : 본 조례는 준칙에 의한 것입니까?

의장(부윤) : 최근 평양부 기타에서 제정되어졌던 것으로 대개 그 례에 준하여 우리 부에 적합하도록 고려를 더하였습니다.

12번(重枝君) : 제2조 제3호에 의한 축적액의 표준은 무엇입니까?

의장(부윤) : 그 연도의 부재정 상황에 의한 것으로 예측하고 있는데 1929년도는 200원 축적의 예정입니다.

1번(川添君) : 종래는 어떻게 지출하였습니까?

의장(부윤) : 종래는 일반 세입에서 지출하고 있었습니다. 즉 세출사무비 잡급(雜給)에 과목 존치의 의미로 매년 약간 계상하거나 급여 의무 발생의 경우 비용 유용 혹은 예비비지출의 형식으로 지출하고 있었습니다.

12번(重枝君) : 이의 없습니다. 본안도 독회 생략, 가결 확정, 의결하기를 바랍니다.

1번(川添君) : 이의 없습니다.

('이의 없다'라 하는 소리 일어남)

의장(부윤) : 채결하겠습니다. 독회 생략, 원안대로 가결 확정하는데 이의 없는 분은 기립하여 주시길 바랍니다.

(전원 기립함)

의장(부윤) : 이의 없는 것이라 인정합니다. 제2호안은 원안의 대로 가결 확정하겠습니다.

의장(부윤) : 다음으로 제3호안을 의제로 올립니다. 본안도 간단하므로 낭독을 생략하고 설명으로 옮기겠습니다.

전에 부제시행규칙(府制施行規則) 개정되어 부출납(府出納) 폐쇄기 1개월 단축되어, 종래 6월 30일이었던 것이 5월 31일이 되었습니다. 관계상 부금고조례(府金庫條例) 제9조 부금고 현금 사불(仕拂)[43] 미제(未濟) 통지기간에 관한 조항도 1개월 단축되어질 필요가 발생하여 제안하였던 것입니다.

의장(부윤) : 지금부터 제1독회로 옮기겠습니다.

1번(川添君) : 이의 없습니다. 독회를 생략하고 가결 확정하기를 바랍니다.

11번(立川君) : 이의 없습니다.

('이의 없다'라 하는 소리 일어남)

의장(부윤) : 채결하겠습니다. 독회 생략, 원안대로 가결 확정하는데 이의 없는 분은 기립하여 주시길 바랍니다.

(전원 기립함)

[43] 금전 지불 양도.

의장(부윤) : 이의 없는 것이라 인정합니다. 제3호안은 원안의 대로 가결 확정하겠습니다.

의장(부윤) : 다음으로 제4호안을 의제로 올립니다. 우리 부 수도는 매년 급수 인구 및 공업용수 등 증가되어 급수량의 증대를 초래하여 하계 한발(旱魃)에 때하여서는 양 수원지를 병용하여 급수의 지속을 해야 하는 상황이고, 따라서 만약 한발이 장기간이 된 대는 자연 제2수원지 소요 전력, 그 증가를 초래하고 부 재정의 곤란을 초래하는 바 있음으로 이들 비상 재원을 구하여 건실한 재정의 하에 급수의 지속을 도모하는 한편, 유효한 절수(節水)를 기도하여 수도급수조례(水道給水條例)의 일부를 개정하고자 하는 것입니다.

의장(부윤) : 지금부터 제1독회로 옮기겠습니다.

1번(川添君) : 이의 없습니다. 독회를 생략하고 가결 확정하기를 바랍니다.

3번(馬載坤君) : 이의 없습니다.

('이의 없다'라 하는 소리 일어남)

의장(부윤) : 채결하겠습니다. 독회 생략, 원안대로 가결 확정하는데 이의 없는 분은 기립하여 주시길 바랍니다.

(전원 기립함)

의장(부윤) : 이의 없는 것이라 인정합니다. 제4호안도 만장일치 원안의 대로 가결 확정하겠습니다.

의장(부윤) : 제5호안을 의제로 올리겠습니다. 본안도 낭독을 생략하고 바로 설명하겠습니다. 부공회당(府公會堂)은 전에 부내 모(某) 유지의 기부에 의해 훌륭하게 신축하였는데 이 유지 보관에는 상당 경비를 요하는 한편 사용자의 경합 등을 피하기 위해 이들에 대해 일정의 표준을 정하고자 하는 것입니다.

1번(川添君) : 사용 목적에 대해 부윤이 생각하고 있는 것을 명시해주시길 바랍니다.

의장(부윤) : 명시하는 것은 곤란합니다.

8번(河村君) : 흥행적으로 사용하는 경우에 관해서는 내규를 결정하는 것은 어떻습니까?

의장(부윤) : 고려하는 것으로 하겠습니다.

10번(趙定鎬) : 사용료가 약간 높다고 생각하는데 어떻습니까? 공회당은 원래 공공의 이용에 제공하기 위해 기부되어진 것이므로 부민의 편의를 도모하기 위해 가능한 요금을 저하하는 것이 기부자의 의사에 합당한 것이 아닙니까?

11번(立川君) : 10번 의원은 사용료가 높다고 말하였는데 사실 사용 상황을 보면, 매우 그때마다 오염, 손상 심각하여 시간이 지날수록 상당 수리가 필요하다고 생각합니다. 그 상황에 비추면 사용료는 결코 높은 것이라고는 생각하지 않습니다.

1번(川添君) : 비품류(備品類)도 사용의 때마다 손실이 많으므로 이들의 보전비(補塡費)도 상당 예상하여 계산하지 않으면 안 됩니다.

10번(趙定鎬) : 1번 및 11번의 말씀을 잘 들었는데 기부자의 목적이 자선 공공을 위한 것이고, 또 거액의 돈을 기부하고 그 경영자가 부이므로 다소의 경비는 부가 부담함을 당연하다고 생각합니다. 또 사용하면 그때마다 다소 오염, 손상이 있어도 소제 정도는 부의 사용인으로 충분 가능할 것이라 생각하는데 어떻습니까?

의장(부윤) : 자선사업 또는 공익을 목적으로 하는 사용에 있어서는 사용료를 징수하지 않는 것이 근본적 취지인데, 사정에 의해서는 징수의 필요도 있습니다. 그러므로 제2조에 징수할 수 있다고 규정했던 것입니다.

12번(重枝君) : 공회당이 건설된 지 이미 1개년 경과함에 금일까지 조
례 제정이 없었던 이유는 무엇입니까?

의장(부윤) : 별로 이유는 없습니다. 이후부터 11호안부터 심의를 할
예정인데, 공회당은 회의소로 대여하는 것으로 대체 결정 하였습니
다. 또 금일까지도 사실 회의소에서 보관하고 있는데 수속만 마치
지 않고 있습니다.

3번(馬載坤君) : 사용료를 주간, 야간으로 구별하고 있는데, 주간은
별도로 비용을 필요로 하지 않는다고 생각하므로 사용료는 야간만
징수하는 것은 어떻습니까?

의장(부윤) : 주간은 비용을 필요로 하지 않는다라고 하는데, 야간에
비해 약간 적은 것이 아닌가 판단되는데……

12번(重枝君) : 이의 없습니다. 독회를 생략하고 가결 확정하기를 바
랍니다.

('이의 없다'라 하는 소리 일어남)

의장(부윤) : 채결하겠습니다. 독회 생략, 원안대로 가결 확정하는데
이의 없는 분은 기립하여 주시길 바랍니다.

(전원 기립함)

의장(부윤) : 이의 없는 것이라 인정합니다. 제5호안도 만장일치 원안
의 대로 가결 확정하겠습니다.

의장(부윤) : 제6호안을 의제로 올리겠습니다. 낭독을 생략하고 설명
드리겠습니다.

우리 부(府)의 태세를 보면 그 진전은 해마다 현저하여 확충공사도
눈앞에 있고 이에 수반하여 인구의 증가도 예상됩니다. 그러나 현
재 부민의 수용을 충당할 우돈피(牛豚皮)의 상황을 보면 우리 부 도
장(屠場)에서 도살하는 우돈의 수는 매일 평균 우(牛) 6두, 돈(豚) 8두

를 넘지 않는 상태로 근래 급격한 인구의 증가를 예상할 때는 더구나 다수가 될 것이라 생각됩니다. 그런데 우돈은 전부 원거리인 다른 부군 소재의 시장에서 구입하므로 수용자에게 공급되는 데에는 여비, 기타 잡비가 가중되어 상당히 높은 것이 됩니다. 또 내지 방면으로 이출해야 하는 생우(生牛)도 또 다른 지방에서 구입하는 관계상 당업자의 곤궁하고 고달픔은 심하고 매수인의 경제상에 미치는 영향도 적지 않습니다. 기타 선박 공급 우돈피 등에 사용료 또 불편의 원망을 일소하여 식료품 공급의 원활을 기약하기 위해 가축시장 신설의 필요를 느꼈던 것으로 올해 이를 설치하는 것으로 하여 본안을 제안했던 것입니다.

의장(부윤) : 지금부터 제1독회로 옮기겠습니다.

1번(川添君) : 사용료는 규칙에 의한 것입니까?

의장(부윤) : 그렇습니다.

4번(李根軾君) : 개시(開市)를 양력(陽曆)으로 하는 것이 어떠한가? 즉 우리 부 용정리(龍井里), 비석리(碑石里) 양 시장은 모두 양력이므로 가능한 날을 같게 하는 것이 득책이라 생각합니다.

의장(부윤) : 개시 장날은 여러 조사, 고려의 결과 각지 가축시장의 례에 비추어 음력을 사용하고, 장날도 부근 시장의 장날을 고려하여 적당하다고 인정하여 정했던 것입니다.

1번(川添君) : 본 계획은 진실로 좋은 시설이라 생각합니다. 이사자는 장래에도 이와 같은 적극적 방면에 힘을 기울일 것을 간절히 바랍니다. 본안에 대해서는 이의 없으므로, 독회를 생략하고 가결 확정하기를 바랍니다.

7번(鈴木君) : 1번 의원에 동감, 이의 없습니다.

의장(부윤) : 이의가 없다면, 채결하겠습니다. 독회 생략, 원안대로 가결 확정하는데 이의 없는 분은 기립하여 주시길 바랍니다.

(전원 기립함)

의장(부윤) : 이의 없는 것이라 인정합니다. 제6호안도 만장일치 원안의 대로 가결 확정하겠습니다.

의장(부윤) : 다음으로 제7호안을 의제로 올리겠습니다. 본안도 낭독 생략하고 설명하겠습니다.

본안은 한천(旱天)이 계속되어 제2수원지에서 급수가 어쩔 수 없기에 이르렀으므로 예상 외 전력비를 요하고, 당초 예산에 50일분 계상하여 두었지만 다시 1백, 금일 운전할 필요가 발생하였던 것입니다. 그 경비로써 4,487원 및 청사 각소에 수선(修繕) 개소가 발생하였지만 국비 배부 예산도 이미 지출이 끝나 모두 없는 상황이므로 그 경비 392원을 부비(府費)에서 지출하는 것으로 하는 것입니다. 다행히 전년도 이월금이 예상 외로 많이 나왔던 것과 소득세부가세가 예정 외 수입의 예상이 있으므로 이들을 재원으로 충당하는 것으로 하였습니다.

의장(부윤) : 지금부터 제1독회로 옮기겠습니다.

4번(李根軾君) : 전력비는 한천의 때에만 필요합니까? 제2수원지에는 전력비를 필요로 하지 않습니까?

의장(부윤) : 그렇습니다. 제1은 저수식(貯水式)이므로 전력비를 필요로 하지 않습니다. 제2는 즉통식(喞筒式)[44]이므로 제2수원지로부터 급수하려면 필연 전력비를 필요로 하는 것입니다.

12번(重枝君) : 세입 소득세부가세 추가금액이 기정 예산액에 비하여 10할에 가까운데 그 이유는 무엇입니까?

---

[44] 무자위. 물을 높은 곳으로 퍼 올리는 기계.

의장(부윤) : 우리 부에 지점을 갖는 혹 법인 본점이 다른 도에 있는 관계상 우리 부에 있어서 소득의 부분을 미리 판명하지 않았으므로 당초예산에 계상을 보류하였는데 최근 그 판명을 하였으므로 이를 추가하고자 한 것입니다.

12번(重枝君) : 이월금도 기정 예산에 대비 6할 정도의 증가로 되어 있습니다.

의장(부윤) : 결산의 결과, 예상외로 되어졌던 것입니다.

10번(趙定鎬) : 사무비 수용비(需用費) 추가금의 내용은 무엇입니까?

의장(부윤) : 주로 자동차의 비품구입비입니다.

10번(趙定鎬) : 자동차의 사용 횟수가 비상하게 많다고 생각합니다. 최근 도처에서 부의 자동차를 보는데 대체 사용 마일(哩)수는 어떠합니까?

의장(부윤) : 별도로 활용하고 있는 것은 없습니다. 현재 사용 마일 수는 약 3천마일 정도로 1일 평균 10마일 내외입니다.

12번(重枝君) : 이의 없습니다. 독회를 생략하고 가결 확정하기를 바랍니다.

1번(川添君) : 이의 없습니다.

('이의 없다'라 하는 소리 일어남)

의장(부윤) : 채결하겠습니다. 독회 생략, 원안대로 가결 확정하는데 이의 없는 분은 기립하여 주시길 바랍니다.

(전원 기립함)

의장(부윤) : 이의 없는 것이라 인정합니다. 제7호안도 만장일치 원안의 대로 가결 확정하겠습니다.

의장(부윤) : 시각이 경과하였으므로 잠시 휴식, 주식(晝食)을 하는 것으로 하겠습니다.

(시각 오후 1시 30분)
(부윤 개회를 선언함. 시각 오후 2시 0분)

의장(부윤) : 제8호안 1929년도 예산을 의제로 올리겠습니다. 의사에
앞서 예산 개요를 말씀드리겠습니다.

1929년도 예산총액은 세입출 각 23만 1,423원으로 전년도에 비해
7,569원 증가하였습니다.

예산 편성은 대개 종전의 예에 의했지만, 세출은 매년 팽창의 추세
임에 불구, 세입의 증가가 이에 수반하지 못하므로, 세입출의 조절
에는 비상한 괴로움이 요구됩니다. 부세 진전상 필요한 시설은 많
이 있지만 부재정은 위와 같은 상황이므로 다액의 경비를 요하는
신규시설을 할 여유가 없어서 본년도 예산 편성의 방침으로써는 근
소의 경비를 적당하게 안배하여 현재의 각종 시설의 개선, 충실을
도모하는 것에 힘을 기울이려고 합니다. 그리고 임시사업으로써는
계속사업인 대하수공사의 제3년도분을 실시하고, 신규사업으로써는
가축시장을 신설하는 것으로 하였습니다.

이하 세입출의 주요한 것에 대해 그 개요를 설명하겠습니다.

세출경상부 사무비에서 614원 증액하였던 것은 수도사업비에서 지
출한 급사(給仕) 급여 1명분의 사무비에 통일했던 것과 징수령서(徵
收令書) 발송 우편료를 인부 급여에 넣은 외 용인(傭人)의 승급(昇
給)을 예상하여 용인료 및 잡급에서 각각 약간 증액하였던 것으로
또 영서(令書) 발송 우편료를 인부 배달로써 했던 것은 송달의 확실
을 기하고자 한 것입니다.

오물소제비 3,842원 증액은 전년도의 성적에 비추어 오물소제의 개
선을 계획하기 위해서 필요한 경비를 증가 계상하였기 때문입니다.

수도비 1,086원 증액은 구(舊) 수원지 함양림(涵養林), 도벌(盜伐) 방지를 위해 순시(巡視) 1명을 배치하는 것으로 한 결과, 잡급에서 용인료 증가가 필요함과 전년도 실상에 비추어 전력비 상당 다액으로 계상하였기 때문입니다.

도수장비(屠獸場費) 231원 증가는 수선 개소가 많기 때문으로, 시장비(市場費) 1,464원은 신설의 가축시장의 유지 경영에 요하는 경비입니다. 또 시장 신설에 대해서는 임시부에서 설명하는 것으로 하겠습니다.

경비비(警備費) 191원 감소는 상비(常備) 소방수 급여가 비교적 저렴하므로 우량자 채용이 곤란한 상황에 비추어 평균 급여를 약간 인상하려고 하는 것과 자동차 즉통(喞筒) 구입 계획이 있으므로 운전수 및 조수 각 1명 증원의 필요가 있어, 잡급에서 1천여 원 증액하려면 본년도는 의용(義勇) 소방부 피복 지급 연도에 있지 않은 관계상 수용비에서 8백여 원, 수선 개소가 적어 수선비에서 3백여 원 감소시켰기 때문입니다.

선거비(選擧費) 280원 증액은 본년 11월 총선거가 있기 때문으로, 잡지출 149원 감소는 전년도에는 오포비(午砲費)를 계상하였으나 올해는 「모터-사이렌」 유지비로 근소 예상하였던 결과입니다.

다음으로 임시부에서 토목비, 수도비와 같은 것은 재정이 허락하는 한 상당 계상하여 도로, 교량의 보수, 정리 및 급수관, 부설의 완벽을 기약할 필요를 인정하나 금일의 재정 상태로써는 유감으로 이를 허락하지 않음에 따라 필요상 어쩔 수 없는 정도에 그쳐서 점진적으로 완성하고자 생각합니다.

공원비(公園費) 3백 원은 전년도 어대전(御大典)[45] 기념사업으로써 개설하였던 소화공원(昭和公園) 식수(植樹)에 요하는 경비입니다.

권업비(勸業費) 1,690원은 이번 가을 경성에서 개최되어진 조선박람회(朝鮮博覽會) 협찬회(協贊會) 갹출금(醵出金)과 부세 선전 기타 진열 출품 등에 요하는 경비입니다.

묘지비(墓地費) 7백 원은 조선인 공동묘지가 협익하여 이미 매축의 여지가 없기에 이르렀기 때문에 이 확장 토지 매수비입니다.

가축시장비(家畜市場費) 1,920원은 부세 발전의 상황에 비추어 부내 도살용 가축 및 이출우(移出牛) 거래를 위해 시장개설의 필요 또 유리함을 인정하여 이에 요하는 토지 매수 및 설비비 등입니다.

오물함(汚物涵) 용지비 450원은 용지매수비입니다. 퇴은료 및 유족 부조류 기금 적립금은 퇴은료 및 유족부조료 자원으로써 기금 적립의 필요가 있기 때문입니다.

부채 1,919원 증액은 5개년 계속사업인 대하수공사비채 이자 본년도 상환액이 많으므로 동 공사비채 본년도 지출액 2,014원 증가는 본년도분 공사비를 증액시켰기 때문입니다.

다음으로 세입에서 부세 4,346원 증액은 주로 차량 대수 증가에 수반하여 차량세 자연 증가로 기타는 큰 증감은 없습니다. 또 영업세 부가세 1,380여 원 증가되어 있는데, 이는 국세영업세(國稅營業稅) 부과 유예 중인 것이 기간 만료했던 것입니다.

사용료 및 평수료 3,817원 증가는 주로 수도사용료의 증가와 가축시장 신설로 그 수입을 예상하였기 때문입니다.

수입증지수입 800원 증가는 주로 도수장(屠獸場) 사용료의 증가로 전년도 상황에 비추어 수입, 확실하다라 인정합니다.

보조금 1,004원 증가는 대하수개량공사 지방비 보조 연도분이 많음

---

45) 즉위의 대전.

에 의한 것입니다.

재산매각대 8,205원 증가는 부재정 상황에 비추어 상당 유리하다라 인정하는 부유(府有) 토지를 처분하여 부채상환 및 사업자금 등으로 충당하였기 때문입니다.

대체 이상의 대로 궁핍한 재정에 의해서 가능한 한 낭비를 절약하여 부민의 복리증진상 필요한 시설에 대해 상당 고려를 하였습니다.

의장(부윤) : 낭독을 생략하고 번외가 설명하겠습니다.

(이에 번외 서무계 주임 마츠이(松井) 속(屬) 설명함)(설명예산서 첨부, 설명서와 마찬가지로 생략-원문)

의장(부윤) : 지금부터 제1독회로 옮기겠습니다.

12번(重枝君) : 1929년도 예산을 통람함에 의장의 설명의 대로 한도가 있는 세입으로 무한의 세출에 안배하고자 하는 점, 이사자의 고심의 바가 크게 이해됩니다. 그러나 본년도 사업비 약 1만 원의 결함을 보충함에 재산매각대로써 충당하고 있는데 이렇게 해서는 전부 재산을 정리해버리는 것 같은 상태를 지속함에 있어서는 부재정상 두려워하지 않을 수 없습니다. 다행히 올해는 세입출의 조정을 하였으나 내년도는 어떻게 할 것인가, 혹 부세(府稅)의 증징 등의 일 없는가, 장래의 방침을 알고자 합니다.

의장(부윤) : 본년도 예산 경상세입출 상황의 비교를 함에 세입은 세출에 비해 3만 4천여 원 많습니다. 즉 경상세입으로써 경상세출을 조달하고 오히려 약간의 여유가 있습니다. 이를 볼 때는 본년도 예산은 상당 건실하다고 볼 수 있습니다. 이러한 것으로 경상세입의 여력으로 임시부를 보충하는 상황에 있는 것입니다. 또 재산을 정리해버린다 운운의 말씀을 하셨는데 임시부 기채 상환에 대해서는 일정의 재산 매각대를 충당하는 것으로 하여 본부에서도 인가를 얻었던 것입니다. 그러한 관계에서 재산매각대는 기채상환에 있는 것입니다.

12번(重枝君) : 대체로 이해하였습니다. 부채 상환은 일반세입 및 재산매각대로써 충당하는 것으로 하면 상황 방법을 보면 1928년도까지 매년 4만 원씩 지불하지 않으면 안 됩니다. 그렇다면 그때까지 재산을 정리하게 되는데 지금까지의 방침은 어떻습니까?

의장(부윤) : 장래의 일은 분명히 말씀드리기 어려우므로 시세에 순응하여 선처할 예정입니다. 오히려 작년래 재원 사출에 대해 여러 가지 조사, 강구에 힘쓰고 있는데 이러한 것도 아직 떠오지 않음에 따라, 올해는 가축시장을 설치하는 것으로 하고 근소하지만 어쨌든 결함을 발생할 우려가 있는 부재정의 완화에 대한 것에 유의하였습니다. 또 그 외 유력한 재원이 있다면 군의 조력에 의해 고려하고자 합니다.

10번(趙定鎬) : 수용비, 통신운반비를 배달인부로 대신함은 우편상 불편함이 있어서 입니까? 또 배달인부에 의하면 그때마다 배달 증명으로 취급할 수 있습니까?

번외(丹羽屬) : 우편에 불편함은 없지만, 우송으로 하면 주소 이전 등으로 반려가 비상하게 많음과 영서(令書) 불착을 구실로 체납 등도 많은 상황이므로 상용인이라면 부내에 정통하여 송달, 확실할 것이라 인정하여 대신하였던 것입니다.

7번(鈴木君) : 토목공사에 대한 의견을 묻고자 합니다. 우리 부는 도로면(道路面)의 불통일로 건축상 지장이 적지 않다고 생각합니다. 현재 재작년 명협정변의 신축 가옥을 보면 상당 지반을 높게 함에 불구, 저의 대하수공사의 결과 지반이 낮아져 애써 다액을 들여서 신축한 것이 비상하게 미혹을 드리우고 있는 상태입니다. 따라서 부당국에서 만조(滿潮)시 몇 척(尺)이라 하는 것 같이 표준을 정해두 었으면 합니다.

의장(부윤) : 우리 부에서는 대체 방침을 결정하고 있습니다. 1923년의 대홍수의 수위 14척임에 비추어 대저 이상의 높이라 하는 것으로 하고 있는데 일반으로 철저하게 하고 있지 않습니다.

4번(李根軾君) : 묘지비(墓地費) 700원 계상하고 있는 것은 공동묘지 확장 토지매수비라 생각하는데 이 매수는 끝났습니까? 작년도 본 회의에서 묘지 도로의 건축을 하고자 하였던 것이 그 후 경과는 어 떻습니까?

의장(부윤) : 매수 토지로 예측은 하고 있습니다. 또 도로의 건축은 확 장과 동시에 완성할 예정입니다.

4번(李根軾君) : 경상부 묘지비 50원 감소는 무엇입니까?

의장(부윤) : 본년도 식수의 필요를 인정하지 않아 식수를 삭제하였기 때문입니다.

4번(李根軾君) : 오물함 용지는 매수가 끝났습니까? 또 오물소제는 완 전하게 행해지지 않아서 곤란합니다. 지금 조금 감독을 엄중하게 하기를 바랍니다.

의장(부윤) : 오물함 용지는 대체 예정되어 있습니다. 오물 제거의 감 독에 대해서는 장래 희망으로써 힘쓰겠습니다.

8번(河村君) : 경비비에서 상비소방 2명 증원은 좋은데 자동차 구입을 하는 것은 상당 기술자를 요하는 것일 뿐만 아니라 기구, 기계에는 상비소방이 능숙하여 실제로는 의용소방부에 비해 비상하게 능률 이 오르므로 가능한 상비소방부의 충실을 도모하였으면 합니다.

12번(重枝君) : 의용소방보다 상비가 유효하다라 하는 것인데 이후 기 계화하면 상비를 감원해도 마땅하다고 생각하는데 어떻습니까?

의장(부윤) : 고려하는 것으로 하겠습니다.

8번(河村君) : 청년훈련소를 명실공히 부의 시설로 하였으면 합니다.

의장(부윤) : 고려하겠습니다.

9번(全洛鴻君) : 오물소제비 3,010원 증가는 계약 갱신 때문입니까?

의장(부윤) : 방법 개선으로 증가 계상한 것입니다.

9번(全洛鴻君) : 토목비에 대해 희망합니다. 후포리 매립공사의 결과 비석리 대동병원(大同病院) 부근의 측구(側溝)에 진흙이 넘쳐서 부근민은 비상하게 미혹하고 있습니다. 이러한 공사에는 반드시 측구를 필요로 함에 당국은 정견이 없는 것처럼 판단되는데 어떻습니까?

번외(中尾技手) : 5개년 계속 사업인 대하수공사 완성의 효시는 배수가 원활하게 행해지는 것이라 믿고 있습니다. 가장 완전하게 하려면 계속하여 제2기 연장공사시행의 필요가 있는데……

12번(重枝君) : 사무비에 대해서 현재의 이원수, 급료액은 어떻고 및 잡급의 회료(賄料) 증액의 이유, 수용비 전년도에 비해 감소하였는데 이로써 가능한 것인가. 토목비에 대해서 당지 청부업자가 전에 진정하였던 그 경과는 어떤가. 수도작업비의 전력, 전화선비 매년 대략 동액 계상하고 있는데 장래 사정이 없는 이상 그 범위 내에서 지장이 없는가. 묘지비에 대해 화장장 위치 이전의 의사는 없는가.

의장(부윤) : 부이원 현재 원수 10명, 그 급료 평균 월액 85원 40전입니다. 회료 증액은 회료지급규정을 개정하여 국비지변직원에 준함과 동시에 야간 근무자에게 회료를 지급하고자 하여서 입니다. 수용비는 가능한 한 절약하고자 하여서 사정했던 것으로 계상액으로 가능하다고 생각합니다.

토목업자의 진정에 대해서는 협회장에게 회답하였으므로 회장에게 들었으면 합니다. 수도작업비는 계상액으로 지장 없다고 생각합니다. 화장장 이전 문제는 당분 현재의 대로 마땅하다고 생각합니다. 무엇보다 묘지는 도시계획상 지금 조금 먼 곳에 두는 것이 적당하나 이에는 상당 경비를 요하므로 충분 고려의 필요가 있다고 생각합니다.

12번(重枝君) : 권업비(勸業費)의 내역은 무엇입니까?

의장(부윤) : 해충구제비, 기념식수비, 산업선전비, 부업조사비 등이 주요한 것입니다.

6번(吳中洛君) : 대창조(大倉組) 매립지 내 사설 도로에 대해 부에 기부 행위의 수속이 있었는가? 이에 대해 부에서 교섭하였는가. 저의 도로에 따라 하수의 수리는 어떻게 하고 있는가. 또 공설운동장 사용에 관해 일찍이 조선인 운동회의 신청에 대해 거절하였는데 그 이유는 무엇인가? 용정리(龍井里) 오물사장(汚物捨場)은 매년 문제가 되고 있는데 아직 매립이 없는 것은 왜입니까?

의장(부윤) : 대창조 매립지 내 도로부지의 기부는 아직 받고 있지 않습니다. 또 부에서 교섭한 것도 없습니다. 그 연안 도로 측구는 때때로 수리를 행하고 있습니다. 공설운동장 사용의 건은 약간 행위가 있어 당시 관계자의 양해를 얻었던 것입니다.

용정리 오물사장은 각각 소유자에게 교섭하여 매립에 착수하여 이미 상당 매립을 끝내고 있는 것입니다.

10번(趙定鎬) : 용정리 저지(低地) 매립문제는 3개년 전부터 우리가 제창해오던 바입니다. 매립에 대해 다액의 경비를 요하냐면 여하간 그다지 경비도 요하지 않습니다. 매립도 용이하다고 생각합니다. 특히 시가지 미적 견지에서 보아도 간과할 수 없을 것입니다.

의장(부윤) : 저 땅은 민유지이므로 소유자와 교섭을 급속히 하여 매립하는 쪽으로 교섭하고 있습니다.

10번(趙定鎬) : 억양기리(億兩機里)에서 작년 의용소방을 설치하여 상당 성적을 거두고 있습니다. 이에 보조를 부여할 의지 없습니까? 후포리 산상에 최근 건축이 증가하고 있는데 저 땅에 가등 건설하면 어떻습니까?

의장(부윤) : 의용소방조에 대한 보조에 대해서는 경찰, 관헌, 소방조와도 협의하지 않으면 안 됩니다.

후포리 산정의 건축물 증가는 보안, 위생상 오히려 제한의 필요가 있다고 생각하고 있습니다. 따라서 가등을 설치하는 것 등은 생각하고 있지 않습니다.

1번(川添君) : 시각도 상당히 경과하였으므로 오늘을 여기서 폐회하고 회기를 하루 연장하면 어떻습니까?

의장(부윤) : 1번 의원으로부터 회기 1일간 연장의 동의가 있었는데 이의 없습니까?

('이의 없다'라는 소리 일어남)

의장(부윤) : 그럼 본일은 여기서 폐회하겠습니다. 또 내일 16일은 오전 11시부터 개회하는 것으로 하겠습니다.

회의록의 서명자는 12번 시게에다(重枝) 군, 13번 오카지마(岡島) 군으로 하겠습니다.

시각 오후 7시 0분

의장(부윤) 이케다 카이(池田魁)

부협의회원 시게에다 후도츠나(重枝太素), 오카지마 에이지로(岡島英次郎)

5) 진남포부협의회 회의록(제2일)

항 목	내 용
문 서 제 목	鎭南浦府協議會 會議錄(第2日)
회 의 일	19290316
의 장	池田魁(부윤)
출 석 의 원	川添種一郎(1번), 馬載坤(3번), 李根軾(4번), 岡部平一(5번), 吳中洛(6번), 鈴木種一(7번), 河村國助(8번), 全洛鴻(9번), 趙定鎬(10번), 立川六郎(11번), 重枝太素(12번), 岡島英次郎(14번)
결 석 의 원	柳原龜一(2번)
참 여 직 원	丹羽左門(부속), 松井尙一(부속), 上野初三(부속), 崔泰鳳(부속), 高島與七(부속), 曹雲泰(부속), 金子伴次郎(부서기), 朱學根(부서기), 趙禹錫(부서기), 田熊義一(부서기), 中尾太(부기수), 原田豊太郎(부기수), 原獨(부기수), 小倉淸一郎(명예직 부서기)
회 의 서 기	
회 의 서 명 자 (검 수 자)	池田魁(부윤), 川添種一郎(부협의회원), 馬載坤(부협의회원)
의 안	자문안 8.1929년 진남포부 세입세출예산 건. 9.진남포부 수수료 징수 조례 중 개정 건. 10.진남포 부세 조례 중 개정 건. 11.진남포부 공회당 대부 건
문 서 번 호 (ID)	CJA0002741
철 명	진남포부관계서류
건 명	진남포부수수료조례중개정의건통지-회의록첨부
면 수	10
회의록시작페이지	92
회의록끝페이지	101
설 명 문	국가기록원 소장 '진남포부관계서류'철의 '진남포부수수료조례중개정의건통지'건에 포함된 1929년 3월 16일 진남포부협의회 회의록

해 제

본 회의록(10면)은 국가기록원 소장 '진남포부관계서류'철의 '진남포부수수료조례중개정의건통지'건에 포함된 1929년 3월 16일 개최된 진남포부협의회의 회의록이다. 15일에 이어 2일차 협의회의 회의록이다. 전일에 이어 1929년도 세입출예산, 수수료 징수 및 부세조례 개정, 공회당 대부 등에 대하여 논의하였다.

주목할 만한 내용으로 먼저 조선인 시가지에 대한 살수(撒水) 차별이 있다. 예산에 계상된 살수비(撒水費)는 거리의 먼지 등을 처리하기 위해서 물을 뿌리는데 드는 비용이다. 즉 길에 물을 뿌려서 바람이 불거나 할 때 먼지가 일어나지 않도록 해주는 것인데, 당연히 지역 안배를 잘해서 해줘야 되는 것인데 그렇지 못했던 것이다. 본 회의록에서도 일본인 거주지역과 조선인 지역의 살수 횟수 차별의 지적이 확인되는데, 이것은 비단 진남포(鎭南浦)만의 일은 아니었다. 일찍이 경성부(京城府)[46]에서도 이 차별에 대한 지적이 있었고, 부산부(釜山府),[47] 평양부(平壤府)[48] 등에서도 같은 불만을 표출하였다. 적은 액수이지만 일제의 예산 운용 방식을 단적으로 보여주는 부분이다.

본 회의록은 한편 진남포의 현안과 관련된 내용을 많이 담고 있어 당시 진남포의 사업 방향성을 확인할 수 있는 자료라 할 수 있다. 1929년 예산에는 신규사업으로 부영(府營) 가축시장 신설을 계상하였

<hr>

[46] 「市內撒水에 京城府의 可憎한 差別, 몬지업고 단단한 남부에만 뿌리고 종로 네거리의 몬지세계는 못본례」, 『동아일보』 1924.1.8; 「南村은 泥海되고 北村은 沙漠化, 남촌에는 물투성이가 되고 북촌은 몬지때문에 못살어, 京城府의 撒水差別」, 『동아일보』 1927.3.15.
[47] 「부산살수차별 육만조선인불평! 불평!」, 『시대일보』 1926.6.27.
[48] 「살수도 차별 구시가는 완연진항」, 『중외일보』 1927.4.9.

다. 동 협의회 1일차 회의록의 가축시장조례 제정 당시 부당국의 설명
에 따르면 부내 식료품의 원활한 공급을 위해 가축시장으로 신설하고
자 한다고 하고 있다. 부당국이나 의원들 모두 부세확장에 크게 도움
이 되는 사업으로만 설명하고 있다. 그러나 이 사업 추진 과정을 보
면, 하루 먹고 살기도 힘든 빈민을 이전비도 주지 않고 철거 명령을
내리는 폭력적 형태로 이뤄지고 있다.[49] 수수료, 각종 부세(府稅) 확
대 등 부당국은 부세(府勢) 확장과 관련하여 세입의 증대를 목표로 한
사실이 확인된다. 한편 협의원 측은 실생활과도 연계된 측면을 고려
하여 지역 산업과 관련된 언급들을 주로 하고 있는데, 부세(府勢) 확
장을 위한 방법으로 부역을 확장하여 진남포제련소를 부의 구역 내로
편입시키고, 주요 산업인 면화 시장을 신설하는 것 등을 언급하고 있
어 부당국과는 차이를 보이고 있음을 확인할 수 있다.

내용

(상략-편자)

개회장소 진남포부청

부윤 개회를 선언함. 시각 11시 40분

의장 : 어제 15일 제8호안 제1독회 중 폐회하였으므로 오늘은 계속하

---

[49] 이케다(池田) 부윤은 왕방한 기자에게
"금번 부의 필요에 의하여 그들에게 철거명령을 발한 것입니다. 이전비요? 그것
을 줄리도 없거니와 그러한 예산도 없습니다. 부에서는 그 땅의 장차 필요 있을
것을 예상하고 본래부터 그들의 가옥건축을 허락하지 아니한 것입니다. 그러나
그들은 부에 향하야 아무러한 말도 없이 함부로 집을 지은 것인데 그들에게는 납
세부과도 없었습니다."
「必要에 依하야 撤退命令하얏소, 그리고 이전비도 줄 수 업소, 池田鎭南浦府尹
談」, 『동아일보』 1929.6.7.

여 심의를 하고자 합니다.

12번(重枝君) : 세출임시부의 공원비 3백 원은 설명에 의해 소화공원의 식수비(植樹費)라 이해하였는데, 식수는 산 정상의 쪽인가 기슭 쪽인가? 또 본 도로부터 입구 도로가 협애(狹隘)하므로 지금 조금 확장할 의사는 없는가?

의장(부윤) : 공원지대에 식수의 계획입니다. 또 도로확장은 응급 설비로써도 상당 경비를 요합니다. 특히 도중에 민유지도 있는 관계상 이들의 매수도 필요하므로 결단을 내려 완성하고자 생각합니다.

9번(金洛鴻君) : 살수비 700원은 살수 인부(人夫) 임금인데 살수는 부의 감독에 의해 행해지고 있는 것이라 생각하는데 전년래의 상황을 보면 다소 공평을 결여한 우려가 있습니다. 예를 들면 명협정(明峽町), 용정정(龍井町)변은 상당 빈번하게 살수하고 있음에 불구, 후포리(後浦里), 비석리(碑石里)변은 적은 감이 있습니다. 그 점 고려를 바랍니다.

의장(부윤) : 주로 인부 임금입니다. 또 살수 구역에 대해서는 상당 고려하는 것으로 하겠습니다.

9번(金洛鴻君) : 하수공사의 공사비가 전년도에 비해 증가하고 있는 것은 그 이유는 무엇입니까?

의장(부윤) : 공사비 증가는 주로 용지매수비입니다.

12번(重枝君) : 전년도 약간 조정 후의 이동이 있었다라고 알고 있습니다. 장래 위와 같은 것이 없도록 주의바랍니다. 또 수도사용료가 전년도에 비해서 2,900여 원 증가는 확실히 수입될 전망입니까?

의장(부윤) : 전년도 실적에 비추어 사정했던 것이므로 확실한 전망입니다.

11번(立川君) : 장래 부세(府勢) 진전에 수반하여 각종 적극적 시설을 필요로 하나 이에 대해 부세(府稅) 수입만으로는 도저히 믿을만하지 않다고 생각합니다. 그렇다면 이 재원은 주로 세외 수입을 기대하지 않으면 안 됩니다. 그럼 우리 부에서는 수도 수입을 제외한 때는 외에 수입이라 볼 수 있는 것이 없습니다.

본년도 가축시장 신설을 기획했던 것에 대해 우리는 크게 찬성함과 함께 이와 유사한 시설을 날로 고려를 할 것을 바랍니다. 면화(棉花)와 같이 본도의 생산이 3천만 근(斤)을 돌파하여 전남의 6천만 근에 비해 그 반액에 달합니다. 이 시장 설치를 함에 있어서는 부의 세입도 증가하는 한편 부세(府勢)의 발전에도 도움이 되는 바가 클 것이라 믿습니다.

또 부세의 진전상 부의 교외 즉 진남포 제련소(製鍊所) 등을 부에 배합하는 것은 어떠합니까? 이러한 것은 부의 세입에 있어서도 상당 영향이 있을 것이라 생각합니다. 이사자의 의견은 어떻습니까?

의장(부윤) : 세외 수입에 대해서는 여러 가지 조사, 강구를 거듭하고 있습니다. 지금의 바, 가축시장의 외 실시할 수 있는 것은 없습니다. 면화시장도 조사의 결과 이익이 있다면 고려하는 것으로 하겠습니다.

부의 구역 확장에 대해서도 고려하고 있습니다. 제련소 부근과 같은 것도 인가(人家)가 흩어져 있어 총체로 겨우 30호 정도이므로 수입이라 해도 지세, 호별세 수입이 약간 있을 뿐이라고 생각합니다. 장래 저의 지방까지 발전의 전망이 있다면 저의 예상으로도 마땅하나 현재 교외는 거의 농원 지대의 상황이므로 상당 신중하게 고려할 필요가 있다고 생각합니다.

10번(趙定鎬) : 임시부 수도비 대용관(代用管) 시설공사의 위치는 어디입니까?

번외(朱書記) : 한두리(漢頭里) 마키노(牧野)상점 앞에서 제분(製粉) 공장 방면에 이르는 선, 억양기리(億兩機里) 급수 설비가 없는 개소 및 용정시장 부근의 4개소에 이미 설치된 개소 대용관은 부식이 심하여 현재에 있어서도 급수가 어려운 상황이므로 그 교체를 계획했던 것입니다.

10번(趙定鎬) : 억양기리는 빈민(貧民)이 많으므로 불량도식자(不良徒食者)도 많아 부내의 범죄자를 독점하고 있는 상황이므로 전년 경찰 관헌과도 협의의 후 자강단(自彊團)을 조직하여 여러 부업 등도 고안하고 있었지만, 여하튼 자금이 없어 곤란합니다. 부는 이에 대해 상당 보조의 의사는 없습니까?

의장(부윤) : 권업비의 중에 부업장려비가 약간 예정되어 있으므로 조사의 후 고려하겠습니다.

10번(趙定鎬) : 사회교화비 700원의 내역에 회장(會場), 기타 설비비가 있는데 회장은 어느 곳입니까? 동 도서, 인쇄비는 어떠한 종류입니까?

의장(부윤) : 회장(會場)은 그때에 따라 결정하는 것으로 예측은 곤란합니다. 또 때에 따라 경비가 전연 상정되지 않은 경우도 있습니다. 도서, 인쇄비는 교화상 필요한 인쇄비, 기타의 경비입니다.

1번(川添君) : 오물소제를 직영으로 하면 그 수입 상황은 어떠합니까?

의장(부윤) : 분뇨매각대가 주요한 것입니다. 또 상세 조사하고 있습니다. 번외가 설명하겠습니다.

(이에 번외 오구라(小倉) 서기가 설명함)

7번(鈴木君) : 11번 의원으로부터 세외(稅外) 수입에 대한 의견이 나왔지만 나도 동감하고 있습니다. 본년도 예산면에 나와 있는 가축시장과 같은 것은 비상하게 좋다고 생각합니다. 면화와 같은 것도 11번

의원의 조사, 언급되어진 대로 연액 3천만 근의 생산이 있다면 상당 수익임은 물론 시장 설치에 대해서는 부군 기설(既設) 시장과 관계가 있으나 이와 같은 부세상 중요 안건에 대해서는 다른 것을 고려할 필요 없이 전남, 목포와 같이 면(綿)을 위해서 이상의 발전을 도모한 실례도 있어 하루라도 빨리 조사, 고려하기를 바랍니다.

또 부의 구역확장에 대해 11번 의원의 의견도 있었지만 현재 제련소와 같은 것은 당부의 주요한 공업입니다. 이들을 부로 편입함에 있어서는 상당 부의 세입도 증가할 것이라 생각합니다.

위와 같은 적극적 시설에 대해서는 철저하게 노력해주시기를 바랍니다. 인접 평양부와 같은 것은 전기부영, 구역의 확장 등 착착 적극적 활동을 하고 있음은 물론 우리 부와 평양을 비교하면 잘못인지도 모르지만 작으면 작은 대로 활동의 여지가 있다고 생각합니다. 이들 부의 발전에 대해서는 상업회의소(商業會議所)에서도 물론 조사를 하고 있다고 생각합니다. 부디 부는 상업회의소와 제휴하여 우리 부세 발전을 위해 진력하여 주시기를 바랍니다.

8번(河村君) : 7번 의원 및 11번 의원의 희망에 대해 본원도 문의하겠습니다. 또 우리 부 다년의 현안입니다. 축항(築港) 확장공사도 불만이지만 상당 진보하고 있습니다. 다음으로 일어난 문제는 물입니다. 물에 관한 문제도 근본적 해결을 원합니다.

의장(부윤) : 제군의 의견에는 나도 동감입니다. 상당 조사하고 있는데 이후 연구를 거듭하여 희망을 더하여 노력하고자 생각합니다.

10번(趙定鎬) : 1번 의원의 질문에 대한 답변으로 오물소제를 직영으로 하면 상당 다대의 경비가 필요하다는 것을 이해하였습니다. 부내 억양기리 일대는 호수(戶數) 약 8백 호입니다. 그 구역 내의 제예(除穢) 사업을 억양기리 자강단이 무료로 인수하고자 하는데 어떻습니까? 이러한 것에 의해 부로써도 상당 이익이 있고, 책임은 자강 단장인 본원이 부담할 예정인데………

또 치장(置場)은 부의 선정으로 하고, 다만 그 매수비는 부의 부담 으로 하였으면 합니다.

의장(부윤) : 고려하는 것으로 하겠습니다.

1번(川添君) : 대저 질문도 끝난 것으로 판단되는데 본안도 독회 생략, 원안의 대로 가결 확정 의결하는 것이 어떻습니까?

('이의 없다'라는 소리 일어남)

의장(부윤) : 1번 의원의 동의에 이의 있습니까?

('이의 없다'라는 소리 일어남)

의장(부윤) : 채결하겠습니다. 독회 생략 원안의 대로 가결, 확정에 이 의 없는 분은 기립하여 주시길 바랍니다.

(전원 기립함)

의장(부윤) : 이의 없는 것이라 인정합니다. 제8호안은 만장일치로 원 안의 대로 가결 확정하겠습니다.

의장(부윤) : 다음으로 제9호안을 의제로 올립니다. 낭독을 생략하고 번외로써 설명드리겠습니다.

번외(丹羽屬) : 작년 12월 29일자 부령(府令) 제85호로써 토지대장규칙 (土地臺帳規則) 개정되어져 토지대장, 지적도(地籍圖) 등의 열람 수 수료가 약간 변경되었습니다. 관계상 우리 부의 수수료징수조례(手 數料徵收條例)도 이에 준하는 것이 적당하다고 인정되어 제안했던 것입니다. 또 현행 조례에 비해 다른 점은 1회의 열람 수수료 단가 를 저하하고 시간제(時間制)를 채용한 것입니다. 이는 실제의 상황 에 비추어 시간의 장단에 불구, 일률로 징수하는 것은 불공평한 것 이고 또 공부서(公簿書)의 보존 및 취급의 번간(繁簡) 등도 참작, 고려한 결과입니다. 또 상세는 질문에 답변하는 것으로 하겠습니다.

의장(부윤) : 지금부터 제1독회로 옮기겠습니다.

1번(川添君) : 이의 없습니다. 독회 생략, 원안의 대로 가결 확정을 바랍니다.

('이의 없다'라는 소리 일어남)

의장(부윤) : 질문 없습니까?

의장(부윤) : 그럼 채결하겠습니다. 독회 생략 원안의 대로 가결, 확정에 이의 없는 분은 기립하여 주시길 바랍니다.

(전원 기립함)

의장(부윤) : 이의 없는 것이라 인정합니다. 제9호안도 만장일치로 원안의 대로 가결 확정하겠습니다.

의장(부윤) : 제10호안을 의제로 올립니다. 낭독을 생략하고 설명으로 옮기겠습니다. 전에 예산 논의의 때 설명의 대로 1929년도부터 전주세(電柱稅)를 신설 부과하는 것으로 하였습니다. 관계상 이 징수에 관해 부세조례(府勢條例)의 일부를 개정하고자 하는 것입니다. 우리 부 재정은 비상하게 핍박하여 있으므로 부세 및 세외 수입에 대해 비상하게 고심, 조사를 마쳤는데, 그렇다고 해서 적당한 것은 아니므로 본년도는 근소하게 부의 수입을 고려하여 전주세를 부과하는 것으로 하였던 것입니다.

11번(立川君) : 다른 부는 전주(電柱) 1본(本)에 대해 어느 정도 부과하고 있습니까?

의장(부윤) : 3원입니다.

12번(重枝君) : 부내의 전주는 몇 본 정도 있습니까? 또 현재 부의 가등비(街燈費)를 등수에 따라 지불한다고 하면 어느 정도입니까?

의장(부윤) : 대저의 조사로 약 7백 본입니다. 가등비는 수년래 매년

1,300원 지불하고 있는데 현재의 등수에 따라 지불하고자 하면 약 2,900여 원이 됩니다.

12번(重枝君) : 이의 없습니다. 독회 생략, 원안의 대로 가결 확정을 바랍니다.

('이의 없다'라는 소리 일어남)

의장(부윤) : 그럼 채결하겠습니다. 독회 생략 원안의 대로 가결, 확정에 이의 없는 분은 기립하여 주시길 바랍니다.

(전원 기립함)

의장(부윤) : 이의 없는 것이라 인정합니다. 제10호안도 만장일치로 원안의 대로 가결 확정하겠습니다.

의장(부윤) : 제11호안을 의제로 올립니다. 낭독을 생략하고 설명하겠습니다. 부 공회당의 내 사무실 예비실, 소사실(小使室)을 진남포 상업회의소에 대여하고자 하는 것입니다. 위는 공회당 기부에 때하여 기부자로부터 신청이 있어 제군도 그 내부 사정을 충분 양지하시리라 생각하는데 장래를 위해 사용 범위 등 명확하게 하여 두는 거싱 적당하다고 인정하는 것입니다.

의장(부윤) : 제1독회로 옮기겠습니다.

12번(重枝君) : 공회당 설립 후 회의소에서 사실 사용하고 있었는데 금일까지 어떻게 하고 있었던 것입니까?

의장(부윤) : 대체 본안의 조건과 마찬가지로 서로 양해하고 있지만 별도로 문서에 의한 계약은 하고 있지 않았던 것인데 이로부터 정식으로 계약서를 교환할 생각합니다.

10번(趙定鎬) : 2층 회의장은 회의소에서 사용이 가능하지 않습니까?

의장(부윤) : 제4항에 있는 대로 필요에 응하여 수시 사용하는 것이 가능합니다.

11번(立川君) : 본안도 별도로 이의 없다고 생각하므로 독회 생략, 원
  안의 대로 가결 확정을 바랍니다.

의장(부윤) : 다른 질문 없습니까?

  그럼 채결하겠습니다. 독회 생략 원안의 대로 가결, 확정에 이의 없
  는 분은 기립하여 주시길 바랍니다.

(전원 기립함)

의장(부윤) : 이의 없는 것이라 인정합니다. 제11호안도 만장일치로
  원안의 대로 가결 확정하겠습니다.

  본일 의사(議事)는 이로써 마치겠지만 그 기회에 1927년도의 결산
  을 제시합니다. 지금 옆에 배포하였으므로 봐주시길 바랍니다. 또
  회의록의 서명자는 1번 카와조에(川添) 군, 3번 마재곤(馬載坤) 군
  에게 부탁드립니다.

시각 오후 3시 0분

  의장(부윤) 이케다 카이(池田魁)
  부협의회원 카와조에 타네이치로(川添種一郎), 마재곤(馬載坤)

6) 제108회 평양부협의회 의사록

항 목	내 용
문 서 제 목	第108回 平壤府協議會 議事錄
회 의 일	19261214
의 장	松井信助(府尹)
출 석 의 원	楊基鶴(1), 鄭奎鉉(2), 金能秀(3), 崔蒙煥(4), 玉東奎(5), 辰巳彦三郎(6), 李春燮(7), 石隈信乃雄(8), 鄭世胤(9), 松尾六郎(10), 鄭寅河(11), 邊麟奇(12), 楊濟謙(13), 孫壽卿(14), 佐久間萬吉(15), 李東悅(17), 中平岩藏(18), 德永金(18), 韓允燦(20), 李基燦(21), 林泰華(22), 小林文二(23), 村上忠五郎(24), 白潤植(25), 丸山理平(26), 康秉鈺(27), 中村浜吉(28), 內田錄雄(29), 鮮于(金+筍)(30)
결 석 의 원	吳崇殷(16)
참 여 직 원	豊田長智, 戶谷藤一, 工藤三次郎(이상 부속), 萩原官六(토목기사), 上田謙吉(부기수), 邊卿三(통역 부속), 鄭世源(통역 부서기)
회 의 서 기	前田茂助(도속 겸 부속), 上野彦八(부속), 松尾平次(부서기), 李在晟(부서기)
회 의 서 명 자 (검 수 자)	松井信助(府尹), 金能秀, 崔蒙煥
의 안	자제27호 평양부 전기사업공채 조례제정의 건, 자제28호 전기사업 경영비 기채요령 변경 건, 자제29호 전기공급 조례제정 건
문서번호(ID)	CJA0002616
철 명	평양부관계서류
건 명	제108회평양부협의회의사록
면 수	18
회의록시작페이지	51
회의록끝페이지	68
설 명 문	국가기록원 소장 '평양부관계서류'철의 '제108회평양부협의회의사록'건에 실려 있는 1926년 12월 14일 제108회 평양부협의회 의사록

해 제

본 회의록(18면)은 국가기록원 소장 '평양부관계서류'철의 '제108회 평양부협의회의사록'건에 실려 있는 1926년 12월 14일 개최된 제108회 평양부협의회의 회의록이다. 본 회의록은 평양부가 전기사업을 완전 양도 받은 이후 이 사업을 위해 발행할 공채, 사업경영비 기채, 전기를 어떻게 공급할 것인지에 관한 조례를 자문한 회의의 논의 내용을 담고 있다.

평양은 1920년도 초·중반부터 경성, 부산, 대구 등 부 각지에서 일어난 전기부영화 운동에서 유일하게 성공한 지역이었다. 당시 1지역 1전기회사를 원칙으로 하고 있었으나, 평양의 경우 100마력 이하 소비를 담당하는 평양전기회사와 100마력 이상 소비를 담당하는 조선전기흥업이 양립하고 있었던 것이 평양이 유일하게 전기부영화를 성공할 수 있었던 요인 중 하나가 된 것으로 보인다. 지방 전기의 운영방식은 해당 지역의 산업, 경제에 크게 영향을 미치는 것으로, 조선총독부의 산업정책, 지방정책과도 관련을 갖는 것이었다.

이 회의록에는 평양부가 평양전기인수를 결정한 후, 그 인수자금 방식에 대한 내용을 주로 담고 있다.

일제는 1911년 제국의회의 협찬을 거쳐 법률 제18호로 조선사업공채법, 법률 제19호로 조선사업공채금특별회계법을 발포하고,[50] 조선 내 사업 공채를 이 법률안들에 따라 발행하였다. 1911년 당시 공채 및 차입금의 액수를 5,600원으로 정하면서 이 법안은 수차례 개정을 거쳤고, 1923년에는 3억 9,370만 원까지 공채할 수 있는 것으로 개정하였

---

50) 「朝鮮事業公債法」, 『조선총독부관보』 제170호, 1911.3.28.

다.[51] 그러나 이는 중앙차원의 사업에 적용되었고, 지방에는 발행하지 않고 있었다. 평양전기 인수를 위한 평양부의 공채 발행은 조선총독부가 지방에 공채 발행을 허락할 방침을 실행하기 위한 시험무대였다. 각 지방단체에서 직접 시행하는 사업들이 증가하면서 그 비용의 융통이 필요했고 이를 공채의 저리로 할 수 있게 하겠다는 명목이었다. 당시 평양부의 공채 발행 형식은 평양부가 발행한 공채를 식산은행에서 독점 인수하여 판매하는 형식이었다.[52]

이 회의록에는 지방의 공채 발행과 관련하여 선례에 없는 지방사업 공채조례를 제정하는 내용을 담고 있다. 이미 공채발행액은 142만 원, 독점 인수처 식산은행은 정해져 있었기 때문에 이날 회의에서는 공채증권의 종류, 상환방식, 이율 등이 주로 논의되었다. 그러나 조선총독부나 부당국이 저리라고 선전하였던 식산은행 금리는 보통기채를 하였을 경우와 크게 차이가 나지 않았기 때문에 거의 모든 결정이 다 나있었던 이날 회의에서도 이에 대한 문제제기가 되고 있다. 이 회의에서 언급되고 있는 발행 공채 관련 사항은 공공산업의 부영화, 조선총독부의 지방공채 정책을 이해하는데 크게 도움이 될 것으로 생각한다.

내 용

(상략-편자)

의장 : 자제 27호 평양부전기사업공채조례 제정의 건은 낭독을 생략하고 부의한다. 제안의 요점은 번외 1번(豊田長智)이 설명한다.

---

51) 「朝鮮事業公債法中改正法律(法律第14號)」, 『조선총독부관보』 제3189호, 1923.3.31.
52) 「低資緩和に地方の公債發行を許可, 殖銀が引受けて世話する當局の方針きまる」, 『경성일보』 1926.12.10.

번외 1번 : 본안은 전기사업 경영에 수반하여 그 소요경비 즉 전기사업 매수비 142만 원을 공채를 발행해 이를 처리하였습니다. 결과 이 조례의 제정이 필요하게 되었습니다. 조례의 내용에 관해서는 숙독하여 이해하실 것이므로 상세한 설명은 생략하겠습니다. 단 제2조에서 권면총액 146만 원의 공채 발행에 관해 설명드리면 공채모집은 국채에서도 권면액으로는 모집할 수 없는 것이 상례이고 얼마간 저가가 아니면 모집이 어렵다고 생각합니다. 그러므로 액면 백 원에 대해 97원 50전으로 하였습니다. 그렇게 하면 공채발행액 142만 원이라면 손에 들어오는 금액은 소요액 즉 142만 원을 얻을 수 없으므로 그 소요액 전부를 얻으려면 권면총액 146만 원이 필요하다는 계산이 됩니다.(중략·편자)

의장 : 본안에 관해 한 말씀 드리고 싶은 것은 여러분도 잘 알고 계시듯이 조선에서 지방공채를 발행하는 것은 당 평양부가 처음 하는 일입니다. 따라서 이 조례도 전례가 없는 것입니다. 그런 관계로 내지의 사례, 즉 국채법 외에 공채법규 등을 참작하여 이 안을 만들었습니다. 그리고 본안 제2조에서 공채발행액 146만 원으로 한 것에 관해서는 지금 번외 1번이 설명한 대로 소요액 142만 원에 대해 146만 원, 즉 4만 원이나 많이 한 것은 일견 불이익인 것처럼 보이지만 그러나 보통 기채를 할 때는 연 8푼리로는 차입할 수 없고 연 8푼 이자는 저리자금이라고 할 수 있는데 저리자금도 각 방면에서 조사한 결과 지금으로써는 142만 원까지 대출이 가능한 곳은 없는 것 같습니다. 그렇다면 연 8푼 6리 내지 9푼의 이율을 내고 빌리지 않으면 안 된다는 것으로 귀착됩니다. 그렇기 때문에 앞으로 연 8푼리의 146만 원 공채 발행이 유리하고 또 편리하다고 생각합니다. 그리고 이 공채 모집에 관해서는 지난번부터 식산은행과 교섭했는데 식산

은행에서는 평양부의 전기사업에 대해 성의를 가지고 독점 인수한 다는 내약이 있었습니다. 위 사실을 이해하신 다음 부디 심의해주 시기를 바랍니다. 이 심의에 관해서는 축조(逐條), 일괄 어느 쪽으 로 하시겠습니까?

29번 : 본안의 심의에 관해서는 일괄하여 진행하고 싶습니다.

23번 : 본안의 심의는 축조로 심의하는 편이 좋을 것으로 생각합니다.

15번 : 본안의 심의에 관해서는 23번의 축조설에 찬성합니다.

의장 : 본안의 심의에 관해서는 일괄설 또는 축조설의 두 의견으로 나 뉠 것으로 보이는데 먼저 축조심의설에 찬성하는 사람은 기립해주 시기 바랍니다.

(이때 기립자 7명)

의장 : 축조심의 찬성자는 소수인 것 같으므로 일괄심의로 진행하기 바랍니다.

23번 : 제8조에 있어서 연한을 단축하거나 저리채로 차환(借換)할 수 있다고 되어 있는데 이 저리차환이라는 것은 상환잔금 전부를 지적 하는 것입니까?

의장 : 그렇습니다.

23번 : 그렇다면 이 저리채로 차환한다는 것은 별개의 사항이 될 것이 라 생각하는데 별항으로 하는 것은 어떻습니까? 또 같은 조 제2항 에서 매입소각을 할 수 있다고 한 것은 물론 공채권은 시세에 변동 이 있을 것인데 매입의 경우 가액은 어떠합니까?

의장 : 제8조 제1항에서 저리차환이라는 것은 어쩌면 별항으로 할 필 요가 있을지도 모르겠으나 이곳에 함께 두는 것이 보기 편할 것이 라고 생각해 이렇게 한 것입니다. 또 제2항에서 매입소각에 관한 매가는 시가(時價)에 따르는 수밖에 없다고 생각합니다.

23번 : 본안의 심의는 무엇보다 신중하게 할 필요가 있는데 신중을 기하려면 역시 축조심의를 할 필요가 있습니다. 다수가 일괄심의에 찬성하셨으므로 어쩔 수 없으나 어쨌든 이 공채라는 것은 사회가 진보함에 따라 해마다 외국과의 거래상 은행회사의 대출 이율이 낮아지면 이 공채의 이자벌이가 좋을 것이라는 이치로 100원의 채권이 120원으로 오르거나 혹은 150원으로 오르고 또는 어떤 이유로 인해 60원이나 70원으로 내려간 경우 매입가액이라는 것은 어쩌면 필요가 없을 지도 모릅니다. 그러나 조례로 이를 제정하는 이상 이러한 점도 포함해 완전무결한 것을 제정할 필요가 있을 않을까요.

의장 : 매입소각(買入銷却)의 경우 매가에 관해서는 정해두는 것이 불가능하다고 생각합니다. 그때의 시가로 하는 수밖에 다른 방도가 없을 것입니다.

18번 : 공채라는 것은 차용증서와 마찬가지인 것으로 그 권면액에 대해서는 부가 채무를 갖고 있는 것입니다. 그러므로 매입할 경우 가액을 시가로 한다는 것은 불가능하다고 생각합니다. 만일 이 채권의 시세가 저하하여 100원권이 60원이나 70원으로 떨어진다 하더라도 파는 사람에 그에 응하지 않는다면 결국은 권면액 전부를 내놓지 않으면 사지 않을 것이므로 언제라도 매입할 경우에는 권면액으로 해야 할 것이라고 생각합니다.

의장 : 이 채권을 부가 매입할 경우는 시가에 따를 수밖에 없다고 생각합니다. 만일 이 채권의 가액이 낮아진 경우 파는 사람이 권면액 이하로는 응하지 않겠다고 한다면 사지 않으면 그뿐이기 때문에 아무런 걱정이 없을 것이라고 믿습니다.

번외 1번: 이 공채권을 부가 매입할 경우 유리하다고 인정한다면 사겠습니다. 유리하지 않다면 살 필요가 없다고 생각합니다.

18번 : 공채라는 것은 그 권면액이 한도이기 때문에 그 권면액 이상으로 내놓아 사는 일은 있을 수 없다고 믿습니다. 그러므로 언제라도 권면액을 매입가로 하는 편이 틀림없이 좋을 것이라 생각합니다.

10번 : 18번설은 오해하고 있는 것이라고 생각합니다. 그렇게 말씀드리는 것은 채권의 가액이 시세에 따라 변동하는 것은 어쩔 수 없는 일로 부가 매입할 경우 그 시가에 따르는 것은 당연한 일입니다. 또 23번설인 부가 채권을 매입할 경우의 가액 한정 의견은 이유가 있다고 생각합니다. 그러나 그 시가에 따라 유리하면 매입하고 유리하지 않으면 매입하지 않을 것이므로 걱정할 필요가 없다고 생각합니다.

21번 : 본안의 기초는 국채법과 그 밖의 내지에서의 공채법규 등을 참작하여 작성한 것입니까?

의장 : 그렇습니다. 물론 내지의 각 법규를 참작하여 작성하였고 또 각 분야의 사람들과도 논의하여 이 정도의 것이 만들어진 것입니다.

21번 : 무릇 법규의 제정이라는 것은 상당히 주의를 필요로 하는 것으로 상당히 면밀하게 조사 연구를 해도 실수가 없는 것은 보장할 수 없다고 생각합니다. 그런데 본안의 기초가 이미 내지의 각 공채관련 법규를 참작하였고 또 연구를 거듭한 것으로 보이고 또 이 자리에서 충분한 조사를 하는 것은 가능하지 않을 것이므로 원안에 찬성합니다.

8번 : 제6조 제1항의 공채증서의 종류를 1만 원, 5천 원의 두 종류로 하고 있는데 또 하나 2천 원권 정도를 넣어 세 종류를 하면 어떻습니까? 그 이유는 공채 모집은 가능한 지방 다수의 사람들이 갖는 편이 공채 모집의 본래 뜻일 것이라 믿기 때문입니다.

의장 : 공채증권의 종류에 관해 2,500원권 한 종류를 넣는 것은 희망하

신다면 넣어도 지장이 없겠지만 증권을 너무 작게 할 때는 추첨 등에 있어 번거로울 수 있기 때문에 이를 크게 하여 두 종류로 한 것입니다.

18번 : 이 공채 발행은 식산은행으로 하여금 독점 인수를 하게 하는 것 같은데 독점 인수라 하여도 지방 사람들에게 이를 모집하고 또 예정액에 도달하지 않으면 그 부족액 만큼을 식산은행이 인수하는 것일 것이므로 어떻게 하든 채무자는 부가 되는 것이어서 부가 직접 모집을 하는 것과 아무런 차이가 없습니다. 그러므로 역시 이 공채를 널리 즉 많은 사람이 갖게 하기 위해서는 천 원권, 5백 원권, 또는 백 원권이라는 식으로 작은 것을 발행하는 편이 편리하다고 생각합니다. 만일 1만 원권, 5천 원권 두 종류만으로 한다면 대자본가는 그래도 사겠지만 소자본가는 희망이 있어도 살 수가 없을 것입니다. 그러므로 가능한 채권의 종류를 많게, 즉 작은 것도 발행하여 주기 바랍니다.

의장 : 말씀이 지당하다고 생각합니다. 그러나 실제로는 식산은행에게 독점 인수를 하게 하는 것으로 되어 있기 때문에 많은 사람들에게 이것을 사게 하는 것은 식산은행의 마음에 달린 것으로 당부에 있어서는 공채를 너무 작게 하여 사람 수를 많게 하면 추첨 등으로 번거로워질 뿐 아무런 이익이 없습니다. 그러므로 이 채권을 너무 작게 할 필요는 없다고 생각합니다.

30번 : 본안에 관해서는 심의방법에 관해 축조 또는 일괄이라는 두 가지 의견이 있고 또 채권의 종류를 원안 1만 원권, 5천 원권의 두 종류에 대해 2,500원권 또는 천 원권 또는 5백 원권이라는, 즉 종류를 많게 한다는 각 회원의 의견이 있습니다만, 이것은 이미 식산은행으로 하여금 이 공채발행의 독점인수를 하게 하기로 이야기가 정리

되어 있는 것 같은데 물론 이 조례 또는 증권의 종류 등도 논의가 있어서 이 안이 만들어진 것이라 생각합니다. 그렇다고 한다면 식산은행과의 관계도 있을 것이므로 새삼 의논할 여지가 없다고 생각합니다. 따라서 본원은 원안에 찬성합니다.

21번: 제16조의 상환금에 대한 시효를 원금은 10년, 이자는 5년으로 하고 있는데 이것은 어디에 의거한 것입니까?

의장 : 모두 민법의 채권관계의 시효에 따라 이를 정한 것입니다.

8번: 이 공채는 식산은행에게 독점으로 인수하게 하는 것이라면 보통기채로 하는 편이 좋지 않을까요?

의장 : 보통기채로 하여 연 8푼리로 빌리는 것이 가능하다면 물론 좋겠으나 보통기채라면 8푼 6리 이하로 빌릴 수 없기 때문에 이 공채 발행을 하게 된 것입니다.

8번 : 보통기채라도 연 8푼리 정도로 빌릴 수 있을 것이라고 생각합니다. 최근 본원의 지인으로부터 들었습니다만 연 8푼이라면 빌릴 수 있다고 말하고 있는데 어떻습니까?

의장 : 본건 기채에 대해서는 여러 방면으로 이율 등의 조사를 했습니다만 역시 연 8푼 6리 이내의 이율로는 곤란하다고 인정했기 때문에 공채를 발행하기로 결정한 것입니다.

29번 : 본안은 이사자(理事者)가 내지의 사례 등을 통해 상당히 연구를 하고 무엇보다 독점 인수를 하는 식산은행과도 논의를 하여 매우 안전을 다한 것이라고 인정합니다. 이에 관해서는 우리들 문외한이 의견을 제시하여 과연 완전한 것이 가능할지 어떨지 의문입니다. 그러므로 본원은 원안대로 결정하는 편이 무엇보다 좋지 않을까 생각합니다. 따라서 본원은 원안에 찬성합니다.

26번 : 공채증권의 종류에 관해서는 앞서 8번 의원의 의견도 있었습니다만 식산은행과의 관계에서 지장이 없다면 2,500원권 한 종류를 추가하는 것으로 하여 원안에 찬성합니다.

18번 : 공채증권의 종류에 관해서는 원래 이를 식산은행에게 독점 인수하게 하는 것은 본 뜻이 아니라고 생각합니다. 앞서 말씀드렸듯이 지방의 많은 사람들이 사게 하는 것이 당연하다고 생각합니다. 지방의 많은 사람들이 사게 하려면 증권을 작게 하는 편이 편리하다고 생각합니다. 그러므로 천 원권도 한 종류 추가해주기 바랍니다.

15번 : 나도 지장이 없다면 18번설과 같이 2천 원권, 1천 원권 두 종류를 추가하기 바란다고 생각합니다. 그 이유는 지금 18번 의원이 설명한 대로입니다.

의장 : 요컨대 부로서는 차입하는 것이 목적이고 그밖에는 아무런 의미가 없습니다. 종류를 작게 하여도 좋겠지만 그러나 앞서 말씀드렸듯이 너무 작게 하면 번거로워지고 또 이 공채를 식산은행에 인수하게 한 관계상 식산은행의 편리도 다시 고려하지 않으면 안 된다고 생각합니다. 그러므로 만 원권, 오천 원권의 두 종류에 2,500원권을 한 종류 더 추가하는 것은 어떠한지요. 이 정도로 이의가 없다면 본안은 이것으로 결정하고 싶습니다. 어떻습니까?

(이때 전원 '이의 없다'는 소리가 들림)

의장 : 그렇다면 본안의 심의에 관해서는 대체로 논의가 된 것 같으므로 다른 논의가 없다면 독회를 생략하고 본안은 가결하려 하는데 어떻습니까?

(전원 '이의 없다'는 소리가 들림)

의장 : 그렇다면 전원 찬성한 것으로 인정하고 원안 제6조 공채증권의 종류 만 원권, 5천 원권의 두 종류에 2,500원권 1종을 추가해 만 원, 5천 원, 2,500원의 세 종류로 수정하여 가결 확정합니다. 이어서 자

제28호 전기사업경영비 기채요항 변경의 건의 낭독을 생략하고 부의하겠습니다. 제안의 요점에 관해서는 번외 1번에게 설명하도록 합니다.

번외 1번 : 본안은 지난번 본회의 협찬을 거쳐 전기사업 경영비 142만 원을 기채하기로 한 것을 이번에 전기사업경영비를 공채 모집에 통해 하기로 한 결과 그 기채액을 지금 결의하신 공채조례 제2조의 공채발행액 동액에 기타 상환연한 및 방법 등도 조례에 의해 처리하는 것으로 요령을 변경하려고 생각해 이에 제안을 하는 바입니다.

(전원 원안 '찬성')

의장 : 그러면 본안은 전원 원안 찬성이므로 독회를 생략하고 원안대로 가결 확정합니다.

이어서 자제 29호 전기공급조례 제정의 건은 낭독을 생략하고 부의합니다만 본안은 매우 광범하고 또 그 내용에 있어서는 전기요금도 정하지 않으면 안 됩니다. 이 요금의 결정에 관해서는 이번에 부가 전기회사의 사업을 인수함에 있어 평전(平電)53)과 전흥(電興)54)의 전기공급에 관한 즉, 평전의 권리 의무 일체를 인수한 관계상 평전과 전흥 사이에서 전기공급에 대한 계약조건도 있으므로 이 계약조건을 살펴보면 요금 인하 등도 양자가 협조하지 않으면 결정을 할 수 없도록 되어 있습니다. 또 전력공급에 대해서는 백 마력 이상은 전흥이 직접 공급하는 것으로 되어 있고 백 마력 이하는 평전이 공급하도록 되어 있기 때문에 이러한 점에 관해 부(府)는 백 마력 이상도 공급구역 내에는 부가 공급하도록 하고 싶습니다. 또 전기요

53) 평양전기회사.
54) 조선전기흥업.

금에 관해서도 그 사용료의 다과에 따라 단가를 증감하기로 되어 있기 때문에 종래 부가 전흥으로부터 직접 공급을 받아왔습니다. 전차, 수도에 대한 전력도 마찬가지로 부가 공급을 받는 것이므로 이것도 함께 같은 단가로 받든가 그렇게 되면 전흥으로서는 종래 직접 공급을 해온 백 마력 이상의 전력공급권을 빼앗기고 게다가 부의 전차, 수도에 대한 전력공급도 저렴하게 공급하게 되기 때문에 4만 원 이상의 손실을 입는다는 계산이 되므로 도저히 견딜 수 없게 됩니다. 부로서도 공급구역 내는 부가 전력 전부를 공급하고 또 전차, 수도에 대한 전력도 마찬가지로 부가 하는 것이기 때문에 같은 가격으로 공급을 받는 것은 이유로 보면 당연한 듯하지만 그러나 지방회사에 대한 정책상 부로서도 견딜 수 없는 것이라고 생각합니다. 그렇다면 전차, 수도에 대한 전력료는 지난번부터 본회에서 위원을 선정하여 종래 1킬로와트 3전 8리라는 단가를 인하하여 받는 것으로 교섭을 진행하였습니다. 그때 마침 전기문제가 돌발한 때이었기 때문에 그 문제가 해결이 된다면 지금 금액을 정할 필요가 없겠으나 정당하게 인하하게 될 것이므로 그때까지 기다려 주기 바라며 그 인하는 언제가 되더라도 물론 1926년도의 연도 시작, 즉 4월 1일로 소급해 실행하겠다고 하는 전흥의 회답을 받았습니다. 그러한 관계가 있으므로 이는 분리하여 별개로 하는가 하는 점에 관해 전흥과 협정이 갖춰진 뒤가 아니라면 본 조례의 제정은 불가능하게 되어 있습니다. 그리고 본안은 부의뿐으로 제1회 독회의 상태에서 위원에게 부탁으로 하는 것으로 아직 전흥에 대한 절충위원을 선정하여 이러한 여러 점에 관해 협조를 마친 다음에 본안의 심의를 부탁하려고 하는데 어떻습니까?

29번 : 지금 설명에 따르면 이번 전기사업을 경영하는데 있어서 전신

자(前身者)인 전기회사의 권리의무 일체를 인수한 관계로 전흥과의 관계도 의무를 져야한다는 설명이었습니다만 모든 권리의무 일체를 인수해야 할 것입니다. 과연 그렇다면 지금부터 전흥과 절충하여 그 의무의 포기가 가능합니까?

의장 : 전기사업 경영에 있어서 평전의 권리의무 일체를 인수했다고 하는 것은 그 가운데 거절한 것도 있으나 내용에 있어서는 거의 전부로 되어 있습니다. 또 전흥과 교섭해 그 의무의 포기는 곤란하다로 생각하는데 절대로 불가능한 것은 아니라고 생각합니다.

8번 : 본안 심의에 있어 한 가지 부탁드리고 싶은 것은 옛 의원으로 재임되신 분들은 잘 알고 계시겠지만 우리들 신임 의원은 평전 매수에 대한 진행상황에 관해 신문지상에 발표된 것 이외의 일은 전혀 알지 못하기 때문에 역시 진행상황 등의 설명을 듣고 본안의 심의에 있어 참고하고 싶습니다. 어떻습니까?

의장 : 전기사업 매수에 관한 진행상황은 설명을 해도 지장이 없습니다만 본안 공급조례와는 아무런 관계가 없습니다. 어찌됐든 설명만은 나중에 위원회에서 말씀드리겠습니다.

29번 : 본안 심의는 위원회를 설치해 심의한다 하더라도 독회만은 본회에서 질문만이더라도 마치고 2독회부터 위원회로 옮기는 것은 어떻습니까?

10번 : 본안은 매우 광범한 것이어서 질문만 즉 1독회만으로도 매우 복잡하여 용이하게 정리하기 어려울 것으로 생각합니다. 그리고 지난번 부윤이 설명한 대로 1독회인 상태로 위원부탁을 해주기 바랍니다.

(이때 10번설에 '찬성한다'는 소리가 회의장에서 나옴)

의장 : 그렇다면 본안은 제1독회인 상태로 위원부탁을 하는데 전원 찬

성인 듯하므로 본안은 제1독회인 상태로 위원부탁을 하기로 하겠습니다. 위원은 전 위원으로 하고 또 전흥에 대한 교섭위원은 별도로 특별위원 몇 명을 선정하기 바랍니다. 어떻습니까?

(전원 '찬성')

의장 : 그렇다면 전흥에 대한 교섭위원은 11명 정도로 어떻습니까?

10번 : 전흥에 대한 교섭위원은 이전부터 위원회가 만들어지고 그때 위원이 지금은 4명만 현 위원이기 때문에 이 구 의원 4명 외에 7명의 위원을 선전해주기 바라는데 어떻습니까?

의장 : 그러면 구 위원 4명은 그대로 두고 나머지 7명의 위원을 선임해주기 바랍니다.

(이때 서기가 투표용지를 배포하고 투표한 결과를 개표하여 우치다 후미오(內田錄雄), 김능수(金能秀), 타츠미 히고사부로우(辰巳彦三郎), 정규현(鄭奎鉉), 마츠오 리쿠로우(松尾六郎), 선우순(鮮于鏪), 정세윤(鄭世胤)의 7명이 당선되어 서기가 낭독하였다.)

의장 : 그러면 지금 당선된 위원 여러분은 잘 진력해 주실 것을 부탁합니다. 그리고 오늘은 본회를 폐회합니다.(중략-편자)

시각 오후 2시 55분

7) 제127회 평양부협의회 속회 의사록

항 목	내 용
문 서 제 목	第百二十七回 平壤府協議會 續會 議事錄
회 의 일	19290329
의 장	松井信助(부윤)
출 석 의 원	楊基鶴(1번), 鄭奎鉉(2번), 崔蒙煥(4번), 玉東奎(5번), 鄭世胤(9번), 松尾六郞(10번), 鄭寅河(11번), 邊麟奇(12번), 孫壽卿(14번), 佐久間萬吉(15번), 吳崇殷(16번), 中平岩藏(18번), 德永金(19번), 李基燦(21번), 林泰華(22번), 小林文二(23번), 丸山理平(26번), 中村濱吉(28번), 內田錄雄(29번), 鮮于(金+筍)(30번)
결 석 의 원	金能秀(3번), 辰己彦三郞(6번), 李春燮(7번), 石隈信乃雄(8번), 楊濟謙(13번), 李東悅(17번), 韓允燦(20번), 村上忠五郞(24번), 白潤植(25번), 27번은 공석
참 여 직 원	上野彦八(부속), 龜山猛治(부이사관), 戶谷藤一(부속), 長尾仟(부주사), 阿部健三(부 토목기사), 上田謙吉(부 전기기사), 大塚米藏(부 전기기사), 李在晟(서기, 부속), 金重燁(서기, 부서기)
회 의 서 기	
회 의 서 명 자 (검 수 자)	松井信助(의장, 평양부윤), 佐久間萬吉(평양부협의회원), 吳崇殷(평양부협의회원)
의 안	자문안 제4호 평양부 제2회 정리공채 조례 제정 건, 7.공익질옥조례 제정 건, 8.1929년도 평양부 세입세출예산 건, 9.기채의 건, 10.부 금고 사무 취급 계약 갱신 건
문 서 번 호 (I D)	CJA0002739
철 명	평양부관계서류
건 명	평양부기채의건(회의록첨부)
면 수	12
회의록시작페이지	360
회의록끝페이지	371
설 명 문	국가기록원 소장 '평양부관계서류'철의 '평양부기채의건'에 포함된 1929년 3월 29일 평양부협의회 회의록

해 제

이 회의록(12면)은 국가기록원 소장 '평양부관계서류'철의 '평양부기
채의건'에 포함된 1929년 3월 29일 평양부협의회 회의록이다. 평양부
제2회 정리공채조례 제정의 건, 공익질옥조례 제정의 건, 1929년도 평
양부 세입·세출예산의 건, 기채의 건, 부 금고사무취급계약 갱신의 건
을 가결하고 있다.

우선 공익질옥조례 제정과 1929년 평양부 세입·세출예산 건에 대해
부협의회에서 의뢰한 위원회의 토의 사항 보고가 있었다. 대체로 부
에서 제시한 원안을 통과시키고 있지만 전염병 예방을 철저히 하기
위한 격리병사를 부 직영으로 하자는 의견이 나왔다. 격리병사의 경
영 방법은 따로 위원회를 만들어 조사 연구할 필요가 있다는 주장도
제기되었다. 평양의 전염병 발생 상황은 환자는 일본인이 많은데 사
망률은 조선인이 높은 상태였다. 조선인 환자가 적은 원인은 전염병
에 노출되면 모두 이를 은폐하기 때문인데 왜냐하면 자혜의원의 격리
병사에 입원하면 제대로 된 치료를 받지 못하고 대부분 사망하기 때
문이라는 것이다. 격리병사를 부 직영으로 할 필요가 있다는 주장에
동의 및 찬성으로 격리병사 경영 방법에 대한 조사 위원회를 만드는
것이 결정되었다.

병탄 초기부터 일제는 자혜의원에 시료부를 설치하여 조선인 환자
의 대부분을 무상으로 진료하게 하였다. 그러나 점점 병원 운영 비용이
가중되어 재정 압박을 받게 되자 시료 사업은 축소되어 가고 1920년
대에는 중앙에 집중되어 있던 시료 사업이 각 도에 이관되었다. 그러
나 병원의 재정 상태 및 전염병 유행으로 병원이 담당해야 할 역할이
커지면서 시료 사업은 제대로 시행되지 않았고 결국 빈민들이 의료

혜택 대상에서 점점 소외되는 결과를 가져왔다.[55]

위 회의록은 평양에서 자혜의원의 전염병 환자 격리병동이 어떻게 파행적으로 운영되었는가를 잘 보여준다. 격리병사의 조선인 입원 환자에 대해 불친절함은 물론이고 침구도 없으며 의사와 간호사를 만나기조차 어려운 상태가 언급되고 있다. 도립의원인 자혜의원에서는 격리병사에 전문의사 한 명도 두지 않고 토요일은 반일만 진료하고 일요일은 쉬어버리므로 시각을 다투는 전염병자의 치료가 되지 않아 입원자의 8할이 사망하였고, 더구나 입원료가 극히 비싸서 웬만한 사람은 입원이 불가능한데도 경찰은 전염병자를 발견하기만 하면 강제로 수용하였다. 따라서 부민은 자연히 격리병사에 대해 공포를 느끼고 전염병을 은닉할 수밖에 없었다. 즉 전염병을 예방하겠다는 취지로서의 격리병사는 차라리 없는 것만 못한 만큼 나쁜 결과를 낳고 있었다. 부협의회에서는 격리병사를 자혜의원에 위탁 경영하지 말고 부 직영으로 하자는 의견을 냈고, 이후 성홍열이 만연한 1931년에는 이를 실시하자는 의견이 부 당국자 사이에서도 대두하였다. 부협의회는 전문의사와 약제사, 간호부, 사무원을 전속시키고, 높은 입원료를 받지 않고 유산자와 중산계급에는 각각 하루에 1원과 50전, 무산자에게는 무료로 하자고 주장하였다.[56]

이후 1932년에 가서야 비로소 조선인 위주의 격리병사에 대한 예산이 통과되었는데 이는 다시 몇몇 일본인 의원들의 반대에 부딪혔다. 즉 격리병사가 신축 확장될 기림리에 부협의원 이토우 스게시치(伊藤佐七)의 소유 토지가 4, 5천 평이 있는데 부근에 격리병사가 생기면

---

55) 김영수, 「1910~20년대 식민지 조선의 시료사업(施療事業)의 변천 : 시료대상과 운영주체의 변화를 중심으로」, 『역사와경계』 95, 2015.6, 143~144쪽.
56) 『동아일보』 1931.1.7.

토지 가격이 저락할 것을 간파했기 때문이었다. 조선인 측은 이를 성토하는 시민대회를 열었고[57] 결국 원래의 후보지에서 200미터 남짓 떨어진 서쪽으로 옮기기로 1932년 4월 22일 부회에서 결정하면서 이 문제는 봉합되었다.[58]

내 용

의장 : 지금부터 어제에 이어 개회하겠습니다. 우선 어제 부에서 위원에게 의뢰했던 자문사항 제7호 공익질옥조례(公益質屋條例) 제정 건 및 자문사항 제8호 1929년도 평양부 세입·세출예산의 건 등의 의안에 대해 위원장이 위원회의 전말을 보고하시는 것을 듣도록 하겠습니다.

위원장(21번) : 위원회의 경과를 보고하겠습니다. 우선 자문사항 제7호 의안에 대한 위원회의 전말을 말씀드리면, 제1조 근접 면 재주자에 대한 대출 부분을 삭제하고 부민만으로 하자는 의견이 있었습니다. 또 제3조 대출 제한액은 1인(人) 10원을 5원으로 하고, 1세대 30원을 20원으로 인하하자는 의견이 있었습니다만, 결국 원안대로 결정했습니다. 다음으로 자문사항 제8호안에 대해서는, 세출 경상부 제3관 전염병 예방비 또는 제5관 격리병사비에 대해 전염병 예방의 철저를 기하기 위해 격리병사를 부 직영으로 하자는 의견이 있었습니다. 그리고 경비비(警備費)에 대해서는 부의 발전에 따라 그 내용을 충실히 계획해야 한다는 의견이 있었습니다만 결국 원안대로 결정

57) 『동아일보』 1932.4.7.
58) 『동아일보』 1932.4.24.

했습니다. 또 전기비(電氣費)에 대해서는 대체로 매년 팽창하고 있고 특히 유지비 같은 것은 한번 수리를 하면 2, 3년은 가고, 다액이 필요하지 않음에도 불구하고 매년 증가하는 것은 너무 부풀리는 것 아닌가 하는 이야기가 있었습니다만 이 점은 가급적 절약한다는 조건을 붙여서 결정했습니다. 전기비 제10항 잡비 중 전기협회비 5백 원은 이를 삭제하고 예비비에 산입하는 것으로 수정했습니다.

그리고 세출임시부 제19관 구역확장 축하회비 중 기념품비에서, 뭔가 영구히 일반이 기념할 만한 것을 시설하자는 의견이 일치해서, 과목의 명칭인 구역확장 축하회비를 구역확장 기념비로, 부기(附記)의 기념품비를 기념탑 건설비로 각각 정정하고, 이 기념탑 건설에 대한 위치 기타 모든 사항은 부윤에게 일임하기로 했습니다. 본 안에 대한 위원회의 수정 의견은 위와 같고 그 뒤는 전부 원안대로 결정했습니다.

다음으로 세입에 대해서는 경상부와 임시부 둘 다 원안대로 결정했습니다만 경상부 제1관 부세 중 제5항 차량세 부가세 중 자동차에 대한 부가세율을 세금 40원에 대해 70원으로 인상한 것에 대해, 도로 파손은 큰 원인이 실제로 이 자동차 운전인데 지금 약간만 인상한 것은 무슨 이유인가 하는 의견이 있었습니다. 그러나 종래 40원이었던 부가세를 일시에 배 이상으로 인상하는 것은 좀 고려할 만한 점이 있으리라 생각하여, 올해는 우선 원안대로 결정하였습니다. 이상이 위원회의 보고입니다. (중략-편자)

9번 : 위원회에서도 전염병 예방비에 대해 의견을 말했지만 격리병사의 경영방법에 대해서는 위원회를 만들어 조사 연구할 필요가 있으리라 생각합니다. 어제 위원회에서 평양에서 전염병 발생 상황을 들었는데, 일본인 환자 수가 많고 조선인 환자 수는 적은데 사망률은 정반대로 일본인은 적고 조선인은 많은 상태입니다. 다른 도시에 비해 사망률이 많습니다. 그 원인은 제가 생각하기에는 조선인 환자가 적은 것은 은폐자가 많기 때문이고 사망률이 높은 것은 사망에 이르러서야 비로소 발견되기 때문이라 생각합니다. 전염병에 대해서는 아시는 것처럼 발견되면 격리병사로 입원하지 않을 수 없는데, 격리병사에 입원하면 십중팔구는 사망한다고 모두 생각합니다. 이는 필경 자혜의원의 환자 취급이 불친절할 뿐만 아니라 전염병은 대다수 빈민에게 발생하는데 격리병사에 입원하면 무료 환자가 되어 이들에 대해서는 특별한 취급을 하지 않는 데서 오는 것이 전염병 은폐의 원인이라 생각합니다. 전염병 예방상 가장 주의해야 할 점이라 생각합니다. 따라서 저는 이 은폐자 수를 줄이려면 격리병사를 부 직영으로 하는 등의 개선 방법을 강구하여 전염병에 노출되면 기꺼이 입원하는 식으로 되지 않으면 안된다고 생각합니다.

29번 : 지금 9번이 말씀하신 것에 대해 저도 찬성합니다. 그리고 위원회 조직은 이 자문사항 제8호 안에 대해서는 아까 위원장이 상세히 보고하셨으므로 2독회, 3독회를 생략하고 이를 가결하여 위원을 선출하는 게 좋을 것 같은데 어떻습니까?

16번 : 지금 9번 위원도 말씀하셨지만 실제 격리병사의 입원환자 취급은 불친절하고 무료 환자가 되면 침구도 없고 또 자혜병원은 관청식으로 시간이 되면 의사는 퇴근해버리고 당직의사는 있지만 쉽게 만나주지 않으며 간호사는 거의 일본어밖에 모르고 조선인이라면 아무 것도 할 수 없는 상태입니다. 어쨌든 이렇게 매우 불철저한 격리병사는 차라리 폐지하는 쪽이 낫지 않을까도 생각합니다. 세출경상부 제5관 격리병사비를 완전히 삭제하기를 바랍니다.

의장 : 9번 및 16번의 말씀은 그 취지를 잘 알았으니 본안을 결의한

후에 위원을 선정하여 충분히 조사 연구하기로 하고 자문안 제7호 공익질옥조례 제정 건 및 제8호 1929년 평양부 세입·세출예산의 건, 이 2안은 둘 다 위원회에서 결정한대로 독회를 생략하고 가결하고자 하는데 어떻습니까?

(모두 찬성)

의장 : 그러면 만장일치로 찬성한 것으로 인정하여 자문안 제7호 공익질옥조례 제정 건은 원안대로, 제8호 1929년도 평양부 세입·세출예산 건은 세출경상부 제18관 전기비 및 동 임시부 제19관 구역확장 축하회비는 수정안대로, 기타는 원안대로 가결 확정하겠습니다.

이 자문사항 제8호 1929년도 예산은 신중히 심사해주길 부탁했고 지금 가결된 것은 우리 공직자로서 감사를 드립니다. 다음은 제9호 기채의 건은 낭독을 생략하고 부의하겠습니다. 의안의 요지는 참여 직원 1번이 설명하겠습니다.

부속(上野彦八) : 본 안은 본년도부터 공익질옥을 설치 경영하는 건인데 그 경비의 반액은 부 일반 수입과 국고보조 등으로 지변할 예정입니다만 사업비 내의 대부 자금은 부 재정상 기채로 조달하지 않으면 안되기 때문에 이는 2만 원으로 하고 또 현재 정리 공채는 그 이율이 매년 7푼 2리이나 일반 금리의 저하에 의해 연 6푼 정도라면 빌릴 수 있을 예정입니다. 현재 이를 차체(借替)[59]하는 것으로 해서 이 86만 3천 원과 아울러 88만 3천 원을 기채하려는 안건입니다. 이 공채의 차체에 의한 이익은 자문안에 첨부했습니다. 비교표에 보시는 것처럼 합계 6만여 원의 이익을 본다는 계산이 됩니다.

(모두 원안 '찬성')

---

[59] 기채로 새로 발행하여 구채를 상환하는 것.

의장 : 그럼 본안은 이의가 없으니 독회를 생략하고 원안대로 가결 확정하겠습니다. 다음은 자문안 제4호 평양부 제2회 정리공채조례(整理公債條例) 제정 건입니다. 낭독을 생략하고 부의하겠습니다. 제안의 요지는 참여직원 1번이 설명하겠습니다.

부속(上野彦八) : 본안은 정리공채의 차체(差替)에 의한 조례 제정입니다. 종래 정리공채조례를 기초로 했고 단지 변한 것은 그 명칭 즉 제명(題名)을 제2회 정리공채조례로 했고 내용은 공채 발행액 97만 원을 86만 3천 원으로 하고 이율 연 7푼 3리를 6푼으로 하고, 상환 기일 6월 12일을 1월 및 7월로 하고, 증권 종류 5천 원권 1종을 5천 원권 및 1천 원권의 2종으로 고치고, 또 상환 연한을 1개년 단축한 것입니다. 기타는 종래 정리공채조례 그대로입니다. 상세한 것은 질문하시면 답하겠습니다.

(모두 원안 '찬성')

의장 : 그럼 본안은 만장 찬성으로 인정하고 독회를 생략하고 원안대로 가결 확정하겠습니다. 다음은 자문안 제10호 부 금고 사무 취급 계약 갱신 건입니다. 낭독을 생략하고 부의하겠습니다. 제안의 요지는 참여직원 1번이 설명하겠습니다.

부속(上野彦八) : 본안은 아시는 것처럼 금고 사무를 주식회사 조선상업은행에 맡기고 그 계약은 매년 갱신하고 있는데 본년도도 계속해서 상업은행에게 취급시키는 계약을 갱신하자는 안건입니다.

(모두 '이의 없음')

의장 : 그러면 만장 찬성으로 인정하여 독회를 생략하고 원안대로 가결 확정하겠습니다. 이것으로 오늘 일정은 완료했습니다. 모두 바쁘신데 며칠에 걸쳐 250만 원여의 많은 예산에 대해 신중 심의해주셔서 무사히 토의를 완료한 것에 대해 거듭 감사의 뜻을 표합니다.

그리고 아까 9번 의원이 격리병사 경영방법에 대해 조사 위원회를
설치하자는 데 모두 찬성하셨으므로 지금부터 그 위원 선정을 하겠
습니다. 위원 수는 몇 명으로 하시겠습니까?

9번 : 10명 정도 위원을 선정하는 게 좋다고 생각합니다.

(이때 모두 위원 수는 10명으로 하고, 부윤이 지명하길 바란다고 말함)

의장 : 그럼 모든 분들의 의견이므로 제가 10명 위원을 지명하여 그
지명은 후일 서면으로 통지하겠습니다. 오늘은 이것으로 폐회하고
서명자는 사쿠마 만기치(佐久間萬吉), 오숭은(吳崇殷) 두 분을 지명
하겠습니다.

오후 4시 40분 폐회

8) 신의주부협의회 회의록(제1일)

항 목	내 용
문 서 제 목	新義州府協議會 會議錄(第1日)
회 의 일	19290322
의 장	伊藤正懿(신의주부윤)
출 석 의 원	中込精一(5번), 臼井水城(7번), 高秉哲(8번), 神保信吉(9번), 岡本茂(10번), 橫江重助(11번), 李熙迪(14번)
결 석 의 원	崔昌朝(2번), 李泰永(3번), 白孝俊(6번), 多田榮吉(12번), 加藤鐵治郎(13번), 결원 2명
참 여 직 원	下津美行(토목기사), 河野英槌(부속), 淸川泰司(부속), 金德鉉(부속), 渡部彌太郎(부서기), 富永敏郎(부서기), 影山喜代市(부서기)
회 의 서 기	
회 의 서 명 자 (검 수 자)	
의 안	자문제5호 1928년도 신의주 부세입출예산 추가 건, 제6호 부가세 조례 중 개정 건, 7호 잡종세 조례 중 개정 건, 8호 특별소득세 조례 폐지 건, 9호 1929년도 부세 부과율 결정 건, 10호 1929년도 신의주부 세입출예산 건, 11호 신의주부금고 사무취급 은행 지정과 계약서안 결정 건, 12호 폐제(廢堤) 처분의 건, 제시안 제1호 1927년도 신의주 부세입출결산 제시의 건
문서번호(ID)	CJA0002742
철 명	신의주부관계서류
건 명	신의주부잡종세조례중개정의건(잡종세조례회의록첨부)
면 수	18
회의록시작페이지	15
회의록끝페이지	32
설 명 문	국가기록원 소장 '신의주부관계서류'철의 '신의주부잡종세조례중개정의건(잡종세조례회의록첨부)'에 포함된 1929년 3월 22일 신의주부협의회 회의록

해 제

본 회의록(18면)은 국가기록원 소장 '신의주부관계서류'철의 '신의주부잡종세조례중개정의건(잡종세조례회의록첨부)'에 포함된 1929년 3월 22일 개최된 신의주부협의회의 회의록이다. 1929년 3월 22일, 23일 개최된 신의주부협의회의 1일차 회의록이다. 본 회의에서는 1928년도 추가예산과 부가세, 특별세, 특별소득세 등의 조례 및 부금고, 구 제방 폐제 문제, 부세(府稅) 부과율 등을 논의하였다. 원래 예정되어 있었던 1929년도 세입출예산은 전원위원회로 위원부탁하는 것으로 결정하여 이날은 논의되지 않았다.

본 회의의 논의 사항 중 주목할 만한 것은 1928년도 추가예산과 관련하여 논의된 공채 발행, 잡종세에 신세(新稅)로 축견세(畜犬稅) 추가, 새로운 제방을 만들고 나서 구(舊) 제방의 철폐 시기 및 방법에 대해서 논의하는 부분이다.

1927년 평양부의 전기회사 인수로 허가되기 시작한 지방공채는 이후 각 지역에 활발하게 진행되었다. 신의주부를 포함 동 4월 1일 현재 식산은행이 인수한 지방공채의 합계는 350여만 원에 이르렀는데, 그중 가장 큰 액수의 공채를 발행한 곳이 신의주부였다.[60] 신의주는 수도, 제방, 시가정리 등 여러 공사를 전부 부채로 하여 87만 원의 부채가 있었다. 이 부채에 대한 이율은 평균 7푼(分) 8리(厘)로 1년에 5만 6천 원 정도를 지불해야 했다. 당시 신문 자료에서는 신의주부의 재정

---

[60] 강원도지방비공채 208,000, 함남 610,000, 함북 219,000, 목포부 154,000, 군산부 226,000, 진남포부 277,000, 신의주부 742,000, 청진부 559,000, 청진학교조합공채 66,500, 신의주학교조합 공채 132,500, 원산학교비공채 133,000, 청진학교비공채 65,500, 합계 3,495,500.
「殖銀引受 地方公債 三百五十萬圓」, 『중외일보』 1929.4.2.

을 운신할 수 없는 상태라고 평가[61]할 정도로 신의주부의 재정은 좋지 않은 상태였다. 결국 신의주부는 이 재정 문제를 공채 발행을 통해 해소하고자 하였고, 이자율 6푼, 상환기간 15년을 조건으로 4월 1일자로 발행했던 것이다.[62] 부당국과 협의회원 양측 다 부의 재정난을 타개할 수 있는 방법으로 생각했던 것 같다. 당국자의 노고에 대한 감사의 표현까지 확인된다. 지방사업 비용 충당을 위해 권장되었던 지방공채는 경제공황에 수반하여 동 7월 발행이 저지되었다.[63]

사실 공채 문제는 재정난에 시달렸던 신의주부로써는 선택의 여지가 없었고, 논란의 여지가 있는 부분은 축견세와 구 제방을 언제, 어떻게 처리할 것인가의 문제였다. 이때 신의주부는 증세를 위한 방법으로 잡종세 중 개에 세금을 부과하는 축견세를 신설하고자 자문을 구하는데 의원 측에서는 현재 예산으로 올린 금액 정도로는 부에 이익도 되지 않고, 관리에만 오히려 어려움이 있을 것 같다는 의견이었다. 징수한다고 하면 키우는 개인지, 식용인지 등의 구별도 필요하지 않는가 등도 문제제기 되었다. 축견세는 필요에 따라 지역별로 선택적으로 인가되고 있었는데, 부당국의 입장은 광견병을 예방하고 증세도 한다는 것이었지만 의원 지적처럼 사실상 부의 개를 다 찾아내서 세금을 부과하기에도 어려움이 있었고 이를 어떻게 처리할 것인가의 문제가 먼저 해결되어야 하는 것이었다. 그럼에도 불구 관리 등과 관련해서 부당국은 향후 조사 예정이라는 애매한 입장을 보이고 있다.

구 제방의 폐지 문제는 새 제방 건축이 완료된 상황에서 폐지를 미루고 사용하지 않는 이유에 대한 논의였다. 신의주부는 1923년 대홍수

---

61) 「身動きならぬ新義州府の負債, 公債を發行して整理」, 『조선신문』 1929.2.17.

62) 「新義州府公債が六分パーに成功, 六分府公債の魁となる」, 『경성일보』 1929.3.12.

63) 「地方公債抑止訓令」, 『매일신보』 1929.7.14.

로 제방의 증축을 계획하게 되었다.[64] 압록강물의 범람이 문제가 되었고, 부민의 안전상 제방 확장공사가 필요했다. 1923년 지방비 25만 원을 우선적으로 투자하여 제방공사에 착수하였고, 1925년부터 3계년 계속 사업으로 추진되었다.[65] 제방확장공사와 관련해서는 토지 확보 문제, 사업비 문제 등[66]이 있었지만 공사를 마치고 사용을 미루고 있었다. 부당국에서는 기술상 문제가 없다고 하면서 폐제(廢堤)를 미루었고, 의원도 이에 대해 압록강 증수 상황을 봐서 우기를 지나 폐제하자는 쪽과 만간에 새 제방에 대한 신뢰감을 심어주기 위해서는 바로 구제방을 철폐해야 한다는 쪽으로 견해가 나뉘었다. 바로 새 제방을 사용하자는 의견이 다수였으나 부당국의 의도대로 결정되었다.

내용

(상략-편자)

의사(議事)

부윤 의장 : 지금부터 개회하겠습니다.

오늘의 회의록 서명자를 나카코미 세이이치(中込精一) 군과 이희적(李熙迪)에게 부탁드리겠습니다. 이번 자문할 건은 자문 8건, 제시 1건인데, 심의에 앞서 다만 한마디 해두고자 합니다.

우리 부의 사업으로써 연전부터 시행 중인 시가정리, 방수공사, 수

---

64) 「二十三萬圓으로 新義州堤防增築, 이번홍수에 놀라서 새로 증축 중」, 『동아일보』 1923.8.27.

65) 「新義州 堤防計劃」, 『매일신보』 1924.6.7.

66) 「堤防工事에 伴하야 市街整理를 斷行 二年後에는 完成豫定 面目一新될 新義州」, 『매일신보』 1926.4.10 ; 「新義州堤防工事 十五年度施設計劃認可 不遠指名入札施行?」, 『매일신보』 1926.9.13.

도확장공사의 3대 사업도 본년도로써 완성을 고하기에 이르렀던 것은 부민과 함께 축하로 견딜 수 없는 것입니다. 우리 부는 서선(西鮮) 국경 도시로써 장차 또 평안북도에서 정치, 경제의 중심지로써 날마다 달마다 진전을 이루고 있는 것으로 가까운 장래에는 일약 3만 5천의 인구를 포용할 대도시(大都市)인 추세를 보이고 있는 것이므로 그 발전에 순응하여서 부민의 복리 증진을 기도한 후에 이후 시설, 경영을 요하는 사업이 자못 많은 것인데, 어떻든 현재 부의 재정은 알고 계시는 대로 기왕에 시행하였던 각종 사업에 대한 부채(府債) 미상환액이 지금 곧 약 60여만 원을 헤아리고 이에 본년도 준공을 고하기에 이르렀던 시가정리 및 방수공사비에 충당하는 신채(新債)를 더할 때는 총 부채고(府債高) 실로 70여만 원의 거액에 달하여 따라서 이에 대한 이자만으로도 상당 다액으로 오름으로 알고 계시는 대로 이번 이를 저리의 공채(公債)로 교체하려고 하였던 것인데 이에 수년간은 곧 본년 년 15만 원 내외의 원리 상환액을 요하는 것입니다. 게다가 경제계는 의연 불황의 상태에 있으므로 부재정에 미치는 영향도 또한 심대한 것이므로 1929년도 당부 세출예산의 편성에 이르러서는 긴축 방침의 하에 힘써 경비의 절약을 하려던 것인데 부 금일의 실정에 비추어 부민의 복리를 증진한 후에 긴급 그대로 두기 어려운 시가정리조사비, 노송정(老松町) 부근 도로 측구수축비, 녹정(綠町) 시가(市街) 신설공사비, 직업소개소 건축비 등과 같은 경비에 대해서는 재원을 안배하여서 기획하고, 또 세입에 있어서는 부채 상환 재원의 관계도 있으므로 어쩔 수 없이 본년도부터 새로 토지평수할(土地坪數割) 및 축견세(畜犬稅)를 일으켜 부과하는 것으로 하며, 기타 일반 부세의 자연 증수와 부채 상환비 충당재원인 부유지 매각대 등을 예상하여 계상, 편성하였던 결과 세입출예산 총액은 21만 6,557원으로써 전년도 예산에 비하여 7,184원의 감소를 보였던 것인데 이는 주로 임시계속사업의 종료에 수반한 결과입니다. 이상은 이번 자문하는 주요한 것으로 기타 이에 관계하는 부조례의 개폐(改廢) 및 1928년도의 추가예산 등 심의를 할 사건이 많이 있는데 내용의 상세에 대해서는 심의의 때 질문에 의해서 다시 설명하는 것으로 하고자 생각합니다. 여하간 신중 심의의 후 협찬을 얻고자 합니다.

7번(臼井君) : 나는 연장자로써 협의회원을 대표하여 한마디 인사를 하고자 생각합니다. 이번의 협의회에 있어서는 우리의 희망대로 전에 자문안을 배부하여 의안 연구의 여지를 부여했던 것은 크게 만족으로 하는 바입니다. 장래는 또 한층 빨리 배부하도록 희망합니다.

부윤 : 의안의 배부는 적어도 3, 4일 전에 배부할 예정이나 여러 사정이 있어서 예정과 같이 빨리 배부하는 것이 가능하지 않았던 것은 유감인데 장래는 가능한 한 빨리 배부하는 것으로 주의하겠습니다. 그리고 옆에 배부한 안건의 중 순서로써 먼저 자제5호 1928년도 세입출 추가예산안부터 자문하겠습니다.

의장 : 번외로써 일단 설명하겠습니다.

번외(淸川屬) : 이 추가예산은 우리 부의 구채(舊債)를 저리(低利) 공채로 차체(借替)하는 것으로 하였으므로 현재의 미상환액을 상환하는 것과 부채 차체를 위해 기한 전 상환 수수료 및 공채 발행에 수반한 인수 은행 수수료, 공채증권 작제비(作製費)를 요하는 것으로 이번 추가예산으로써 계상했던 것입니다.

11번(橫江君) : 전회의 협의회에 제안되었던 것에 의하면 74만여 원의 공채를 발행하는 것으로 되어 있었던 것이 본안에는 63만 4천여 원의 추가예산으로 되어져 있는데 그 차액이 있는 이유는 무엇입니까?

번외(淸川屬) : 본 추가예산은 구채의 원금 상환 및 수수료, 공채증권 제작비를 더하여 63만 4천여 원으로 이에 신규 기채하고자 하는 10만 7,900원을 가산하면 공채 발행액에 부합하는 것인데 이 신규 기채의 분은 이미 예산에 계상하였으므로 구채 차체(借替)에로의 분과 기타의 비용만을 계상했던 것입니다.

11번(橫江君) : 공채발행액과 추가예산액이 차이가 있어도 예산면의 상에서 별로 지장은 없습니까?

부윤 : 신채(新債)의 부분은 일시 차입하고 있으므로 이번 공채에 의해서 이 일시 차입금을 지불하였으므로 이는 이미 예산에는 계상하고 있으므로 추가예산에 계상하지 않아도 별로 지장은 없습니다.

11번(橫江君) : 그럼 본안에 대해 별로 이의 없는데 공채 액면의 종별을 알고자 합니다. 또 증권제작비의 내역을 알고자 합니다.

부윤 : 공채증권의 액면은 1,000원과 5천 원의 2종입니다.

번외(淸川屬) : 공채증권은 천 원권 72장, 5천 원권 134장의 예정으로 제작비는 1장 70전 정도의 예정입니다.

11번(橫江君) : 증권의 예비는 몇 매입니까?

번외(淸川屬) : 견본으로 본부, 은행, 부청에 비부의 필요도 있으므로 각종 십수 매씩은 여분으로 작제할 예정입니다.

11번(橫江君) : 증권 제작비가 여분으로 계상되어 있는데 무엇입니까?

번외(淸川屬) : 공채발행액의 사정도 있으므로 단수(端數)를 안배하여서 이렇게 계상한 것입니다.

5번(中込君) : 세입의 부채 63만 4,100원과 공채발행액 74만 2,000원과의 차액은 계속사업비의 기정 예산에 계상되어 있습니까?

부윤 : 이미 계상하였습니다.

11번(橫江君) : 극히 이해가 되므로 원안에 찬성합니다. 또 공채모집에 관한 수수료 감액에 대해 부윤이 노력하였던 것은 크게 감사합니다.

의장 : 본안에 대해 별로 이의 없는 것 같으므로 원안의 대로 결정하겠습니다. 다음은 자제6호안을 자문하겠습니다.

9번(神保君) : 자제 6, 7, 8호의 3안은 대조의 필요도 있으므로 일괄하여 심의하는 것은 어떻습니까?

의장 : 9번으로부터의 의견도 있으므로 자제6호, 동 7호, 동8호의 3안을 일괄하여 자문하겠습니다.

(번외 부속 의안 낭독)

의장 : 번외로써 일단 설명드리겠습니다.

번외(河野屬) : 부가세조례를 개정하는 이유는 종래의 시가지세령(市街地稅令)이 본년 1월 1일부터 폐지되어져서 이에 대신하여 새로 지세령(地稅令)이 시행되게 되므로 시가지세부가세를 지세부가세로 개정하고 또 종래 부에서 부과하는 것으로 되어 있었던 특별소득세(特別所得稅)가 본년 4월부터 지방세로써 지방비(地方費)로 이관되어지므로 부에서는 이에 부가세를 부가하게 되었으므로 특별소득세부가세를 신설하였습니다. 또 지세부가세의 과율은 종전의 시가지세부가세의 율과 바뀌는 것은 없지만 지금까지 소득세의 부가세는 부에서만 부과해 왔던 것인데 본년 4월부터 지방세로써도 소득세부가세를 부과하게 되었으므로 부의 종래 부과율을 1원에 대해 14전(錢)이었던 것을 7전으로 바꾸고, 특별소득세부가세는 본세(本稅) 17전으로 정했던 것입니다. 그리고 소득세부가세의 부과율을 저하하여 특별소득세부가세의 부과율을 정했던 기초는 내지에서의 소득세부가세의 부과율이 본세 1원에 대해 24전인데 조선에서도 이와 동일의 부과율로 하는 명분의 하에 지방세인 소득세부가세의 부과율을 본세 1원에 대해 17전으로 정하였던 결과 부세로써의 소득세부가세의 율은 그 잔액 1원에 대해 7전으로 했던 것입니다. 또 지방세인 특별소득세도 원래가 소득세의 부가세에 상당하는 것이므로 지방세인 특별소득세의 부과율과 부세인 그 부가세의 부과율을 합하여 소득세에 상당하는 액의 1원에 대해 14전의 범위에서 정하였던 것입니다. 또 잡종세조례를 개정한 이유는 이번 부의 세입 증가를 도모하는 의미에서 잡종세의 종목 중에 축견(畜犬)을 추가했던 것입니다. 또 특별소득세조례를 폐지하고자 하는 것은 본년 4월 1일부터 지방세로써 새로 특별소득세를 부과하기로 하였으므로 부에서는 이에 대해 특별소득세를 부과할 수 없기에 이르렀기 때문입니다. 또 상세한 것은 질문에 따라서 답변 드리겠습니다.

의장 : 별도로 질문 없습니까?

7번(臼井君) : 축견세(畜犬稅)의 수입은 어느 정도로 예상합니까?

번외(河野屬) : 수입 예산으로는 5백 원을 계상하였는데 확실한 수입액은 알 수 없습니다. 작년 광견병의 예방주사를 경찰에서 시행하였던 때에 조사하였던 것이 326두(頭)였으므로 이에 기초하여서 안전률로 예상하여 250두분을 수입 예산으로 계상했던 것입니다.

7번(臼井君) : 식용(食用), 엽견(獵犬), 번견(番犬) 등 기르는 목적에 의해서 세액을 구별할 필요는 없습니까?

번외(河野屬) : 구별할 필요는 없다고 생각합니다. 다른 부의 례를 조사해도 기르는 목적에 의해 구별하고 있지 않습니다. 또한 이를 구분해도 실제에 있어서 불가능한 것이라 생각합니다.

7번(臼井君) : 5백 원 정도의 수입을 얻기 위해서 신세를 일으켜도 부의 이익이 되지 않고 손실을 초래하는 것이 없지 않습니까? 이를 위해서는 감찰(鑑札)도 작제하지 않으면 안 됩니다. 취체 이원도 두지 않으면 안 됩니다. 저들 비용이 무거워서 이 비용을 공제하면 부의 실수익은 실로 근소한 것으로 오히려 신세를 일으키지 않는 쪽이 득책이 아닙니까?

부윤 : 사무의 취체 이원(吏員)은 두지 않고 현재의 직원으로써 이 사무를 처리시킬 예정으로 가능한 비용을 생략할 예정입니다. 또 본건은 광견의 취체도 되어서 다른 부의 상황을 보아도 모두 축견세는 부과하고 있으므로 우리 부에서도 적당하다고 생각합니다.

7번(臼井君) : 인구와의 비율은 어떻게 되어 있습니까?

번외(河野屬) : 인구와의 비율에 대해서는 조사한 것이 없습니다.

11번(橫江君) : 감찰을 부착하고 있지 않은 개는 박살(撲殺)합니까?

번외(河野屬) : 박살하는 것은 경찰의 소관에 속하여 있는데 감찰이 없는 것은 야견(野犬)이라 간주할 것이라 생각하므로 이 점에 대해서는 경찰과 협의하여 생각해두겠습니다.

9번(神保君) : 감찰의 유무는 누가 조사합니까?

번외(河野屬) : 부 현재의 직원으로서 조사할 예정입니다.

14번(李熙迪) : 잡종세의 종목 중 예기(藝妓)의 앞에 축견의 1항을 추가하는 것인데 인축이 차이가 있는 것이므로 사람의 다음에 추가하는 것은 어떻습니까?

번외(河野屬) : 종목의 순서는 사람인가 가축인가 하는 순서가 없고 연세(年稅), 월세(月稅), 일세(日稅)의 순서로 정했던 것으로 각 부의 례를 보아도 마찬가지로 되어 있는 것 같습니다.

의장 : 특별히 이의 없습니까?

(전원 '이의 없음')

의장 : 이의 없다고 인정되므로 자제6호, 동7호, 동8호의 3안은 원안의

대로 가결, 확정하겠습니다.

의장 : 1시간 휴식하겠습니다.

(시간 오후 0시 30분)

의장 : 휴식 전에 계속하여 지금부터 개회하겠습니다.

(시간 오후 1시 30분)

9번(神保君) : 심의의 관계도 있으므로 자제9호, 자제10호를 뒤로 돌리고, 자제11호 및 자제12호를 먼저 심의하고자 하는데 어떻습니까?

의장 : 9번으로부터 의견도 있었으므로 일단 자문하는 것이 어떻습니까?

(전원 '이의 없음')

의장 : 그럼 자제9호, 동10호를 뒤로 돌리는 것으로 하여 지금부터 제11호안을 자문하겠습니다.

(번외 부속 자제11호안 낭독)

번외(淸川屬) : 잠시 자문드리겠는데, 종래 금고사무취급 은행에 대한 운용금(運用金)의 이자는 연 8리(厘)로 되어 있었는데 은행에서 이를 하루 이자 6리(厘)로 인하하자는 신청이 있었으므로 부에서도 그 조사를 하여 보았으나 원산(遠山), 청진(淸津), 마산(馬山)이 하루 이자 6리, 평양(平壤), 진남포(鎭南浦)는 하루 이자 1전(錢), 기타는 하루 이자 8리로 되어 있어서 각지 모두 금리 인하의 경향이 있어 이의 없는 것 같으므로, 1929년도는 하루 이자 6리로 인하하고자 생각하고 있습니다.

11번(橫江君) : 저리 하루 이자 6리에 찬성하는데 도금고(道金庫)는 금리를 인하합니까?

번외(淸川屬) : 도금고는 종전부터 낮았던 것으로 듣고 있는데 또 인하하는 쪽을 은행에서 요망하였던 일이 있어 과연 어떻게 할 것인가는 불명입니다.

9번(神保君) : 하루 이자 6리로 한다면 은행은 양해합니까?

부윤 : 절대로 계약하지 않는다라 하는 것은 없을 것이라 생각합니다.

5번(中込君) : 일반 금리도 인하하지 않으면 안 되는 우리 부도 하루 이자 6리 정도로 인하하는 것이 당연하다고 생각하는데 일반 금리는 어떻습니까?

번외(淸川屬) : 민간은 하루 이자 5리로 되어 있는 것 같은데 은행 측에서 말하자면 관청이다라 하여 이자를 구별하는 것은 일반에 대해 민망하다라 하는 것으로 5리로 인하하는 쪽을 요망하고 있었지만 부로써는 6리 정도로 인하한다면 은행도 만족할 것이라 생각합니다.

14번(李熙迪) : 은행에서는 10만 원 이상도 하루 이자 6리로 한다라 하는 것입니까?

부윤 : 하루 이자 6리라 하는 것은 10만 원 이하만입니다.

14번(李熙迪) : 한 번에 하루 이자 2리를 인하한다라 하는 것은 무엇인가라 생각하는데 식은(殖銀)을 일단 조사하는 것은 어떻습니까?

부윤 : 식은은 금리가 다소 낮은 편입니다.

9번(神保君) : 운용금의 이자는 하루 이자 6리로 한다라 하는 것에 나는 찬성합니다.

11번(橫江君) : 계약서 제9조의 담보물(擔保物)은 제공되어 있습니까?

번외(淸川屬) : 공채를 제공하고 있습니다.

11번(橫江君) : 그 공채는 몇 개 소에서 보관하고 있습니까?

번외(淸川屬) : 상은(商銀)에서 제공한 것을 상은에 담보하는 것도 어떠한가라 하여 부의 금고에 보관하고 있습니다.

7번(臼井君) : 식은에 담보하는 것으로 하면 어떠합니까?

번외(淸川屬) : 의견의 대로 가능한 식은에 담보하는 것으로 하겠습니다.

의장 : 본안에 대해 별도로 이의 없습니까?

(전원 '이의 없음')

의장 : 이의 없다라 인정되므로 원안의 대로 가결, 확정 하겠습니다. 다음은 자제12호안을 자문드립니다.

(번외 부속 자제12호안 낭독)

9번(神保君) : 구 방수제(防水堤)의 폐지에 요하는 비용 및 그 폐지 방법 등은 결정하고 있습니까?

부윤 : 지금 바로 폐제(廢堤)를 처분하는 것은 아닙니다. 장래 적당한 기회에 처분할 예정으로 지금 구체적으로는 결정하고 있지 않습니다.

11번(橫江君) : 대체로 언제쯤 제거할 예정입니까? 새 제방은 물론 완전한 것일 것이나 완성 후 아직 압록강의 대증수(大增水)를 조우하지 않았으므로 구 방수제는 본년의 우기 후에 철폐하였으면 하는데 어떻습니까?

14번(李熙迪) : 11번의 의견은 심려의 결과이므로 일단 지당한 것이라 생각하나 새 방수제가 완전하다면 가능한 빨리 구제(舊堤)를 철폐하는 것이 좋다고 생각합니다. 또 부지는 어떻게 처분할 예정입니까?

부윤 : 폐제 부지는 국유지도 포함하고 있는데 부유지에 대해서는 적당한 기회에 매각할 예정입니다.

7번(臼井君) : 새 제방은 기술상 염려 없습니까? 또 구 제방에 비교하여 어떠합니까?

번외(下津技師) : 기술상 새 제방은 위험이 없다고 믿고 있습니다. 또 구 제방에 비해서도 훨씬 괜찮습니다.

11번(橫江君) : 나는 폐제 처분에는 이의가 없지만 그 시기에 대해서
　　는 충분 고려의 필요가 있다고 생각합니다.

7번(臼井君) : 폐제 부지 매수 희망자도 있어서 갑자기 서두르고 있는
　　것은 아닙니까?

부윤 : 지금 갑자기 서두르는 것은 아니나 매수 희망자는 있습니다.

7번(臼井君) : 기술상 새 제방이 괜찮다면 별도로 이의 없지만 갑자기
　　임박한 문제가 없다면 11번의 이야기는 가장 타당하다고 생각합니다.

번외(淸川屬) : 의주가도(義州街道) 통로의 위쪽을 30평 정도 매수하고
　　자 한다라는 희망자도 있었는데 현재 고려 중으로 아직 회답을 하
　　고 있지 않습니다.

14번(李熙迪) : 나는 조속히 구 제방을 철폐할 것을 희망합니다. 토지
　　의 이용은 시기가 가장 중요한 것으로 우기를 피해서 처분한다라
　　하는 것은 부가 채택하면 비상한 불이익이라 생각합니다. 구 제방
　　을 철폐하는 것이 위험하다라 하는 생각을 부민 기타에게 가지게
　　하면 부세의 발전상도 폐해가 있으므로 기술상 새 제방이 괜찮고
　　위험하지 않다라 하면 지금 철폐하였으면 합니다.

10번(岡本君) : 본년 4월 이후 갑자기 이용자가 있다면 여하간 그러하
　　다면 11번 이야기에 찬성하나 아울러 이용상 시기를 놓칠 우려가
　　있다면 이때 충분 고려하지 않으면 안 된다고 생각합니다.

부윤 : 폐제 부지 이용의 점에 대해서는 지금 전망하고 있지 않습니다.

9번(神保君) : 폐제 부지를 매입하려는 자가 없더라도 새 제방이 괜찮
　　다는 확신이 있다면 4월 이후 바로 철폐하는 것이 좋지 않습니까?

8번(高秉哲君) : 나도 철폐에 찬성합니다. 의주가도 통로의 구 제방을
　　일부 현재 철거하지 않으면 안되므로 다른 개소만을 존치해도 이의
　　가 없다라 생각합니다.

11번(橫江君) : 구 제방을 이미 철폐한 바입니까?

부윤 : 시가정리공사의 관계도 있어서 의주가도는 경사의 관계로 구 제방의 일부를 다소 인하하였던 것인데 아울러 이는 비상의 때에 대비하는 것의 준비로는 충분합니다.

11번(橫江君) : 새 제방은 어쨌든 견고한 것이나 아직 한 번도 수해를 조우하지 않았으므로 그 제방만으로 의지하는 것은 한계가 있다고 생각합니다. 새 제방은 기술상 완전한 것이라는 것이나 이는 또 이렇게 하지 않으면 안 된다고 생각하는데 구 제방의 철폐는 이론적으로는 좋지 않습니다. 이는 부민에게 있어서는 큰 문제이므로 충분 고려할 것을 희망합니다.

14번(李熙迪) : 본년의 우기 후까지 철폐를 늦춘다 하는 것은 특별히 큰 문제는 아니나 이 자리에서 우리가 폐제의 일에 대해 여러 논의를 한 것이 외부로 누설되면 부민의 사상상에 영향하는 것이 많을 것이라 생각합니다. 또 새 제방을 신뢰한다는 것은 사회정책상 유리한 것이므로 4월 이후 바로 철폐할 것을 희망합니다.

부윤 의장 : 철폐의 시기에 대해서는 11번의 의견도 있어 충분 고려하겠습니다. 또 희망의 점은 회의록에 기재하여 두겠지만 본안은 원안의 대로 결정하는데 이의 있습니까?

(전원 '이의 없음')

의장 : 자제12호안은 이의 없다라 인정되므로 원안의 대로 가결, 확정하겠습니다. 다음은 자제9호안을 자문하겠습니다.

(번외 부속 자제9호안 낭독)

11번(橫江君) : 본안의 과율을 감액하는 것이 가능합니까?

번외(河野屬) : 제한액 한도가 있으므로 줄이는 것은 가능하나 늘리는 것은 가능하지 않습니다. 아울러 줄이려면 세입예산에 영향이 있으므로 감액하는 것은 실제로는 곤란합니다.

14번(李熙迪) : 차륜세(車輪稅)는 50전 증액하고 있는데 이는 조금 무리 아닙니까?

번외(河野屬) : 우리 부의 실제를 보면 차륜의 거의 전부가 자본 계급의 것뿐이므로 담세력(擔稅力)에 영향은 없을 것이라 생각합니다.

11번(橫江君) : 제조업의 을(乙)을 감액하는 것은 가능하지 않습니까?

부윤 : 감액하는 것은 가능하지 않은 이유는 없지만 세입에 관계가 있으므로 과율만은 인정하기를 원합니다.

(전원 '이의 없음')

의장 : 이의 없다라 인정되므로 원안의 대로 가결, 확정합니다.

의장 : 다음은 자제10호 1929년도 부세입출예산안을 자문드리는데 종래 예산안에 대해서는 전원위원회(全員委員會)를 조직하여서 심의하였는데, 본년도 전례에 의하면 어떻습니까?

11번(橫江君) : 위원회 조직에 찬성합니다. 그리고 위원장은 연장자로 하였으면 하는 것으로 본일은 여기서 산회하고 위원회는 내일 개회하는 것으로 하고자 합니다.

의장 : 위원장을 선정하고자 하는데 11번의 의견도 있으므로 연장자인 우스이(臼井) 군에게 부탁하고자 생각하는데 어떻습니까?

5번(中込君) : 11번 이야기에 찬성합니다.

의장 : 그럼 우스이 군에게 위원장을 부탁합니다. 그리고 모두 희망하므로 본 회의는 이로써 휴회합니다.

시각 오후 2시 40분

9) 신의주부협의회 회의록(제2일)

항 목	내 용
문 서 제 목	新義州府協議會 會議錄(第2日)
회 의 일	19290323
의 장	伊藤正懿(신의주부윤)
출 석 의 원	崔昌朝(2번), 中込精一(5번), 臼井水城(7번), 高秉哲(8번), 神保信吉(9번), 岡本茂(10번), 横江重助(11번), 李熙迪(14번)
결 석 의 원	李泰永(3번), 白孝俊(6번), 多田榮吉(12번), 加藤鐵治郎(13번), 결원 2명
참 여 직 원	下津美行(토목기사), 河野英槌(부속), 清川泰司(부속), 金德鉉(부속), 渡部彌太郎(부서기), 富永敏郎(부서기), 影山喜代市(부서기)
회 의 서 기	
회 의 서 명 자 (검 수 자)	伊藤正懿(신의주부윤)
의 안	10호 1929년도 신의주부 세입출예산 건
문 서 번 호 (I D)	CJA0002742
철 명	신의주부관계서류
건 명	신의주부특별소득세조례폐지의건(신의주부부협의회회의록첨부)
면 수	5
회의록시작페이지	33
회의록끝페이지	37
설 명 문	국가기록원 소장 '신의주부관계서류'철의 '신의주부특별소득세조례폐지의건'에 포함된 1929년 3월 23일 신의주부협의회 회의록

해 제

본 회의록(5면)은 국가기록원 소장 '신의주부관계서류'철의 '신의주부특별소득세조례폐지의건'에 포함된 1929년 3월 23일 개최된 신의주부협의회의 회의록이다. 1928년 3월 22일에 이어 2일차 회의록이다. 3월 21일 협의회에서 1929년 세입출예산건을 결정하지 못하고 전원위원부탁을 하여 구성된 회의이다. 따라서 이 회의의 내용은 전원위원회의 조사 내용 보고이다.

당시 신문 자료의 내용을 보면, 오전 11시 40분부터 본 부협의회 개회 전까지 전원위원회를 개최하고 바로 이어서 부협의회를 개최한 것으로 보인다. 회의록은 협의회의 회의록만이 확인되는데, 신문 자료에 보면 세입출예산과 관련하여서는 세출 오물소제비에 대해 청부로 하면 비용을 줄일 수 있을 것이라는 의견이 있었고, 공회당 증측 주장 등이 있었으며, 전기부영론이 주장되었던 같다. 이에 따르면 전기부영론이 주장되자 찬성이 속출하고 부윤이 조사 의견을 밝힌 것으로 보인다.[67] 이 내용과 비교하여 실제 협의회 회의록 내용을 보면, 전기부영 주장이나 공회당 증축 부분은 내용이 같고, 세출의 오물소제비 부분은 회의록에서는 확인되지 않는다. 또 회의록에는 신문에 없는 배설물, 쓰레기 매각문제, 묘지 간수인 문제, 소방자동차 관리, 시가정리(市街整理) 조사비 등에 대한 내용이 확인된다. 이러한 점에서 양 자료를 비교하여 보아야 할 필요가 있다고 생각한다. 또한 신문 자료의 경우 '위원'이 된다라는 표현이 있기는 하지만 '신의주부협의회 제2일'이라고 명시함으로써 전원위원회가 아니라 부협의회 기사인 것처럼 보이는데, 실제는 전원위원회 관련 기사이고 전원위원회의 결과 보고가 진행되는 실제 협의회 기사는 아니기 때문에 자료 사용에 주의할 필요가 있다.

---

67) 「電氣府營 問題擡頭 新義州府議」, 『매일신보』 1929.3.25.

내 용

1929년 3월 23일 오후 3시 40분 신의주 공회당(公會堂)에서 개회

(중략-편자)

의사(議事)

의장 : 지금부터 본 회의를 열겠습니다. 어제 위원회에 부탁했던 자제 10호안에 대해 위원회의 경과 및 결과의 보고를 바랍니다.

7번(臼井君) : 나는 위원장으로서 지금부터 위원회의 경과 및 결과를 보고하겠습니다. 어제 위원에 부탁되었던 1929년도 우리 부 세입출 예산안은 오늘 오전 10시부터 오후 3시 30분에 이르는 사이에 우리 위원은 부당국과도 격의 없는 의견의 교환을 하고 신중 신의를 하였는데 이사자에 있어서도 조사연구의 결과 편성 제안하였던 것으로 적당하다라 인정하여서 원안으로 결정하였습니다. 그리고 위원 회에서 각 위원으로부터 여러 희망 의견이 제출되어서 우리 위원회 서 신중 심의하였던 결과 좌기 사항에 대해서는 특히 부 당국에 고려해주시기를 희망, 의견이 일치하였던 것입니다.

첫째, 14번 이희적(李熙迪) 군으로부터 전기사업 부영문제(府營問題) 조사위원회 설치의 건 아울러 이에 요하는 경비를 예산에 계상하고자 한다는 긴급동의가 제출되었으므로 이 동의의 채부를 위원회에 자문하였던 바, 본 문제에 관해서는 부당국에서도 아직 조사연구에 이르지 않은 것 같으므로 계상해도 과연 실익이 있을 것인가 자못 의문인 것이 대해 지금 잠시 이를 보류하자라 하는 의견이 다수로 본 동의는 부결되었던 것인데 위원회의 의견도 이사업은 상당 유리하고 특히 우리 부와 같이 재정이 곤란한 부에 있어서는 본사업을 부영으로 하여서 여기에서 발생하는 순익을 부의 재원으로

충당한다라 하는 것은 가장 시의에 적절한 사건이라 인정하였던 것
이므로 부당국에서도 이 전기사업 부영에 대해서는 속히 조사 연구
되기를 바란다라 하는 것으로 위원회에서 결정하였습니다.

다음은 경상부 세입예산에 속하는 제6관 잡수입 제1항 불용품비(不
用品費) 매각대 중의 배설물 및 쓰레기는 예산액 이상의 고가로 매
각할 수 있을 예정이므로 부에서는 한층 노력하여 적어도 고가로
매각하였으면 한다라는 것입니다.

다음은 경상부 세출 제11관 제1항 묘지비에 관한 문제인데 현재의
부의 공동묘지는 면적이 협소하고 또 토질(土質)이 불량하여 묘지
로써는 부적당하므로 무언가 고려해 둘 여지는 없는가, 특히 묘지
간수인이 충분히 그 직책을 다하지 않는다라 하는 것을 듣게 되었
으므로 엄중하게 감독하였으면 한다라는 것입니다.

다음은 공회당의 증축 문제인데 본건에 대해서는 종래 누차 논의하
였었지만 부재정의 관계도 있어서 아직 실현에 이르지 못한 것은
또한 어쩔 수 없는 것인데 만약 1929년도의 배설물, 쓰레기가 예산
이상으로 매각이 가능하다면 그 돈을 이 증축비에 충당하는 것으로
하여서 가능한 한 빨리 실현하도록 노력하여 주시길 바랍니다.

다음은 경비비(警備費)에 관한 사건인데 부의 소방자동차 즙통(喞
筒)의 격납고(格納庫)에 보온 설비가 없으므로 결빙 기간은 끊임없
이 '엔진'을 운전하지 않으면 안 된다라는 것인데 이는 심히 불경제
한 것이므로 충분 연구하여서 무엇인가 보온 설비를 하였으면 한다
는 것입니다.

다음은 임시부 세출 제1관 토목비(土木費) 제4항 시가정리(市街整
理) 조사비에 관한 문제인데 이는 철저하게 또 가능한 단기간에 조
사를 하고자 하였던 것입니다. 또 등외(等外) 예정도로 개수가공사

는 시행에 때하여서는 특히 유의하여 주셨으면 합니다.

완전한 자동차 즉통을 새로 구입하였으므로 종래의 오래된 즉통은 불용하게 되었으므로 가능한 속히 매각하도록 하여주시길 바랍니다.

이상은 위원회의 희망사항이므로 특히 회의록에 기재하여 두기를 원합니다. 이로써 위원회의 경과 및 결과의 보고입니다.

부윤 : 지금 위원장으로부터 부가되었던 희망 사항은 모두 좋은 의견이라 생각하므로 지도와 편달에 의해서 가능한 의사에 넣도록 힘쓰고자 합니다.

의장 : 자문 제10호 1929년도 부세입출예산은 위원장 보고의 대로 전원 일치로 통과되어졌는데 위원회에 대해 특별히 이의 있습니까?

(전원 '이의 없음')

의장 : 특별히 이의 없다라 인정되므로 원안의 대로 가결, 확정하겠습니다. 다음은 제(提)[68] 제1호안입니다.

부윤 : 본안은 1927년도 우리 부 세입출의 결산인데 부제시행규칙 제29조의 2에 의해서 제안하는 것입니다.

의장 : 의사는 여기서 마쳤으므로 폐회하겠습니다. 어제부터 다수의 안건을 자문하셨는데 각위의 질문에 대한 설명 등에 대해서 충분히 행해지지 않은 점도 있었던 것 같아서 부끄러워 견딜 수 없습니다. 장래에는 한층 노력하여서 모두의 기대에 부응할 예정입니다.

각위(各位)에 있어서 2일간에 걸쳐 지극 열심히 심의하여 주셔서 전안(全案) 통과할 수 있었던 것은 심히 감사드립니다.

7번(臼井君) : 지금 정중한 인사를 접하여 송구합니다. 다소의 의론은

---

[68] 제안(提案).

있었지만 전 안건 무사 통과한 것은 기뻐 견딜 수 없어 잠시 회원을 대표하여 인사드립니다.

의장 : 이로써 산회합니다.

시각 오후 4시 30분

1929년 3월 23일
의장 부윤
협의회원
동(同)

Ⅲ
면협의회 회의록

1) 제주면협의회 의사록(제1일)

항 목	내 용
문 서 제 목	濟州面協議會 議事錄(第1日)
회 의 일	19280322
의 장	洪鍾時(면장)
출 석 의 원	李允熙, 朴宗實, 衛藤伊三郎, 宋基休, 崔元淳, 金載善, 崔允淳, 申鉉五, 金根著, 村井彬, 文在奭
결 석 의 원	張容堅, 朴离爀, 李漢哲
참 여 직 원	
회 의 서 기	金正學, 玄景昊, 文在璿
회 의 서 명 자 (검 수 자)	
의 안	제1호안 1928년도 세입세출예산의 건, 제2호안 1928년도 부과금 호별할 등급 및 부과액 결정의 건, 제3호안 1928년도 부과금 호별할 不均一 賦課의 건, 제4호안 山地港 부근 매립공사를 면의 사무로 수리할 건, 제5호안 1928년도 산지항 부근 매립비로 금 10만 원 기채의 건, 제6호안 면직원 퇴직 또는 사망급여 적립금 설치 및 관리 규정 제정의 건, 제7호안 제증명 및 공부 각면 열람 수수료 규정 개정의 건
문서번호(ID)	CJA0002656
철 명	지정면예산서철
건 명	제주면협의회의사록
면 수	14
회의록시작페이지	629
회의록끝페이지	642
설 명 문	국가기록원 소장 '지정면 예산서철'에 포함된 1928년 3월 22일 제주면협의회 회의록

해 제

본 회의록(총 14면)은 국가기록원 소장 '지정면 예산서철'의 '제주면 협의회 의사록' 건에 포함된 1928년 3월 22일 개최된 제주면협의회의 회의록이다. 해당 협의회의 회기는 3일까지 2일간에 걸쳐 행해졌고, 본 회의록은 1일차 협의회의 회의록이다. 본 회의에서는 자문안 제2 호안 1928년도 부과금 호별 등급 및 부과액, 제3호안 1928년도 부과금 호별 불균일 부과, 제4호안 산지항 부근 매립공사를 면의 사무로 처리 (제5안 산지항 부근 매립비 10만 원 기채), 제6안 면직원 퇴직 또는 사 망급여 적립금 설치 및 관리규정 제정, 제7호안 제증명 및 공부 각 면 열람 수수료 규정 개정의 건에 대하여, 동(同) 23일 자문안 제1호안 1928년도 세입·세출예산의 건에 대하여 심의, 의결하였다.

이날 회의에서는 주로 호별 부과금에 대한 논의가 이루어졌다. 당 시 제주면에서는 세금 부과의 형평성에 대해 주안을 두고 논의를 하 였고, 자문안 제2호안, 제3호안 모두 이와 관련된 논의였다. 제2호안 부과금 호별 등급 및 부과액에 따르면 현행 부과는 전체 24등급에서 1~8, 9~14, 15~24를 단계로 세금이 부과되고 있었는데, 협의원 측에서 는 계단식 부과가 아니라 1등급마다 누진율을 적용 부과하는 것을 주 장하고 있다.

시내 특설비 부과에도 유사한 논의가 이루어졌다. 전등, 청결, 소방 등 신시설이 주로 도심에 있는데 시내가 아닌 시외 거주자에게도 동 일하게 부과하는 것에 대한 문제 제기를 하고 있고, 상황상 바로 시외 거주자에 대한 부과를 하지 않을 수 없으나 시내와는 차별을 두는 것 으로 결정하고 있다.

한편 제주의 현관에 해당하는 산지항 부근 매립사무에 대한 논의를 확인할 수 있는데, 개인이 하다 중지된 공사를 면에서 처리하는 것에 대한 것이었다. 세금 부과와 관련하여 형평성을 고려했던 것과 달리 매립 관련 사무를 면에서 처리하겠다고 제안하면서, 처리 직원을 따로 두지 않고 다른 업무를 하고 있는 기술원에게 겸직을 시켜서라도 처리하겠다는 다소 무리한 업무 추진이 이루어지고 있다. 또 위와 관련된 예산인 제5호안 매립비 10만 원 기채에 대한 논의는 확인되지 않는다.

그럼에도 불구하고 본 회의록에서는 앞서 언급한 호별 부과 등급 및 부과액 개정이나 제7호안 각종 수수료에 대한 실비 규정 등을 두려고 한 것 등의 논의를 통해 당시 지방면협의회가 점차적으로 실질적인 지방 행정을 추구하고자 하였음을 확인할 수 있다.

내 용

(상략-편자)

(1) 회의전말
(협의회원 일동 착석의 후 의장은 개회를 선언하고, 다음의 대로 의사 순서 및 진행 방법을 선언함. 의사에 들어가면 보통은 제1호안부터 제2호안이라는 순서로 의사 진행을 하는 것이나 이번의 의안은 그 안(案)의 성질상 제2호안 내지 제7호안을 결정하기 전에는 제1호안을 결정하는 것이 가능하지 않으므로 제2호부터 시작하는 것으로 함)
의장 : 자문안에 첨부한 호별할 부과 등급표대로 본년도는 불균일(不均一) 부과를 실시하고자 하므로 시내 및 시외에 따라서 부과액을 산정하고, 또 그 결과 개인별 부과액 청구는 시내, 시외의 부분, 각

별 제시하고 있으므로 심의해 주시길 바랍니다.

김근시(金根蓍) : 부과(賦課) 산정표 중 표준액을 보면 3천 원 이상에서 직상하여 5천 원 이상과 1등급의 차액이 2천 원이라는 것은 다소 다액의 차이로서 그 사이에 4천 원 이상으로 하는 1등급을 더하는 쪽이 좋을 것을 생각되는데, 그 차액을 많이 둔 것은 어떠한 이유에서 입니까?

의장 : 표의 순서로서는 5천 원 이상의 다음에 4천 원 이상의 란을 설치하는 것이 당연하다고 생각하는데 실지상 4천 원 이상에 해당자가 없으므로 편의상 생략한 것입니다.

에토 이사부로(衛藤伊三郎) : 부과 산정표 중 누진율은 절대적 관청의 지정에 의해야 하는 것입니까? 아니면 면에서 자유로 사정할 수 있는 것입니까?

의장 : 그것은 하급에서 상급에 견주어서 점차 율을 높여야 한다는 방침의 지시가 있었는데, 그 율이 절대적이지는 않습니다.

에토 이사부로(衛藤伊三郎) : 그렇다면 부과금 호별할(戶別割) 산정표 중 누진율을 24등부터 15등까지를 1,000분의 1로 하고, 14등부터 9등까지를 1,000분의 12로 하여 계단을 설치하여 그 계단마다 동률을 습용하고 있는데 저와 같은 다수의 등급에 대해 동일 과율을 사용함은 부과가 공평하지 않다라고 인정됨에 대해 1등급마다 누진율을 적용하는 것으로 개정하고자 합니다.

무라이 린(村井彬) : 저도 동감입니다.

의장 : 가장 정당하다고 생각되지만 이번 호별할 산정표에서 누진율은 종래 사용의 누진율을 습용하고 있습니다. 징수의 예산 관계가 다음으로 시일을 필요로 하기 때문에, 예산 토의 시기도 이미 늦어졌던 것도 있어서 누진율을 지금부터 대저 개정하는 것은 징수시기

를 놓치기에 이를 수 있으므로 이번은 등급수 24등을 25등으로 하여 1등의 차로 해당자가 있더라도 표준액 4천 원 이상란을 만들어서 그것을 2등으로 하여 표 중 2등을 3등, 2, 3등을 4등으로 차례로 연기하는 것으로 하여 누진율 개정의 건은 내년도부터 실행하는 것으로 해서 본안 찬성하는 것으로 하고자 합니다.

(김근시 군이 누진율을 지금부터 수정하면 실제 징수에 지장이 있으므로 지금 의장 설명을 조건으로 해서 본건 '찬성한다'는 동의에 최윤순(崔允淳) 군, 이윤희(李允熙) 군을 비롯하여 무라이 린(村井彬) 군, 박종보(朴宗寶) 군, 최원순(崔元淳) 군, 문재석(文在奭) 군, 과반수의 찬동이 있었으므로 의장은 가결을 선언함)

의장 : 지금부터 제3안 불균일 부과의 건으로 옮기겠는데 제반의 신시설이 도심에 모여 있는 것은 자연의 추세로 전등, 청결, 소방 등 시내 특설비가 3천 원 이상에 달하는 것인데 이를 시외에도 보편적으로 부담시키는 것은 불공평하다는 말이 있습니다. 그렇더라도 전년도까지도 균일 부과해왔던 것을 일시에 이 금액을 시내 거주자만 부담시키는 것도 불가능한 일이므로 본년도는 호당 50전 균일액만을 시외거주자에게 부담시키는 것으로 하여 불균일 부과 시행하고자 합니다.

(김근시가 정당한 것이라 생각되므로 본안에 '찬성한다'라고 동의를 하자, 만장일치 찬성하므로 의장으로부터 일치 가결의 뜻을 선언함)

의장 : 지금부터 제4호안으로 넘어가겠습니다. 산지항(山地港) 부근 매립사무를 면사무로써 처리하자고 합니다. 이것을 면(面)의 사무로 하여 처리하고자 하는 요점은 알고 계신대로 산지항 지선의 매립은 1926년 2월 개인 경영으로서 일단 공사에 착수하였으나, 공비 관계상 중지되었습니다. 또 이후에 있어서도 공사 계속의 예정이

없는 것인데, 그 공사 중지 후의 현장의 상황은 토석이 산란하여 불시 아직 그 상황을 영구히 방치하는 것은 가능하지 않은 것인데, 이때 그것을 면사무로서 추요부의 아주 작은 한도에서 시행할 때에는 방파제용 투석장의 불용토석 즉 아주 작은 별 쓰일 데 없는 것을 이용할 수 있는 편리가 있습니다. 또 기술원으로써 겸무시켜서 이번 어떻게 해서라도 면사무로서 처리하고자 합니다.

(김근시 군이 본안도 면(面)에서만의 조사가 아니라 이미 감독관청의 양해가 있어서 제안된 것이라 생각하고, 또 조속히 하지 않으면 안 되는 것이라 하므로 원안에 '찬성한다'라고 하는 동의에 만장일치 찬동하고, 의장은 원안에 일치 가결의 뜻을 선언함)

의장 : 지금부터 제5호안으로 넘어갑니다. 산지항 지선(地先) 매립에 공비(工費)로써 별지 요항에 의해 기채하고자 하는 것입니다.

(에토 이사부로(衛藤伊三郎) 군이 앞 제4호안에 관련한 것으로 어쩔 수 없는 것이라 생각되므로 원안 찬성의 동의에 만장일치 찬성함에 대해 의장은 일치 가결할 뜻을 선언함)

의장 : 지금부터 제6호안으로 넘어가겠는데, 종래 면직원의 퇴직 또는 사망급여 적립금이 없어서 해당 예산액이 극히 근소하기 때문에 일단 해당 사실 발생하면 바로 일반 경비에 영향을 미치는 것이 심해서 다음 해의 예산으로써 지출했던 것도 있습니다. 이러한 불편을 구제하기 위해 위 설치 및 관리규정을 설치할 필요의 일정액에 달하기까지 자금 적립을 하고자 합니다.

(김근시 군이 시세에 적응하여야 할 것으로 생각되므로 원안 '찬성'의 동의에 만장일치 찬성하였으므로 의장은 원안 가결을 선언함)

의장 : 지금부터 제7호로 넘어가겠습니다. 제증명 및 공부 각 면(面) 열람 수수료 규정 개정안인데 이와 같이 특수업 관계자가 취급하는

사무에 대한 수수료액은 그 실비액에 상당하고 일반경비 영향을 미치지 않음을 원칙으로 하고, 또 관청의 요구 및 전연 돈이 없는 자의 증명 및 열람은 종래에도 사실 무료취급을 해왔으나 그것을 조문 명시할 필요 있음에 의해 개정안대로 개정하려고 합니다.

(무라이 린(村井彬) 군이 시의적절한 처치라 인정되므로 원안 '찬성한다'라는 동의에 만장일치 찬성함에 따라 의장은 일치 가결을 선언함. 김근시 군으로부터 제1호안의 순서인데 총액 27만여 원의 대예산이므로 3시가 지난 지금부터 심의를 시작해도 오늘 중 안을 마치기 어려우므로 내일 계속 회의를 열어서 그것을 심의하자는 동의에 만장일치 찬동하여서 의장은 내일 23일 오전 10시부터 다시 계속 협의할 뜻을 선언함과 동시 폐회를 선언함. 시간 오후 3시 30분임)

2) 제주면협의회 의사록(제2일)

항 목	내 용
문 서 제 목	濟州面協議會 議事錄(第2日)
회 의 일	19280323
의 장	洪鍾時(면장)
출 석 의 원	李允熙, 朴宗實, 衛藤伊三郎, 宋基休, 崔元淳, 金載善, 崔允淳, 申鉉五, 金根蓍, 村井彬, 文在奭
결 석 의 원	張容堅, 朴离㷔, 李漢哲
참 여 직 원	
회 의 서 기	金正學, 玄景昊, 文在璿
회의서명자 (검 수 자)	洪鍾時(면장), 金根蓍, 衛藤伊三郎
의 안	제1호안 1928년도 세입세출예산의 건, 제8호안 1927년도 세입세출 추가예산의 건
문서번호(ID)	CJA0002656
철 명	지정면예산서철
건 명	제주면협의회의사록
면 수	8
회의록시작페이지	642
회의록끝페이지	649
설 명 문	국가기록원 소장 '지정면 예산서철'에 포함된 1928년 3월 23일 제주면협의회 회의록

해 제

　본 회의록(8면)은 국가기록원 소장 '지정면 예산서철'에 포함된 1928년 3월 23일 개최된 제주면 협의회 회의록이다. 22일에 이어 개최된 2일차 협의회의 회의록이다. 22일 자문안 제2호안에서~제7호안까지 처리 후 자문안 제1호안인 1928년 세입·세출예산을 처리하는 것이 좋겠다는 의장의 제안으로 제1호안은 23일 논의되었는데, 세출과 관련하여 면리원 급여, 퇴직 및 사망급여금, 접대비, 가로등 신설, 토목비 등에 대한 논의가 주로 이루어졌다.

위와 관련하여 제주면협의회의 특이점은 증액보다는 감액, 제주면에 대한 자부심으로 소액을 계상하는 것에 대한 문제제기를 하고 있는 것이며, 토목비 사용에 있어서도 앞서 시내특설비 문제와 마찬가지로 시내, 시외의 형평성을 고려한 논의가 이루어지고 있는 점 등은 주목할 만하다.

내 용

(3월 23일 오전 11시 전일 출석 협의회원 전월 출석함에 대해, 의장은 전일 참여원 3명을 참석시킨 후 전일에 이어 개의(開議)를 선언하고, 전일에 이어 제1호안 심의를 시작함)

의장 : 지금부터 제1호안인 1928년도 세입·세출예산으로 넘어가겠습니다. 예산의 성질상 세출예산의 쪽부터 시작하는 것으로 하겠습니다.

김근시(金根蓍) : 면리원 급여가 전년에 비해서 다액이 감소되어진 것은 어떠한 이유에서 입니까?

의장 : 면리원에게 지급되는 잡급 및 여비도 마찬가지로 전년에 비해서 크게 감소하였습니다. 그것은 설명서에 기재하고 있는 대로 산지항(山地港) 수축(修築) 관계 직원 및 고인(雇人)에 대한 예산의 제시는 전기 각원 경상의 부(部), 성질의 면리원, 고인의 부분과 아울러서 계상해왔던 바, 동 공사비 제안서의 제작에 이르러 그것을 구분, 설명상 심히 곤란하므로 본년도는 동(同) 공사비 중의 인건비도 제3관 제3항에 함께 계상하는 것으로 하여 사실상 감소한 것은

없습니다.

무라이 린(村井彬) : 생각건대 면리원도 관리에 준하여서 분담 사무의 분량이 있음은 야업(夜業)을 해도 그 직에 있는 이상 그 사무를 기피할 수 없는 것인데 감독에 있어서는 상시 부하의 집무 상황을 살펴서 그 노동과 책임에 대한 상응의 처치를 취하지 않아서 계속 불평불만을 품게 한다면 의외의 사건이 일어나기 쉬운 것이 아닌가 생각합니다. 축항의 쪽에는 임시 직원 우대의 의미도 있겠지만 기술원은 예외로 해도 서기의 급액도 높게 하고 다액의 시간외 근무 수당을 급여하고 있는데, 한 면(面)의 상무(常務) 이원(吏員)의 경우는 급여도 낮은데 왜 시간외 근무로써 수당도 지급하지 않습니까? 특수하게 회계의 쪽은 종래 2, 3만 원의 경비를 출납할 때에 비해서 지금은 27만 원, 약 10배의 출납액을 다루고 있는데 겨우 보조서기 1인의 증원만 있어서 어떠한 위로적 처치도 없음은 감독자가 크게 고려해야 할 것이 아닌가 생각합니다. 가능하다면 회계도 축항비 취급자의 1인에 다름없으므로 축항원 중의 시간외 수당의 예산액 중에서도 방법이 있는 것은 아닌가 생각하는데 그에 대한 이사자(理事者)의 의견을 듣고자 합니다.

(에토 이사부로(衛藤伊三郎) 동감)

의장 : 축항비 직원은 임시부입니다. 또 동 예산은 일정 불가변의 것이므로 그것을 일반 경비에 비교하여 균형을 맞출 수는 없지만, 일반 경비 소속의 부하(部下) 대우의 건에 대해서는 시종 고려하고 있는 바인데 또 감독관청에도 다시 양해를 구해서 예산 범위 내에서 시설할 것으로 고려하고 있습니다.

최원순(崔元淳) : 잡급의 내역에 퇴직 또는 사망급여금으로서 5원을 계상하고 있는데 8천 호를 갖는 큰 면(面)의 면장(面長) 이하 15인의 직원을 갖는 면의 예산에 이렇게 소액을 계상하고 있는 것은 면의 체면에 관계하는 것이라 생각하므로 그것을 상당액으로 증액하던지 그렇지 않다면 그것을 삭제하는 쪽이 온당한 것이 아닌가 생각합니다.

의장 : 재원의 여유가 있다면 상당액을 계상하였을 것이 마땅하지만 그것은 연도 중 필요의 사항이 발생하느냐 아니냐 미정의 것이므로 연도 중 사용할 사항이 발생하지 않는다면 겨우 5원이라도 전부 남을 수 있어서 만약 발생한다면 예비비에서도 지출하는 것이 충분하다고 예정하고 있습니다.

이윤희(李允熙) : 우리 면(面)도 날로 번영하고 있어서 1년 중의 접대비 200원은 다소 적은 것이 아닌가 생각됩니다. 그 항 중 구장에 배부 신문대 386원을 계상하고 있는데 종래의 상황을 보면 구장 중에는 배부 신문을 마땅히 읽는 사람도 없지 않지만 대다수는 구 신문 마찬가지 취급을 하고 있으므로 그것을 철폐해서 그 반액을 접대비를 증액하고 다른 반액을 연말 위로의 의미로 각 구장에게 현금 급여하는 쪽이 구장도 감사하게 생각할 것이라고 생각합니다.

에토 이사부로 : 지정면이 된 금일은 구장들도 전과는 그 생각이 차이가 있으므로 구장 자신이 구독할 것인지 아닌지를 결정하는 것이 어떨까 생각합니다.

의장 : 구장 중에는 마땅히 신문을 읽는 사람도 있고 그렇지 않은 경우도 있으나 그것은 총독부의 기관신문을 시정방침 알리는 데에는 가장 필요하다고 인정하고 있어서 감독 쪽에서도 가능한 다수 구독시키려고 하는 방침도 있습니다. 우리 면은 지정면이 되었으므로, 면은 지정면장으로써 구장의 지식이 바로 진척되지 않으면 안 되므로 지금 바로 철폐하기에는 어려움이 있습니다.

최원순 : 가등(街燈)은 예산 범위 내에서 시내 어디라도 어두운 것이 없도록 시설하기 바랍니다.

의장 : 서문(西門) 외 음료수 통로에 가설해야 할 비용 및 등표를 제외하고 겨우 등을 증설하고 있으므로 그 것으로써 시내 각 곳을 충분하게 할 수 없어서 아주 어두워서 불편한 곳이 아니면 가설할 수 없을 것 같습니다.

송기휴(宋基休) : 올해도 1,150원의 토목비를 계상하고 있는데, 변함없이 시내 도로 정리비만 있습니다. 이외 시외를 무시하는 것 같다고 생각하는데 이후 고려하여 주시길 바랍니다.

의장 : 말씀하신 것이 마땅하다고 생각하는데, 그러나 시골 부락의 쪽은 시내와 같이 인가(人家)가 조밀하지 않은 관계상 그 필요가 적은 것 같습니다.

에토 이사부로 : 영업세할의 본세(本稅) 100분의 100이라 하면 너무 고율(高率)이지 않은가 생각됩니다.

의장 : 올해는 전년도와 동률(同率)으로 하고, 또 호별할도 대부분 고율로 하고 있으므로 본세의 백분의 백이라 하면 정당하다고 생각합니다.

(김근시 군이 세입, 세출 그 원안의 '동의'에 만장일치 찬성함에 대해 의장은 원안, 가결을 선언함)

의장 : 지금부터 제8호안으로 넘어갑니다.

(무라이 린 군이 이는 등외도로 복구공사비로써 세입 지방도 보조금을 재원으로 하고 있으므로 어쩔 수 없는 것이라 생각하여 원안 '찬성'하고, 계속해서 만장일치 찬성함에 따라 의장은 원안 가결을 선언함)

의장 : 어제 이래 2일간 각 안(案)에 대해 열심히 심의하여 주셔서 진실로 감사드립니다. 협의회록의 서명은 김근시(金根著) 군, 에토 이

사부로(衛藤伊三郎)에게 부탁합니다.

오후 3시 30분 폐회함.

1928년 2월 23일
제주면협의회장 홍종시(洪鍾時)
제주면협의회원 김근시
동 에토 이사부로

3) 제주면협의회 회의록

항 목	내 용
문 서 제 목	濟州面協議會 會議錄
회 의 일	19290118
의 장	洪鍾時(면장)
출 석 의 원	李允熙, 朴宗實, 衛藤伊三郎, 崔元淳, 金載善, 崔允淳, 申鉉五, 金根著, 村井彬, 文在㮸
결 석 의 원	宋基休, 朴离爀, 李漢哲
참 여 직 원	
회 의 서 기	金正學, 玄景昊, 文在璠
회 의 서 명 자 (검 수 자)	洪鍾時(면장), 村井彬, 崔允淳
의 안	소화3년도 면세입세출예산 추가경정의 건
문서번호(ID)	CJA0002656
철 명	지정면예산서철
건 명	제주면협의회회의록
면 수	8
회의록시작페이지	675
회의록끝페이지	682
설 명 문	국가기록원 소장 '지정면 예산서철'에 포함된 1929년 1월 18일 제주면협의회 회의록

해 제

본 회의록(총 8면)은 국가기록원 소장 '지정면 예산서철'의 '제주면 협의회 회의록'건에 포함된 1929년 1월 18일 제주면 협의회 회의록이 다. 자문 의안 제1호안 1928년도 면세입·세출 추가경정의 건과 제2호 안 특별부과금, 부과징수규정 제정의 건에 대해 심의 의결했다. 본 회 의에서는 자문안 제1안과 관련하여 산지항 축항 제1기 공정이 확인되며, 이후 공사 등에 대한 논의가 확인되며, 제2안과 관련하여서는 부과금을 업종별로 증설 부과하는 것에 대한 문제제기 및 지방발전을 위한 세금 증액의 필요성 등이 확인된다.

제1호안 면세입·세출 추가경정은 산지항 축항공사 제1기 공사비 잔여금 3만 6천 원의 국비, 지방비 반환, 산지항 부근 매립 공사비 중 1929년도 집행 공사비 1만 5천 원의 집행 등을 위한 것이었다. 산지항은 제주도의 현관이라고 이야기 되어졌지만, 항(港)이라고는 하나 방파의 문제 등으로 인해 이용이 가능하지 않은 곳이었다. 면당국과 제주도민들은 양항(良港) 건설을 기도, 기획하였고, 서귀포에 방파제를 건설하여 동항(同港)을 어업 근거지로, 산지항을 축항하여 교통·무역의 중앙항으로 만들고자 하였다. 산지항은 북서의 강풍으로 인해 공사를 낙관할 수 없었던 곳이었는데, 1928년 산지항 서방부(西方部)의 대방파제 공사를 준공하여 양항화(良港化) 하기는 하였다. 그러나 여전히 거선(巨船)이 출입하기에는 방파의 문제가 여전히 남아 있었고, 1929년 5월에 이르면 산지항 동방부(東方部)에 추가 방파제를 설비를 통해 산지항 축항 완성 촉진을 목적으로 한 도민대회가 열린다.[69] 본 회의에서는 실제 1928년 5월 산지항 축항 제2기 공사 논의가 여론화되기에 앞서, 산지항 축항 제2기 공사의 필요성에 대한 문제제기가 된 것을 확인할 수 있다. 산지항 축항 제2공사에 반대하여 도민의 생활과 관련된 수도(水道) 공사를 우선시해야 한다는 의견도 확인되어, 제주면의 주요 중점 사업으로써 양자가 대립하였으나 결국 산지항 축항 제2기 공사쪽으로 먼저 가닥이 잡혔음을 알 수 있다.

---

[69] 「濟州道の玄關口 山地港の築港 第二期工事の計劃 ; 時の力と濟州道(四)」, 『木浦新報』 1929.5.26.

한편 영업별 특별부과금과 관련하여서는 면(面)의 특수사업비인 축항비 때문에 면민의 부담 증가에도 불구하고 증액할 수밖에 없는 상황이라는 제주도의 특수성이 확인된다. 이와 관련하여 면민 부담을 줄이는 차원에서 특별부과금 증설을 반대하는 것으로도 보이나, 특별한 논의 없이 부동산대부업과 같은 경우는 과중하다는 사유만으로 부과율을 줄이고 있는 것으로 볼 때 당시 각 업종별 이해관계도 부과금 관계에 크게 작용하고 있었던 것으로 보인다.[70]

내 용

一. 의안(議案)
제1호안 1928년도 면세입·세출 추가경정의 건
제2호안 특별부과금, 부과징수규정 제정의 건

一. 회의전말(會議顛末) (중략-편자)

의장 : 본일의 의안은 제1호안부터 제2호안까지 2안인데, 제1호안부터 심의하도록 하겠습니다.
의장 : 제1호안의 본년도 예산 추가경정의 요령으로서는 대체 아시는 바와 같이, 산지항(山地港) 방파제 공사의 공정은 예정에 비해 현저하게 진행한 결과, 그 공비로 3만 6천 원의 잔여를 발생하게 되었기

---

[70] 『매일신보』 1929년 1월 25일자는 이날 회의에 대해서, "면장 홍종시(洪鍾時)가 주재하고, 면 발전과 관련하여 특별부과세를 징수할 필요가 있다고 하여 영업세, 자동차 및 금고 등에 관해 협의를 하고 폐회하였다"고 보도하였다.
「제주면협의회 특별세를 협의」, 『매일신보』 1929.1.25.

때문에 국비 그 5할 즉 1만 8천 원을 지방비로, 그 2할 즉 7천 2백 원을 반환하지 않으면 되지 않게 되었고, 또 기정 예산에서는 축항 비 재원의 하나로서 축항비 지정기부금 4만 5천 원을 계상하고 있어서 그것은 산지항 부근 매립자로부터 기부를 받을 예정이었는데, 위 매립자는 이 공사를 중지함과 동시에 전에 신청, 기부의 대신에 매립동 및 기성 매립지 전부를 무상으로 면에 양도하였기 때문에 큰 세입의 결핍이 발생하여 그 보충할 재원을 차입금으로써 축항비 차입금 3만 4,200원을 차입하였던 것입니다. 또 산지항 부근 매립은 최초 계획 공비 10만 원 중 완성되지 않은 부분을 차입금 5만 5천 원으로써 완성할 예정에 기초하여서 그중 본년도 중에 공비 1만 5천 원에 상당하는 공사로서 시행할 계획 등에 기초해서 이들을 정리하기 위해 제1호안의 추가경정예산이 편성되어진 것인데, 이에 의문이 있다면 질문하여 주시길 바랍니다.

이윤희(李允熙) : 예산의 세입 제9관 제2항 물품매각 대신에 고목재 대금 199원을 계상하고 있는데, 현재 그럴만한 목재가 남아 있습니까?

의장 : 현재 목재의 대금은 199원에서 내려갈 것이라 생각합니다.

이윤희 : 면목재를 처분할 때는 반드시 공매방법에 의해야 할 것이라 생각합니다.

의장 : 공사의 사정에 따라서는 혹은 매립 공사 쪽에 다소 인수하여 사용할 것이나, 알 수 없지만 그것을 매각하게 된다면 물론 공매할 예정입니다.

이윤희 : 축항의 제1기 공사는 대부분 완성하였고, 매립도 대부분 진행하고 있는데, 지금의 파지장(波止場)은 동북풍의 거센 파도에 대한 방파 설비가 없어 매립공사 시행 전의 파지장보다도 오히려 위험한 상태로서 최근에도 파지장에서 거센 파도 때문에 부선(艀船)

1척을 망가뜨린 사실도 있었습니다. 이러한 일이 있었는데 파지장을 현상의 대로 둔다면 축항의 제2기 공사를 시행하기 까지는 여러 차례 이러한 위험에 빠질 것이라 예상되며, 축항의 제2기 공사는 아직 언제인지 알 수 없는 상태에 있으므로 매립의 계획을 다소 변경하여 동북풍 거센 파도가 직접 파지장을 습격해오지 못하도록 하여 여객(旅客) 및 부선(艀船)의 안정을 계획하였으면 합니다.

무라이 린(村井彬) : 이곳 지방 현재의 요구로써는 축항의 제2기 공사보다도 수도(水道)를 우선으로 할 필요도 생각되어지고 있어서 제2기 공사는 지금부터 1, 2년 안에 바로 실현할 희망도 없는 것인데 매립의 공사 설계로써 파지장에 위험이 없는 정도의 설비를 하는 것은 본원(本員)도 동감하고 있습니다.

의장 : 파지장에 위험의 사실이 있는 것은 축항 또 매립의 효과가 없는 것으로 저도 동감하고 있는데 설계 변경과 같은 것은 기술상의 일로써 또 경비도 관계가 있으므로 기술자에게도 상담을 하고 또 감독 관청에도 협의하여 가능하게 되면 계획을 변경하는 것으로 처리하고자 합니다.

김근시 : 이번 추가경정 예산의 기초는 전에 우리가 협의한 것으로 또 지금 의장의 설명에 종종의 내용은 단순히 이사자의 조사에 의해서 만들어진 것입니까? 또는 어떻게 준비해서 초안되어진 것입니까?

의장 : 그것은 도(道) 통첩(通牒)으로 제시한 준칙 및 현재 광주면(光州面)의 시행 중의 규정을 참고로 하여 이 지방의 서정에 비추어 취사를 한 것입니다.

이윤희 : 규정 제2안에는 음식점업도 들어갈 수 있다고 생각하는데 어떻습니까?

의장 : 요리점업의 중 음식점도 포함하고 있다고 알 수 있습니다.

최윤순(崔允淳) : 인민의 부담은 5, 6년 전에 비해서 수배로 올라가고 있는데, 지방의 상업은 반대로 쇠퇴하여 핍박의 상태이므로 인민은 가장 곤란합니다. 면에서도 부과금의 증설은 당분간은 그만두고 인민에게 산업 장려를 하고 금전을 쌓을 수 있는 방책을 강구하기를 바랍니다.

의장 : 부담의 점차 증가함은 시세의 진전에 수반하여 필연의 일인데, 5, 6년 전에 비해서 수배가 올랐다는 것은 상등급자의 일부의 일로서 일반적으로는 약 2배 정도에 이르는 것 같은데, 그것은 특수 사업비인 축항비가 연액 6천 원을 필요로 하기 때문입니다. 산업에서 볼 수 있는 성과가 없는 것은 면의 지도 불충분의 책임도 있지만 지도 지도라 해도 지도 만으로 그 효과를 거둘 수는 없다. 먼저 자본을 필요로 하고 있는 귀하와 같은 유력자의 힘을 빌려서 서로 강구해야 할 것입니다.

에토 이사부로(衛藤伊三郎) : 본 규정의 취지에는 찬성하지만, 규정 제7조에 의한 잡종할(雜種割)을 취하는 것은 지방 발전을 저해할 우려가 있습니다. 먼저 1년이나 2년 후 지방 발전의 상황에 비추어서 시행하는 쪽이 좋지 않을까 생각합니다.

무라이 린 : 취지에는 찬성하는데, 이러한 것은 지방 발전책으로써 오히려 장려해야 할 시기로써는 빠르다고 생각합니다. 당분 보류하여 1, 2년간 유예하였으면 합니다.

의장 : 제군의 의견은 마땅히 알고 있는데 제2조에 의한 영업할(營業割)의 경우는 음식점업을 추가해서 다시 이의 없습니까?

박종실(朴宗實) : 부동산대부업의 10,000분의 40은 과중이라 생각합니다. 그것을 10,000분의 20으로 내렸으면 합니다.

(최윤순, 에토 이사부로를 시작으로 일동은 박종실의 동의에 찬성함)

의장 : 이외에는 이의 없습니까?

무라이 린 : 제2조 중 부동산대부업의 과율을 10,000분의 20으로 수정하고 제7조를 당분 보류의 의미로 삭제하고, 또 동(同) 7조에 관련한 조항을 상당 수정할 것을 조건으로 하여 본원은 본안에 찬성합니다.

(일동 무라이 린의 동의에 찬성함)(중략-편자)

오후 4시 폐회

4) 전주면협의회 의사록

항 목	내 용
문 서 제 목	全州面協議會 議事錄
회 의 일	19280331
의 장	守山五百足(면장)
출 석 의 원	松本福市(1), 大島德三郎(2), 吉谷源吉(4), 笠井治平(5), 鄭順謨(7), 加瀨雄三(10), 武內勝次(11), 大坪三津男(12)
결 석 의 원	鄭玹謨(3), 李錫漢(6), 金駿熙(8) 柳翼煥(9), 姜完善(13), 張炳善(14)
참 여 직 원	朴定根(부장) 古賀正俊, 鈴木眞吉, 平野亮(면서기)
회 의 서 기	
회 의 서 명 자 (검 수 자)	守山五百足(면장), 武內勝次(11), 笠井治平(5)
의 안	1928년도 전주면 세입세출예산의 건, 묘지사용료 징수규정 설치의 건, 비소금(費消金) 및 변상금(辨償金) 결손 처분의 건
문 서 번 호 (I D)	CJA0002656
철 명	지정면예산서철
건 명	전주면협의회회의록
면 수	14
회의록시작페이지	36
회의록끝페이지	49
설 명 문	국가기록원 소장 '지정면 예산서철'에 포함된 1928년 3월 31일 전주면협의회 회의록

해 제

본 회의록(총 14면)은 국가기록원 소장 '지정면 예산서철'의 '전주면협의회 회의록' 건에 포함된 1928년 3월 31일 개최된 전주면협의회의 회의록이다. 이날의 자문안은 1928년도 세입출예산, 묘지사용료 징수

규정, 비소금 및 변상금 결손 처분 등이었는데, 주로 논의된 것은 세입출예산이었다. 본 회의록은 특히 예산 각 항목에 대해 상세하게 논의하고 있어 전주면의 사업을 확인할 수 있는 좋은 자료이다.

본 회의록의 회의 분위기를 보면 초반부터 협의원들이 면직원들의 급료를 줄여야 할 것을 주장하고 특히나 부장(副長)의 급여가 너무 많고, 격리병사의 전화를 부장 집으로 옮기는 것 등의 문제점 등 면정(面政)에 대해 문제제기를 강력하게 하고 있다. 일본인 의원들이 조선인 부장의 대우에 대해서 공격적으로 문제를 제기하고 있어서 이 회의록만 놓고 보면 조선인에 대한 차별 문제로만 생각하기 쉽다. 그러나 이 회의록을 자세히 놓고 보면, 조선인 의원들 중 정순모(鄭順謨) 의원을 빼고는 모두 불참하고 있는 사실을 확인할 수 있는데, 아마도 이러한 분위기는 다음 사건과 연관하여 생각해야 할 것으로 보인다.

즉 이 회의가 있기 바로 전 전주면협의회는 조선인 의원 총사직이라는 문제에 놓여 있었다. 1927년 12월 전주면 조선인협의원 일동은 동면 부장(副長) 후보로 제1후보 정순보, 제2후보 임창섭을 추거하였는데, 군당국에서는 본 회의에서 확인되는 박정근(朴定根)을 임명하였다. 이에 조선인협의원들은 이는 조선인 의원을 무시하고, 면민을 무시한 처사라 하여 총사퇴를 결의했던 것이었다. 관민 유지들이 조선인협의원들과 당국 간의 중재에 노력하였으나 의견이 좁혀지지 않아 보궐 선거이야기까지 나왔다가 1928년 2월 20일 돌연 사표를 철회하였다.[71] 당시 신문에서는 조선인 의원들이 무조건적으로 사표를 철회하고 쌍방이 원만한 해결을 보았다고 했지만, 본 회의에 조선인협의원들의 출석율을 보면 실상은 그렇지 못했다는 것을 알 수 있다.

---

[71] 「全州面議員 問題解決 龍頭蛇尾로 無條件撤回」, 『매일신보』 1928.2.28.

내 용

1928년 3월 31일 오후 1시부터 전주면협의회를 면사무소에서 개최함(중략-편자)

자문안(諮問案)

1. 1928년도 전주면 세입·세출예산의 건
2. 묘지사용료 징수규정 설치의 건
3. 비소금(費消金) 및 변상금(辨償金) 결손 처분의 건

면장 개회를 고한 시간 오후 2시 20분

의장(면장) : 1928년도 면세입출예산 편성에 대해 특히 간담회를 열어 충분 질문에 답하고 의견도 들었는데 오늘은 정식으로 심의를 바랍니다. 먼저 본 예산편성의 방침에 대해 조금 요령을 말씀드리겠습니다.

(등사된 인쇄물을 각 의원에게 배부하였으므로 생략함)

이러한 것입니다. 본 예산안의 설명은 제외하고 바로 질문을 받고자 합니다.

(의원 '이의 없다'라 함)

그럼 설명을 제외하고 질문을 부탁드립니다.

12번(大坪) : 의사 진행상에 대해 희망을 서술합니다. 자못 면은 시일이 절박하여 급진의 경향이 있습니다. 이 예산을 보면 정연을 결여하고 있는 듯하여 불용(不用)의 경비가 많은 것 같습니다. 이에 위원부탁으로 하여 충분 조사를 할 필요가 있다고 생각하지만 특히

시간이 없으므로 어쩔 수 없이 의문이 있는 바를 납득이 가게 답변하여 주셔서 불용의 경비는 삭제하고자 생각하므로 시간의 유예를 충분히 부여하여 주시길 바라며 미리 부탁드려 둡니다.

의장(면장) : 불비 불용의 점은 심금 없이 지적하여 주시면 충분 고려하겠습니다.

7번(鄭) : 세출부터 질문하고자 합니다. 전주면 서기의 정원은 몇 명입니까?

번외(부장) : 정원은 17명입니다.

12번(大坪) : 면이원(面吏員)의 현원(現員) 현급조(現給調)와 승급 예정 조사표를 보여 주셨으면 합니다.

번외(부장) : 이 조사를 열람하여 주십시오.

12번(大坪) : 잡급(雜給)의 임시고원급(臨時雇員給)은 일액(日額) 1원 50전인 것을 1원 정도로 줄이는 것이 적당하다라 생각합니다. 또 연말 위로금은 정원에 대한 평균액 개월분 급료에 대해 12할을 짜두는 것은 잘못된 것이 아닌가라 생각합니다.

의장(면장) : 면직원은 현업원으로 도군(道郡)의 역인(役人)처럼 시간제로 일하지 않습니다. 아침 일찍부터 시간 외까지 노력하고 있습니다. 감독관청은 가봉(加俸)도 있고, 숙사료(宿舍料)도 있고, 여비도 있는데 면은 아직 박봉입니다. 또 다른 어떠한 수입도 없습니다. 다른 관청에서는 작년 연말 위로금은 16할, 18할이었는데 면은 그렇게 하지 않았습니다. 이후 가능한 한 크게 대우하지 않으면 면행정의 진흥, 진전에 지장을 초래할 것이라 생각합니다.

7번(鄭) : 질문과 의견은 별도로 하고자 합니다. 진행에 지장이 있으므로 먼저 질문만 하고자 생각합니다.

5번(笠井) : 기수 급여가 1인 150원인데 사람이 있습니까?

의장(면장) : 현재 수도의 기수(技手)가 병중으로 최근 이러한 상황으로는 견딜 수 없을 것이라 생각합니다. 그러므로 도시계획 겸무(兼務)의 기수를 채용하지 않으면 안 되는 것입니다.

5번(笠井) : 부장(副長) 급여가 증가하고 있는데 이전 부장은 승급하여 120원이었는데 신임 부장은 취임 당시부터 증급액을 급여하고 있는데 어디에도 퇴직할 때의 증급액을 후임자에게 그 액수를 채용하는 것이 없다고 생각하는데 어떠한 이유입니까?

11번(武內) : 카사이(笠井) 의원의 설에 찬성합니다. 어떠한 사람이라도 상당의 경험을 필요로 하는 것이라 생각합니다.

의장(면장) : 우수한 인물을 얻으려면 상당한 대우를 하지 않으면 안 됩니다. 또 이전 부장은 퇴직의 때에 승급하였던 것이 아니라 그 전에 승급하고 있었던 것입니다.

11번(武內) : 그럼 이전 부장 최씨는 현 부장보다 수준이 떨어졌다는 것입니까?

의장(면장) : 이를 이전 부장과 현 부장의 인물의 우열이나 활동 여하라 하는 운운하는 것은 다시 생각해주시기를 부탁드립니다. 면사무는 해마다 시시각각으로 다사다난하고 수도 급수 증설, 시장(市場)의 정리 개선, 시구개정(市區改正), 도로의 수리 개선, 역전 도로의 신설, 도시계획(都市計劃) 등이 계획되어져 있으므로 대우도 자연 이에 수반하는 것이 당연하다고 생각합니다.

1번(松本) : 면장이라든가 부장이라든가의 직책에 있는 사람은 다른 월급쟁이와는 크게 다른 것이 있다고 생각합니다.

11번(武內) : 면의 수뇌부인 사람에 대해서는 아무래도 말할 수 없지만 기타는 도군의 판임관의 시험을 치른 자에 비해 높아서는 안 된다고 생각합니다.

의장(면장) : 도군에는 승진의 길이 있고 그 뒤 큰 비율의 가봉이 있으며, 숙사료가 있고 여비가 있는데 면이원에게는 승진의 길이 없고 근소한 급료 이외에는 어떠한 수입도 없으므로 현재 장년을 채용하는 여유도 없고 현재 본 면에서는 각 주임을 제외하고서는 최고 급여자가 60원 정도인데 면서기의 60원은 판임관 최하급 11급봉 40원에도 이르지 않고 숙사료 등을 계산하면 17원 적지 않은가라 하는 것으로 결코 면이원의 대우가 좋다고는 말할 수 없습니다.

12번(大坪) : 수용비에서 전화료가 증가한 것 같은데 전화의 일에 대해 불평을 해왔던 사람이 있습니다. 격리병사의 전화를 가져와서 부장의 사택으로 이전한다라 하는 것인데 병사에 일이 있는 경우에 문제될 것은 없습니까?

의장(면장) : 전화의 수는 6개소입니다. 겨울은 전염병이 없으므로 격리병사의 전화는 거의 불용인데 부장의 처소에 전화가 없다라고 조선인 측에서 누차 교섭이 많아 불편이 적지 않으므로 응급 처치를 했던 것입니다. 격리병사에는 공설시장에 있는 전화가 조만간 불용이 되므로 이를 이전할 예정입니다.

12번(大坪) : 건물비(建物費) 500원은 어디에 사용합니까?

부장(면장) : 사무실이 어둡고 협소하므로 밝게 바꾸고 복도를 이용하도록 모양을 바꾸려고 생각합니다.

7번(鄭) : 이 면사무소를 수선하지 않고 신축의 계획을 하는 것이 어떻습니까?

의장(면장) : 면사무소의 신축은 필요하지만 면 재정상 여러 가지로 어렵다고 생각하므로 부디 적당히 각 의원에게 부탁드려 둡니다.

7번(鄭) : 광고료는 어떠한 일에 사용합니까?

번외(부장) : 광고료는 전북일보사와 1개년의 체약을 하여 면사무에 관계된 일의 광고를 필요로 하는 경우에 광고를 하고 있습니다.

5번(笠井) : 토목비의 설명에 도로품평회(道路品評會)라 하는 것이 있습니까? 도로품평회는 지방의 도로의 일이라 생각합니까? 시가지에 도로를 내었다면 적어도 수선하지 않아도 1등에 당선되는 것 아닙니까? 여기에 약 6천 원이나 투자하여 수리할 필요가 있습니까?

12번(大坪) : 하수공사에서 바로 파내는 것은 없습니까?

번외(부장) : 도로품평회에 출품하는 장소만이 아니라 시가의 전체에 자갈을 깔려고 생각하고 있습니다. 자갈을 깔지 않으면 안 됩니다. 노면에 약 5천 미터입니다. 하수공사로 파내야 하는 곳은 연도 할당으로 정하고 있으므로 하수공사가 끝날 때까지 수리를 하지 않고 두는 것이 아닙니다.

의장(면장) : 계속 수리하지 않고 있으므로 골짜기처럼 고저(高低)가 많아 이때 일단 분발하여 작은 자갈을 까는 것입니다.

10번(加瀨) : 도로에 자갈을 까는 것은 직영보다도 청부로 하는 방법이 편리하지 않은가라 생각합니다.

7번(鄭) : 전주의 하수 정도로 불량한 곳은 없습니다. 하수구비를 5백 원으로 감하였는데 이것으로 가능합니까?

1번(松本) : '밸러스트[72]'는 도로의 실황을 보아 대소 가감을 하여 깔지 않으면 안 된다고 생각합니다.

번외(부장) : 자갈은 한치 이하의 것을 깔고 있습니다. 남문(南門) 외의 곳은 까는 것이 조금 크다라 하는 것으로 그 당국에서 불평하는 것이 많아 가능한 적은 것을 깔려고 하고 있습니다.

5번(笠井) : 해작(害雀) 구제는 농촌의 일로 전주면에서도 그 필요가

[72] ballast. 철길이나 도로에 까는 자갈.

있습니까?

번외(부장) : 전주면에서는 구제하지 않고 있으나 인접면(隣接面)의 농작물을 해친다 하므로 역시 구제할 필요가 있다고 생각합니다.

7번(鄭) : 위생비의 중에 파리의 구제비가 있습니까? 작년은 구제를 하였는데 파리의 구제를 하려면 빨리하지 않으면 안 될 것입니다.

12번(大坪) : 청부로 하려고 해도 다소 저렴하게 청부자에게 이익이 없게 한다면 누구도 청부하는 것이 없을 것이라 생각합니다.

1번(松本) : 위생소독비에서 3,396원을 줄였는데 위생이나 경비라 하는 것은 상당히 고려하지 않으면 안 되는 것인데 이 것으로 그 실행이 가능합니까?

번외(부장) : 파리의 구제는 작년에 했었습니다. 올해는 빨리 하려고 생각하고 있습니다. 오물의 청부의 쪽은 청부자가 한다면 분뇨매각대가 증가하므로 이 경비로써 행하고자 생각하고 있습니다.

5번(笠井) : 이 예산으로 청부자가 없는 경우는 어떻게 합니까? 종래 면에서 하고 있었던 것이 생각처럼 행해지지 않았는데 청부에 대해서 충분하게 일이 가능할지 아닐지 의문입니다. 청부에 대한 구체적인 방법안이 나와 있습니까?

의장(면장) : 실은 1928년도에 있어서 면이 직접으로 하여 그 방법 등도 개선하고 능률을 올려 분뇨매각대 등 증수도 계획하였습니다. 점차 연구하여 청부에 대해 무언가 유리함을 조사하여 청부가 유리하다면 1929년도부터 하고자 생각하고 있었는데 전날 간담회에서 각 의원의 열렬할 희망이 있었으므로 청부로 하는 것으로 하였습니다. 또 구체적으로 청부로 하는 방법 등의 완성안은 나오지 않았습니다.

5번(笠井) : 의원은 지금 희망을 이야기한 것인데 의원이 이야기했다고 해서 확신하게 된 것은 어떻게 된 것입니까?

의장(면장) : 일단 청부로 결정했던 것은 청부업자에 대해 유감없는 조건을 붙여서 어디까지나 실적을 올리지 않으면 안 된다고 생각하고 있습니다.

7번(鄭) : 면이 청부로 하는 것은 다소 이익이 있지 않으면 안 되지 않습니까? 경비를 줄이는 쪽이 마땅하다고 생각합니다.

1번(松本) : 청부에 대해서는 또 한층 감독하지 않는다면 편리한 것만을 취하여 불편한 바는 억누르게 되어서 일반에 곤란한 것은 없는가라 생각합니다.

번외(부장) : 이번은 감독은 인부의 감독이 아니라 분뇨, 쓰레기를 제거하는 것이 어떠한가라 하는 것을 감독하는 것이므로 감독 1인으로써는 빈틈없이 하는 것이 곤란하다고 생각합니다.

5번(笠井) : 격리병사비는 도립의원이 완성되면 입사(入舍) 환자는 줄지 않습니까?

번외(부장) : 입사 환자의 다소는 전염병 등의 상황에 의해서 서로 차이가 있습니다. 도립병원이 완성되어서 격리병사가 불필요한 것은 아닙니다.

7번(鄭) : 묘지신설비가 있는데 이는 좋습니다. 조선은 조상의 묘지를 중요하게 생각하는 것은 세계에서 비할 곳이 없다라 해도 지장 없는 바인데 현재의 묘지는 심히 유감의 점이 많습니다. 나무를 파서 인가로 가져갔다라 하는 소문도 있으므로 이등의 일이 없도록 하여 묘지를 정리하면 공동묘지에 매장해도 안심할 수 있어 진실로 좋을 것이라 생각합니다.

번외(부장) : 다만 지금 묘지는 3개소가 있는데 조금도 관리가 되지 않으므로 신묘지와 함께 이들도 정비하여 주위에는 식수도 심고 번인

(番人)도 두려고 생각하고 있습니다.

10번(加瀨) : 공동변소비는 이것만 들어 있습니까?

번외(부장) : 소제(掃除) 인부 1명을 두어서 소제를 하려고 하는데 평
　　상의 소제에는 소독약품이 들어가지 않아 이 비용만을 줄였습니다.
　　일반에 비상하게 오염이 된 식산은행 옆의 변소와 같은 것도 부근
　　의 자들로부터 돈을 걷어서 개축하는 것으로 권유하고 있습니다.

12번(大坪) : 수도(水道) 순시(巡視)는 4인으로 되어 있는데 이 중 1인
　　은 줄여도 괜찮다고 생각합니다.

의장(부장) : 그렇게 줄이면 2,730여 원의 증수를 계획하였는데 증수상
　　문제가 있습니다.

12번(大坪) : 행려병인 수용소에 번인이 있습니까?

번외(부장) : 있습니다.

7번(鄭) : 선전비는 작년에는 없었는데 어떠한 곳에 사용합니까?

번외(부장) : 납세 선전, 기타 여러 곳에 선전이 필요합니다.

7번(鄭) : 대체금 수입이 200원이고, 지출에 400원입니다. 불일치하는
　　데 동일하게 할 필요가 있다고 생각합니다.

12번(大坪) : 수입의 쪽에 200원이 있다면 지출의 쪽도 200원으로 하지
　　않으면 안 되는 것인데……

번외(부장) : 대체금은 행려병인 구호의 경우에 일시 그 비용으로 지
　　불을 하려고 두어서 그 돈이 지방비에서 들어온 때에 또 거기에 되
　　돌려 넣는 것입니다. 수입의 대체금은 연도의 관계로 지불했던 것
　　에 되돌려 넣는 것이 가능하지 않았던 때에 필요한 과목이므로 반
　　드시 지출 대체금 예산액보다 적지 않아야 하므로 동일 액수로는
　　할 수 없는 것입니다.

12번(大坪) : 대체금은 1원으로 짜두면 마땅하지 않은가……

번외(부장) : 그것은 안 됩니다. 행려병인은 지금도 수용하고 있어서 약가(藥價), 식료(食料) 등의 지불이 있습니다. 10원 정도가 어떻습니까?

12번(大坪) : 예비비에서 가져오는 것이 마땅하다고 생각합니다.

번외(부장) : 예비비에서 지출하려면 군수(郡守)의 인가를 받지 않으면 안 됩니다. 그러므로 미리 지장이 없도록 하여 두지 않으면 안 된다고 생각합니다.

5번(笠井) : 시장의 개선비(改善費)란 어떠한 것입니까? 사용료가 왜 그렇게 증가했습니까?

7번(鄭) : 시장사용료가 상당히 증가하였는데, 요컨대 지금까지 청부인이 하고 있었던 것이네요

11번(武內) : 시장은 정리를 하려면 증수를 계획해야 한다는 것입니까?

번외(부장) : 올해는 조금 점포를 짓고 있습니다. 또 난잡하게 되어 있었던 것을 조금 정리하여 간다면 사용 평수도 증가할 것이고 세고 있는 것도 찾아내서 고치려고 생각하고 있습니다.

번외(鈴木) : 이러한 것은 노점의 취득 같은 것이 경제적이지 않게 되어 있으므로 그것을 정리하려고 생각하고 있습니다. 또 장날 이외에 사용하지 않고 비어 있는 곳은 요금을 주고 빌리려고 생각하고 있습니다.

12번(大坪) : 청부자가 장날 이외에 시장사용자에게 요금을 징수하는 것은 엄격하게 말하자면 부정사건이라 하는 것이 가능한데……

1번(松本) : 면당국이 지장 없는 것으로 하고 있다면 청부자가 많이 설치해도 마땅하지 않습니까?

5번(笠井) : 영업세할(營業稅割)은 10/10으로 하지 않으면 어떻습니까?

의장(면장) : 영업세할은 여지를 두는 것은 제한 외의 부과라면 어떠

한가라 생각합니다.

11번(武內) : 지난해 수입이 감소한 것은 전년의 징수 성적이 올랐다라 하는 것입니까?

7번(鄭) : 지난해 수입을 한 번에 그 정도로 줄인 것은 어떠한가라 생각합니다.

5번(笠井) : 지난해 수입의 예산액이 줄었으므로 결손 처분을 하여 줄인 것이라면 징수 성적이 올랐다라 하는 것은 아닌라 생각합니다.

번외(鈴木) : 1927년도에는 상당히 노력하였지만 조금 터무니없이 계상하여 두었던 관계로 줄었던 것입니다.

의장(면장) : 본 예산의 전부에 대해 협의를 하겠습니다.

7번(鄭) : 호별할(戶別割)을 1원 50전 증액하는 것으로 하고 영업세할은 8/10로 하여, 지출의 쪽은 도시계획비를 줄였으면 합니다.

12번(大坪) : 줄이고자 하는 것은 토목비의 피복비 60원입니다. 위생비의 청결소독비, 감독 1인을 줄입니다. (이 돈 537원 50전) 연말 위로금 66원을 줄입니다. 순시(巡視) 4인을 3인으로 하여 1인을 줄이면 511원과 연말 위로금 46원을 줄입니다. 도시계회비에서 고원(雇員) 2인을 1명, 공부(工夫) 2인을 1명으로 하여 연말 위로금을 줄이면 이돈 867원을 줄입니다. 급여 임시고원급 일액 1원 50전에서 1원을 줄여 25원을 줄입니다. 도로비 5,132원에서 1,000원을 줄입니다. 급여는 연말위로금 2,028원에서(중략-원문) 이에(중략-원문)

의장(면장) : 원안의 편제는 충분 고려한 것으로 그렇게 작게 쪼개서는 예산의 집행에 곤란합니다. 그리고 수입 호별할 제한 외 부과 1호당 50전을 줄여 이 감액 2,125원, 영업세할을 8/10으로 하여 이 감수 2,400원, 합계 4,525원을 줄입니다. 세출에서 도로비에서 2,000원을 줄입니다. 역전 도로비에서 1,500원, 도시계획비 1,000원, 시찰비

200원을 줄입니다.

이에 찬성을 원합니다.

1번(松本) : 찬성합니다.

(각 의원 '찬성'함)

의장 : 그럼 1928년도 세입출예산안은 여기서 결정합니다.

다음으로 자제7호 묘지사용료 징수규정 설치에 대해 협의합니다.

7번(鄭) : 6평 정도로는 협소하다고 생각하는데 10평 이상으로 하는
것은 어떻습니까?

번외(부장) : 그럼 요금을 낸다면 10평 이상 사용하는데 지장 없다고
생각합니다.

(각 의원 '이의 없음')

의장(면장) : 그럼 이를 결정합니다.

의장(면장) : 다음으로 자문 제8호 비소금 변상금 결손 처분의 건에 대
해 협의합니다.

(각 의원 '이의 없음')

의장(면장) : 그럼 이를 결정하겠습니다. 본 회의록 서명자 1번 의원,
5번 의원에게 부탁드리겠습니다.

여기서 본 회의를 마칩니다.

면장 폐회를 고함. 시간 오후 8시 5분

　　의장 이오타리(守山五百足)

　　면협의회원 타케시 카츠지(武內勝次)

　　동 카사이 지헤이(笠井治平)

5) (공주면협의회) 회의록

항 목	내 용
문 서 제 목	會議錄
회 의 일	19290327
의 장	小林曾太郎(면장)
출 석 의 원	大西幸吉(1), 徐範淳(2), 吳慶達(4), 藤澤英夫(9), 野崎朝吉(10), 田中淸一(11)
결 석 의 원	外山喜右衛門(3), 金甲淳(5), 丸山虎之助(12)
참 여 직 원	金相翼(부장)
회 의 서 기	靑山忠, 李光求
회 의 서 명 자 (검 수 자)	小林曾太郎(면장), 大西幸吉(1), 徐範淳(2)
의 안	소화4년도 공주군 공주면 세입세출예산, 소화4년도 호별할 등급 및 사정표
문서번호(ID)	CJA0002717
철 명	지정면예산서(소화4년도)
건 명	소화4년도면공주군공주면세입세출예산에관한건(회의록첨부) 충청남도지사
면 수	13
회의록시작페이지	424
회의록끝페이지	436
설 명 문	국가기록원 소장 '지정면예산서(소화4년)'에 포함된 1929년 3월 27일 공주면협의회 회의록

해 제

본 회의록(총 13면)은 국가기록원 소장 '지정면예산서(소화4년)'의 '소화4년도 면 공주군 공주면 세입·세출예산에 관한 건(회의록첨부)충청남도 지사'에 포함된 1929년 3월 27일 개최된 공주면 협의회의 회의록이다. 동 26일에 이어 2일차에 해당하는 회의록이다. 본 회의에서는 1929년도 공주면 세입출예산을 논의하고, 호별할 등급 사정을 하였다. 세입출 각 관항을 순서대로 다 논의하고 있어서 해당시기 면의 운영을 확인하기에 좋다. 면당국의 각 관항목 제안시 설명도 상세하여 사업을 이해하는 데에도 크게 도움이 된다. 전반적으로 찬반 논란을 없는 편이다.

다만 몇 가지 주목되는 내용은 다음과 같다. 다른 지역들의 경우, 면의 경비를 줄이기 위해 직원 급료나 여비 등을 보통은 줄일 것을 주장하는데 해당 지역에서는 면협의원 측은 여비를 올릴 것을 주장하였으나 당국에서 오히려 원안대로 가결할 것을 주장하고 있다. 단순히 한 두 명이 아니라 다수의 의원들이 여비를 늘리라는 주장을 하고 있는 것이다. 이들 협의원들의 주장을 보면 도청소재지로써의 품격을 위해서라도 여비를 올려야 된다는 것이었는데, 이는 해당 시기 공주가 처해 있던 상황과도 연관지어 생각해보아야 할 것이다. 1920년데 중반 이후 도청 이전 문제가 계속 나오기 시작하여,[73] 계속 문제가 확대되고 현실화 되어가고 있었던 것이다.[74] 결국 여비를 늘리라는 것은 면당국자들에게 적극 행정을 하라는 주문이었다.

또 본 회의록에서 주목할 만한 항목은 납세 성적을 올리기 위한 방편으로 조선인 구장(區長)을 두고 이들에게 납세 성적에 따라 상금을 주는 방식으로 수세를 하고 있었다는 내용이다. 납세시설비(納稅施設費)라는 항목이 조선인들로부터 징세 성적을 올리기 위한 항목이었으며, 그리고 그 방법이 면직원이 아니라 특히 조선인 동리 대표자를 통

---

73) 「道廳移轉反對로 公州共榮會緊急總會開催」, 『동아일보』 1925.10.19.

74) 「忠南道廳 移轉說로 公州에선 防止運動, 事實內容을 調査한 結果 某報記事가 虛僞?」, 『동아일보』 1928.2.9.

하는 형식이었다는 것은 다른 지역과 비교하여 살펴볼만 하다.

그리고 수도 급수와 관련된 내용을 통해 공주지역 조선인과 일본인의 형편도 엿볼 수 있다. 회의록 내용에 따르면 수도 급수의 반 이상은 일본인이 사용하고 있고 따라서 조선인 순시가 아니라 일본인 순시를 통해 이를 관리해야 한다고 주장되고 있다. 그런데 이러한 주장에 대해 일언의 반발조차 없다. 일제시기 지역 사업을 통해 설치된 설비 등은 과연 누구를 위해 어떻게 소비되고 있었는지 면밀히 살펴볼 필요가 있다.

내 용

면장(小林) : 의원 출석 정족수에 도달하였으므로 개회를 선언합니다.

의장(小林) : 본일은 어제에 계속하여 제3호 자문안 1929년도 공주군 공주면세입·세출예산안을 부의합니다. 어제 설명을 마친 후 폐회하였으므로 지금부터 세입·세출 전반에 걸쳐서 질의를 허락합니다.

11번(田中) : 경상(經常) 세출 제1관 제2항 면리원 급료의 부기(附記)에서 수도(水道) 기수(技手) 급료를 계상하고 있으나 기타는 없다. 수도계(水道係)는 기수 1명입니까?

면장(小林) : 기타로 서기 1명은 다른 사무를 겸임하여 수도 사무를 하고 있으므로 이는 동 부기란 내지인 서기 2명의 중 1명입니다. 기타 동 제6관 상수도비 제1항 잡급(雜給) 중에 순시(巡視) 2명 및 철공(鐵工) 1명을 계상하고 있어서 합계 5명의 계원이 있습니다.

1번(大西) : 세출 제1관 제4항의 여비는 본년 개최될 경성박람회에 직원을 출장시킬 것을 고려한 것입니까?

면장(小林) : 30원만 증액하고 있습니다. 이는 단체 인솔을 할 경우에

서리 1명을 출장시키고자 하는 것입니다.

11번(田中) : 세출 제2관 제1항 수용비(需用費) 중 납세시설비(納稅施設費) 96원의 용도는 어떠한 것인가, 명시해주시길 바랍니다.

면장(小林) : 면내 6개정(町)의 조선인 구장(區長)은 항상 원조를 받고 있고 비상하게 성적을 거두고 있어서 이들에 대해 그 성적 여하에 따라 상금을 부여하고 있습니다. 이에 사용합니다. 그 외 선전인쇄물에도 사용합니다.

9번(藤澤) : 세출 제5관 제3항 부기란(附記欄) 중의 제민천(濟民川) 준설(浚渫) 소제비(掃除費) 50원은 어떠한 것인지, 명시해주시길 바랍니다.

면장(小林) : 제민천은 시가(市街)의 중앙을 관통하여 흘러 항상 사람들의 이목을 끄는 장소임에 불구하고 항상 먼지, 기타의 불결물을 투입하는 것이 있고 또 유수(流水)가 감소한 경우 곳곳에 물웅덩이 등을 발생하여 불결을 보이나 서안(西岸)의 각 왕래자에게 이를 청소시키는 것은 실행 불능으로 이러한 경우 면(面)에서 인부를 보내서 대청결을 행할 때의 인부의 임금입니다.

2번(徐範淳) : 위 부기 중의 약품대금 18원의 용도는 어떠한 것입니까?

면장(小林) : 춘추 대청결의 경우, 그 관계자의 지시에 따라 약품 소독이 필요한 장소들에 소독용으로써 쓰는 것입니다.

9번(藤澤) : 세출 제3관 제1항 토목비 부기 중의 도로교량(道路橋梁) 상시수선비(常時修繕費)에 224원의 용도에 대해 설명을 바랍니다.

면장(小林) : 매년 해빙(解氷)의 무렵 각 하수가 약간의 파괴를 발생하여 돌담의 손괴한 개소를 주로 보수하는 경우에 사용합니다.

10번(野崎) : 면비(面費)로써 점등한 가등의 수는 몇 개 입니까?

면장(小林) : 58개입니다.

10번(野崎) : 세출 제6관 제1항 잡급 중의 일급(日給) 90전 정도의 순시 2명으로 완전하게 수도의 감시를 할 수 있겠습니까?

면장(小林) : 본건에 대해서는 현재 고려 중으로 면장으로써도 시비 일본인을 순시시켜서 월급 45원 정도의 자를 1명 두고자 하고 있습니다. 현재 일본인 상수(上水) 사용자가 7명이고, 조선인은 3명 정도의 비율로 조선인 순시 2명으로는 일본인 측의 원급자 취체가 불충분합니다.

10번(野崎) : 세출 제8관 제1항 부기 중 번인(番人) 수당 5원인데 이는 1인에게 주는 것인지 2인에게 주는 것인지 묻습니다.

면장(小林) : 이는 1인에게 주는 액수입니다. 면유림(面有林)의 번인(番人)은 지금 1명입니다.

의장(小林) : 이미 세출예산에 대해 질의가 없는 것이라 인정하였으므로 계속하여 세입(歲入) 예산에 대해 질의를 허락합니다.

11번(田中) : 세입 제1관 제1항 부기 중의 대가료(貸家料) 48원은 어떠한 집을 빌려준 것입니까?

면장(小林) : 도우장(屠牛場)에 있는 작은 집을 이를 염우피(塩牛皮) 조합의 번인에게 1개월 4원에 대여하고 있는 부분의 가대(家貸)입니다.

10번(野崎) : 위 부기 중 면유림 생산품대 5원은 어떠한 것입니까?

면장(小林) : 장지면(長岐面) 신궁리(新宮里)에 있는 면유림이 서서히 성장하여 현재 아래 가지를 쳐서 다듬을 필요가 있는 부분이 발생하여서 이를 다듬은 데에서 얻은 수입을 계상한 것입니다.

10번(野崎) : 세입 제2관 제3항 상수(上水) 사용료의 부기에 의한 급수 호수 762호에 불과합니다. 면내 2천 호 이상에 대한 비율로 보면 소수라 생각합니다.

면장(小林) : 이는 아직 조선인 사이에 위생 사상의 보급이 되지 않았으므로 첫 번째가 아닙니다. 일본인 540호 나머지는 거의 전부 가입자입니다.

1번(大西) : 화장장(火葬場) 사용료 증액 70원의 이유를 알고자 합니다.

면장(小林) : 전년도의 실적에 의해 자연 증가한 것이라 인정되는 것입니다. 그다지 인구가 증가하지 않은 공주에서는 확실하지 않으나 근래 조선인 사이에 이를 사용하는 경향이 발생해서 자연으로 증가한 것입니다.

11번(田中) : 동관 제8항의 독촉수수료 30원의 감소는 어떠한 사유에서 입니까?

번외(李書記) : 국세(國稅) 지방세(地方稅)는 절대로 납기 내에 완납하도록 당국으로부터의 엄중한 시달도 있고 또 군에서 계원(係員)이 출장하여 면리원(面吏員)과 협동하여 독려를 하여 대부분 독촉장을 발급하지 않고서 완납시켜서 이것이 감소했던 것입니다.

10번(野崎) : 세입 제6관 제1항 용도(用途) 지정기부금(指定寄附金) 5원의 설명을 바랍니다.

면장(小林) : 동항의 존속상 계상했던 것입니다.

11번(田中) : 세입 제8관 제2항의 물품매각대 158원 감소의 사유를 알고자 합니다.

면장(小林) : 뽕나무 식재(植栽) 본수(本數)의 감소에 의한 것입니다.

10번(野崎) : 본원(本員)은 질문을 그만두고자 합니다.

(이때 '찬성'이라 외치는 자 있음)

의장(小林) : 10번 의원의 희망하는 것이 있는데 각원 질의를 끝내는 데 이의 있습니까?

(전원 '이의 없다'라 외침)

의장(小林) : 지금부터 질의를 마치는 것으로 하고 다음으로 의견의 개진을 하고자 합니다. 정각 0시 20분이므로 1시간의 휴식을 합니다.

의장(小林) : (오후 1시) 지금부터 개회합니다. 세출 전관에 걸쳐 의견의 개진을 원합니다.

10번(野崎) : 세출 제1관 제4항 여비(旅費) 260원은 너무 근소하지 않습니까? 특히 공주면은 다른 면에 비해 항상 중대 사건이 돌발하여 면장의 관외 출장은 연중 수회에 그치지 않습니다. 그런데 면장 여비 130원의 연액으로써는 2회 경성행(京城行)에서 모두 소진되고 특히 기타의 이원도 본년은 경성에 조선박람회가 있어 이따금 문명의 공기를 면리원에게 흡수시킴은 필요하지 않습니까? 시비 본 액수에 140원을 증액하여 총액 400원 정도로 하였으면 하는 희망입니다. 단 본안을 수정하는 것은 주장하지 않습니다. 추가예산으로써 연도 중에 재원을 얻어서 결행하였으면 합니다.

9번(藤澤) : 본원도 10번 의원의 이야기에 찬성합니다. 특히 본 면(本面)은 전년도부터 시가지를 넓히는 공사에 착수 중으로 면의 사무 수행상 부(府)로 가게 되는 면장의 요건(要件)도 많으므로 상환하든지 급한 경우는 서기의 여비를 유용하여 그 것에 수락하는 것이 없기를 바랍니다.

1번(大西) : 공주면의 여비가 총계 360원이라는 액수로는 도청 소재지의 면으로써 너무 빈약한 것입니다. 나는 수정해서라도 제10번 노자키(野崎) 군의 이야기대로 해서 500원 정도로 증액시켰으면 합니다. (이때 4번 오경달(吳慶達) 군, 11번 다나카(田中) 군도 그 주지(主旨)에 '찬성'의 뜻을 표함)

의장(小林) : 10번 노자키(野崎) 군의 의견은 전원 찬성이라 인정합니

다. 원래 364원 정도로는 실제 소액이라고는 생각하는데 공주면의
관내는 알고 계시는 대로 시가지뿐으로, 관외 출장을 항상 필요로
하는 것은 장기면(長岐面) 신관리(新官里)의 면유림의 감독 및 식재
의 때 주임 서기가 출장하는 정도에 지나지 않습니다. 특별히 여비
를 필요로 하는 것은 면장이 부에 가는 때에 한합니다. 단 본년도는
박람회가 있어서 각원의 의도와 같이 면서기를 상당히 견학시키고
자 합니다. 만약 부족한 경우는 상당의 시기에 추가예산으로 이를
보충하고자 생각합니다.

(이때 전원 면장의 설명에 따라 이해하였다는 뜻을 고하여, 굳이 본안
을 수정할 의견이 없다는 뜻을 표명함)

11번(田中) : 세출 제2관 제1항 수용비 부기(附記)의 납세 시설비를 전
　　년도부터 백 원 감소시켰으나 오히려 본년도에 96원을 계상하였습
　　니다. 본원은 질의의 때 독촉수수료를 30원이나 감액하였으므로 다
　　시 세출에 96원의 납세시설비를 계상한 것은 적당하지 않다라는 의
　　견을 갖는 것입니다.

면장(小林) : 독촉수수료 30원 감액은 질의의 때 상세히 답변드렸으므
　　로 이를 아시겠지만 본항에 96원을 계상한 것은 면내 6개정의 조선
　　인 구장에게 1개년 평균 16원의 상금을 부여하는 것으로 그 성적의
　　여하에 따라 등급을 부여하여 이를 지급합니다. 이는 비상하게 징
　　세상 효과를 얻고 있는 것입니다.

(또 참여원 이(李) 서기가 1928년도 납세시설지출의 증빙서를 낭독하
여 설명을 함)

　　또 납세시설을 완비함에 따라서 미납자의 수를 감소시켜서 결코 의
　　견에 이르지 않은 것이라 생각합니다. 또 국세, 지방세의 교부금(交
　　付金)도 542원을 면에 교부받고 있으므로, 96원정도의 납세시설비

를 사용하는 것은 과다한 것이라 아니라고 생각합니다. 이해를 원합니다.

9번(藤澤) : 전 면장댁의 전화는 어떻게 처분할 것인가

면장(小林) : 아직 처분하지 않았습니다. 현 면장인 나는 개인용 전화를 가지고 있으므로 공용 전화의 필요가 없으므로 희망자에게 양도 처분을 할 예정입니다.

10번(野崎) : 세출 제2관 제2항 건물비에 50원을 증액하였는데 건물을 매년 소액으로 수리하는 것은 경제적이지 않은 것으로, 수선은 일시에 철저적으로 행하는 것이 적당하다라 인정합니다. 특히 온돌의 수선과 같은 것은 그러한데 개량 온돌로 하는 것은 어떠합니까?

면장(小林) : 의견은 좋지만 본년 50원을 증액한 것은 면장실의 지붕 교체를 주로 하는 것입니다. 장래는 의견에 따르겠습니다.

9번(藤澤) : 면사무소 서측(西側)의 회복은 어려워 보이는데 개량하는 것은 어떻습니까?

면장(小林) : 연구 중으로 싸고 좋은 것으로 교체하고자 생각하고 있습니다.

9번(藤澤) : 세출 제3관 도로교량비는 본 예산액으로 완벽을 기약할 수 있는가

면장(小林) : 우려되는 바도 있지만 전년도부터 본정통의 도로확장 보상비로 당분 다액을 요구하므로 소위 토목에 집중주의를 채택하고 있는 결과 가능한 다른 여러 비용을 절약하고 있는 것입니다. 단 조금 파손된 것의 수선은 염려 없다고 생각합니다.

10번(野崎) : 세출 제3관 토목비 제1항 도로교량비 부기 중 가등료(街燈料) 264원은 다액이지 않은가라 생각합니다. 가능한 이를 정리해서 반액 정도하는 것은 어떠한가라 생각합니다.

11번(田中) : 10번의 의견은 일단 좋지만 본건은 전년도에 협의회원 전원 일치로 새로 시행한 건이고, 특히 가로(街路)의 암흑한 개소를 뽑아서 점등하여 현재 비상하게 일반도 만족하고 있는 상태이므로 현상을 적당하다고 생각합니다.

면장(小林) : 본건은 일단 면에서 정밀하게 조사하여 필요 없는 개소가 있으면 이를 감액하는 것으로 하는 것이 좋다고 생각합니다.

면장(小林) : 다수 찬성자가 있다라 인정하므로 지금 답한 대로 집행하겠습니다.

10번(野崎) : 세출 제5관 제3항 청결소독비 중 제민천 준설소제비 50원은 그 천 주변의 각 호에 경찰이 독려하여 소제하면 불용(不用)에 속하지 않나 생각합니다.

면장(小林) : 면에서도 항상 경찰의 원조를 구하고 있는데 계속 여의치 않아서 도로와 같은 것은 도로규칙에 명기되어 있으나 도로 외 하천과 같은 것은 그러한 것도 없습니다. 특히 시가의 중심을 관통하여 흐르는 주요 지점이므로 연 50원 정도로 청결하게 하는 것은 면으로써도 어쩔 수 없는 것입니다.

10번(野崎) : 세출 제6관 제1항 잡급에 순시 급여 2인 657원이 있는데 겨우 월급 30원 정도의 자로는 취체가 어려울 것이라 생각합니다. 또 1인은 상등(上等)의 것 특히 급수호(給水戶)는 일본인이 7푼할까지 간다라 하므로 일본인 순시로 취체하는 것은 어떠합니까?

면장(小林) : 면에서도 그 필요를 인정하고 있는데 다소 경비 절약상에서 초래한 것으로 경비의 변통에 대해 다음에 적당한 조치를 구할 예정입니다.

4번(吳慶達) : 세출 제8관 제1항 기본재산조성 부기 중 면유림 번인 수당 1인 월액(月額) 5원인데, 이는 이 5원으로 2인을 두는 쪽이 적당하다고 생각합니다. 2인이면 쌍방의 감독이 가능하여 비상하게 공평하게 됩니다.

면장(小林) : 이는 예산집행상 의도한 것입니다.

10번(野崎) : 세출 제9관 제1항 관리비를 599원의 감액은 적당하다고 생각합니다. 면주택(面住宅)의 수선은 소액으로 시시때때로 할 것이 아니라 일시에 철저하게 이를 행할 것을 바랍니다.

면장(小林) : 가능한 의견에 따르도록 하겠습니다.

1번(大西) : 세출임시부 제3관 제1항 소화전 증설비 100원은 참으로 적당하다고 생각합니다. 본원은 장래 다음의 희망을 갖고 있습니다.

1. 전년도에 수원지(水源池)의 철관(鐵管) 수선의 결과 상당의 불용(不用) 철관이 면에 남아 있으므로 이를 이용하여 도청 앞부터 공주역까지의 포설(布設)을 하고 공주교(公州橋)의 아래에 1개의 소화전을 신설하는 것

2. 소학교 서측 통용문 앞의 공용 수전(水栓)의 입구부터 상반정(常盤町) 홍종협(洪鍾恊) 씨 주택 입구의 공용 정호(井戸) 부근에 위 철관을 포설하고 그 종점에 소화전 1개를 증설하는 것

면장(小林) : 장래 조사의 후 가능한 의견에 따르겠습니다.

의장(小林) : 세출에 대해서는 의견이 없는 것 같으므로 이로써 의견 개진을 마치고 10분간 휴식을 하겠습니다.

(전원 '이의 없다'고 외침)

(시각 오후 3시 10분)

의장(小林) : 지금부터 개회합니다. 세입 전관에 대해서 의견을 이야기하고자 합니다.

10번(野崎) : 세입 제1관 제1항 중의 부기 면유림 생산품 대금 5원을

삭제한 것은 어떠한 생각입니까? 겨우 5원 정도의 생산은 도리어 수수료로 소비되어져 버릴 것이라 생각합니다.

면장(小林) : 면유림 약 50정보(町步)도 이미 식림을 마쳐 충분히 번성한 부분이 있어 아래 가지 같은 것을 취해 다듬을 필요가 있는 개소가 있고 그 다듬은 것으로 번인 수당을 얻고자 하는 것입니다. 계상한 5원은 부기를 존치할 필요에서 계상한 것으로 본년도 내에 손질의 진행 여하에 따라 상당한 세입을 얻을 전망이 있으므로 의견대로 삭제는 가능하지 않음을 이해해 주십시오.

10번(野崎) : 세입 제2관 제3항 상수사용료가 전년대로 계상되어진 것은 부당하고 해마다 증가하는 것이 당연하다고 생각합니다.

면장(小林) : 1927년도에 예산 1만 2,500원을 계상하여 동년의 결산에 증수(增收) 10원 89전을 얻어 1만 3,510원 89전인 것으로, 1928년도에 1만 3,975원을 계상하여 즉 463원 11전을 증가 전망으로 계상하였습니다. 그런데 전년도는 저수지 철관 수선으로 일시 급수 불능하게 되어 일시 사용료가 반감된 것으로 1,500원 여의 감액 수입 전망이므로 전년도의 실제 성적을 확실하게 하는 것이 가능하지 않습니다. 관계상 1만 3,975원으로 전년대로 전망을 했던 것입니다.

의장(小林) : 다른 의견이 없는 것으로 인정되므로 세입예산에 대한 의견의 진술은 여기서 종료라 인정하는데 이의 있습니까?

의장(小林) : 전원 이의 없다라 인정되어 세입예산에 대한 의견은 여기서 종료합니다.

의장(小林) : 1929년도 공주군 공주면 세입·세출예산은 세입·세출 모두 수정 의견이 없는 것으로 인정되므로 원안대로 면협의회의 의견을 결정하고자 생각합니다. 찬성하는 쪽은 거수(擧手)하여 주십시오.

(전원 거수함)

의장(小林) : 전원 원안대로 찬성하는 것으로 인정합니다. 세입 세출 모두 원안대로 면협의회의 의견을 확정하고자 합니다.

의장(小林) : 계속하여 제4호안 1929년도 호별할 등급사정표에 대해 질의를 허락합니다.

(전원 '질의 없다'라 외침)

의장(小林) : 질의가 없는 것이라 인정되므로 의견을 이야기하고자 합니다.

11번(田中) : 일시 휴식을 선언하여서 일동 이 사이에 의견의 교환을 행하였으면 합니다.

(전원 '찬성'이라 외침)

의장(小林) : 11번 다나카(田中) 군의 이야기에 따라 1시간 휴식합니다.

(시각 오후 4시 10분)

의장(小林) : 지금부터 개회합니다.

4번(吳慶達) : 나는 다음과 같이 등급을 수정하는 외 다른 것은 원안대로를 적당하다고 인정합니다.

홍종협(洪鍾協) 3등을 2등으로 인상(引上)

성보영(成普永) 9등을 10등으로 인하(引下)

김종헌(金鍾憲) 9등을 8등으로 인상

공헌쇠(孔憲釗) 11등을 10등으로 인상

육해균(陸海均) 14등을 15등으로 인하

최용재(崔龍在) 14등을 17등으로 인하

우이암(禹利岩) 15등을 14등으로 인상

김기태(金基泰) 27등을 25등으로 인상

의장(小林) : 4번 오경달 군의 수정의견에 찬성하는 자는 거수하여 주십시오.

(전원 거수함)

의장(小林) : 제4호안 1929년도 호별할 등급사정표는 4번 오경달 군 수
정 의견을 면협의회원의 의견으로 결정합니다.

의장(小林) : 옆에 배포한 제시안인 1927년도 공주군 공주면 세입·세
출결산에 대해 질의가 있으면 이야기해 주십시오.

(전원 '질의가 없다'라 외침) (하략-편자)

6) (충주면) 1929년 제2회 면협의회 회의록 초본

항 목	내 용
문 서 제 목	昭和四年 第二回 面協議會 會議錄 抄本
회 의 일	19290316
의 장	趙命奎(면장대리 부장)
출 석 의 원	水野彌吉(2), 韓大錫(3), 李春雄(6), 鈴木政一(7), 大和田熙(8), 中川龍藏(9)
결 석 의 원	尹政求(1), 稻田四馬洛(4), 小倉光太郎(5), 李種浩(10), 高松新次郎(11), 吳基澤(12)
참 여 직 원	
회 의 서 기	浦水武雄, 金利經
회 의 서 명 자 (검 수 자)	趙命奎(면장대리 부장), 李春雄(6), 大和田熙(8)
의 안	1929년도 충주면 세입세출예산의 건
문서번호(ID)	CJA0002717
철 명	지정면예산서(소화4년도)
건 명	충주면소화4년도세입출예산에관한건(충주군)(회의록첨부)충청북도지사
면 수	13
회의록시작페이지	333
회의록끝페이지	345
설 명 문	국가기록원 소장 '지정면예산서(소화4년)'에 포함된 1929년 3월 16일 충주면협의회 회의록

해 제

본 회의록(총 13면)은 국가기록원 소장 '지정면예산서(소화4년)'의 '충주면 소화4년도 세입출예산에 관한 건(충주군)(회의록첨부)충청북도 지사'에 포함된 1929년 3월 16일 개최된 충주면협의회의 회의록이

다. 이 회의의 주요 자문 안건은 1929년도 충주군 충주면 세입·세출예
산이었다. 세출경상부의 용인급료, 사무비, 토목비, 권업비, 위생비,
경비비, 공원비 등을 각 관항별로 논의하여 상세하게 확인되고, 세입
경상부는 일괄하여 논의하여 내용이 상세하지 않다. 세출에 들어가
하급 용인의 급료 인상, 구장(區長)의 대우 문제, 종두우, 양잠 교사,
공동경작답의 위치, 해충 구제, 공동우물 신설 위치, 화장장 설치 여
부, 자경비(自警費)의 계상(計上) 등이 논의되었다.

본 회의에서 주목되는 사안은 구장의 대우에 대한 부분이다. 구장
(區長)은 원 동리장(洞里長)을 면제로 시행시 변경한 것이었다. 동리
장이 소사(小使)와 같이 간주되어 일반에 비하된다고 해서 구장으로
바꾸고 일반의 인식을 바꾸고자 하였다. 구장은 무급이었지만 면리원
이었기 때문에 군사의 임명을 받았고, 면사무 중 정도리 내의 사무를
담당하였는데 주로 1) 면 사무 중 동리 내에 고지가 필요한 것 2) 면이
경영하는 사업 중 동리 내에 관계한 것에 대해 보조하여 면행정 집행
상 편익을 도모하였다. 직무상 필요한 비용을 변상을 받을 수 있었는
데, 지필묵, 여비, 일당 등을 일일이 실비 계산해서 지급하기는 어려웠
기 때문에 면에서 변상액을 예산으로 올려서 지급할 수 있었다. 그러
나 사실상 명예직이었기 때문에 원하지 않을 경우에는 비용 변상을
하지 않을 수도 있었다.[75]

일제의 기대는 점차 구장직을 명예직으로 생각하고 봉사할 수 있는
자들이 이를 담당하기를 바랐으나 사실상 현실은 그렇지 못했다.
급여도 없는 이들의 현장 업무는 과중하였고 따라서 이들을 어떻게
대우할 것인지 면 차원에서도 생각하지 않을 수 없었다. 구장의 업무

---

75) 朝鮮總督府 編, 『面制說明書』, 朝鮮總督府, 1917.

가 많았기 때문에 구장을 유급으로 해야 한다는 주장도 있었지만 당시 면의 재정상 가능하지 않았다.[76] 당시 충주면은 이들에게 신문대금을 지급하고 있었는데 이를 다른 방식으로 바꾸고자 논의하였다. 신문보다는 지필묵(紙筆墨)을 지급하는 방식으로 가자는 쪽으로 의견이 모아졌다. 구장쪽에서 요청을 한다는 의견도 있었다. 정해진 급여도 없는데 실질적으로 해당 동리의 행정 업무는 실질적으로 담당하고 있었던 것이 사실이고 이들에 대한 지위, 처우의 문제는 지역사회에서 해결이 필요한 부분이었던 것이다.

내 용

(상략-편자)

(오전 11시 면장(대리 부장 조명규(趙命奎) 이하 단순히 면장이라 칭함)은 면협의회의 개회를 고함

의장 본일의 회의를 열 뜻을 선언하고 회의록 서명원을 정하고자 함

7번 회의록 서명원은 의장의 지명으로 정하였으면 함

'이의 없다'라 하는 자 많음 (중략-편자)

의장 본일의 회의에 면장으로부터 다음의 자문안이 있었다는 뜻을 고함

제2호 1929년도 충주군 충주면 세입·세출예산의 건

의장 제2호 1929년도 충주군 충주면 세입·세출예산의 건을 부의할 뜻을 선언하고, 세출경상부 제1관부터 제4관까지를 일괄하여 제1독회에 부의하고자 한다는 뜻을 선언함)

---

76) 朝鮮總督府事務官 渡邊豊日子,「面行政に關する近時の問題に就て」,『地方改良講習會講演集』제1집, 1922.

9번 : 위 안은 제1독회를 열고 의안의 낭독, 설명을 한 후 독회를 생략 하고 본 회의에서 확정 의결하는 것은 어떻습니까?

(8번, 6번, 2번 찬성이라 함, 만장 '이의 없다'라 함

의장 독회 생략으로 결정하고 세출경상부 제1관을 부의한다는 뜻을 선언하고 의안을 낭독함

면장 의안을 설명함)

7번 : 이전 부장(副長)의 급료는 어느 정도입니까?

면장 : 전 부장은 월액 60원입니다.

6번 : 잡급 중 용인(傭人) 급료 일액(日額) 65전으로 전년도 70전에 비 해 5전의 차이가 있는데 원래 상급 봉급생활자는 해마다 증급, 진급 등을 하고 최하급의 용인 급료 등을 삭감하는 것은 하류 생활자의 대우, 가혹 문제에 관계하는 것이라 사료되는데 어떻습니까? 용인 3인 1일 평균 5전을 삭감해도 경비에서는 큰 지장이 없는 것이라 인정 되므로 적어도 전년도와 마찬가지로 하는 것은 어떻습니까?

면장 : 말씀에는 동감하나 본건은 그 당국에서도 지시를 받은 것으로 어쩔 수 없이 감액, 계상한 것으로 양해하여 주시길 바랍니다.

2번 : 면이원 급료 중 증급 예상액 250원은 상부(上部)의 명령이 있었 던 것입니까?

면장 : 대체 예상액을 계상한 것으로 실제에서 예산만으로 반드시 증 급하는 것은 아닙니다.

9번 : 1928년도에 지출한 다나카(田中) 전 면장의 퇴직 사금(賜金)은 어느 정도입니까?

면장 : 퇴직급여금 540원, 특별상여비 400원입니다.

6번 : 여비 중 관외 시찰(視察) 여비 10원은 너무 적은 감이 있는데 증 액의 필요는 없습니까?

면장 : 지당한 말씀인데 존치 과목으로써 계상한 것으로 그 당국의 내명도 있었습니다.

7번 : 제1관은 이의 없습니다.

(2번 계속하여 원안 찬성이라 함

의장 다른 발언자 없으므로 원안 찬성자에게 기립을 물음

기립 총원(總員)

의장 세출경상부 제1관은 원안으로 가결, 확정이라 선고함

의장 세출경상부 제2관을 의제에 부쳐 의안을 낭독함

면장 원안을 설명함)

6번 : 잡비 중 구장(區長) 신문대는 매년 문제가 되는데 신문 배포를 그만두고 이에 대신하여 유리한 방도를 강구하는 것이 어떠합니까?

면장 : 동감인데 그 당국의 명령도 있어 삭감하지 않는 것으로 하고자 합니다.

6번 : 면에서 배부하지 않아도 한 동리를 대표하는 구장으로써 자비로 신문 정도는 구매할 수 있다라 인정합니다.

9번 : 구장은 한 리동의 지휘자로써 필요하다라 인정되므로 존치의 필요가 있다고 인정합니다.

2번 : 다소 효과 있으나 다른 어떠한 효과가 있는 것이 있다면 교환해도 지장이 없다고 생각합니다.

6번 : 신문을 대신하여 면에 여러 보고를 하므로 필지묵대(筆紙墨代)를 지급하면 어떻습니까?

면장 : 6번 의원의 이야기에 동감하나 본부(本府)에서의 의견도 있어 필지묵 대금을 지급하는 것은 불가능하다라 생각합니다.

6번 : 시골에서는 구장을 소사처럼 사용하고 있다라 듣고 있어 과연 명예직이라 자각할 것인가 싶습니다.

면장 : 그것은 구장의 인격에 기초하는 외에는 없다고 생각하나 본 면
　으로써 그렇지 않게 날로 명예적 대우를 하고 있습니다.

8번 : 구장의 수입은 어느 정도입니까?

면장 : 일정 되어져 있지 않으나 동리가 가진 재산수입으로써 다소 필
　지(筆紙) 정도는 가능한 한 제공하는데 본건은 각지 문제가 되고 있
　으나 현재의 제도로써는 어떻게 하는 것 없고, 구장으로부터도 신
　청이 있어 동정하는 것도 있습니다. 따라서 의견이 있는 점은 상급
　기관에 대해서도 간원(懇願)하였지만 지금 여기서 결정하는 것은
　어렵습니다. 이 점은 양해하여 주시길 바랍니다.

2번 : 수용비, 비품비, 통신운반비는 전년도부터 증감이 있습니까?

면장 : 작년의 실적에 비춰 계상하였던 것으로 통신운반비의 증가는
　토지의 번영에 따라 수용이 많아 증가한 것입니다.

9번 : 전년도 접비대 사용 상황은 어떻습니까?

면장 : 시가확장 조사원, 철도개통 축하 등의 내빈, 신문 통신 기자,
　기타 면장 교제비 등입니다.

(7번 이의 없음, 전원 '이의 없다'라 함

의장 세출경상부 제2관은 원안에 가결 확정한다라 선고함

의장 세출경상부 제3관부터 제4관까지를 일괄 의제로 하여 의안을 낭
독함

면장 의안을 설명함)

7번 : 용관리(龍觀里) 도선장(渡船場) 수입은 어느 정도 입니까?

면장 : 연액 10원 정도 입니다.

9번 : 제1항 도로수선 및 사리(砂利) 구입비 예산은 사용 장소 결정했
　습니까?

면장 : 확정하는 것은 아니나 기성 도로에 대한 유지 수선비로써 기타

교량 수선비 등 또 마찬가지입니다.

9번 : 읍내에서 충주역에 이르는 시가 전등의 점등이 적어서 가장 열자 등에 승차하는 것이 불편이 적지 않습니다. 시가등 증가 변경의 필요 없습니까?

면장 : 알고 있습니다. 잘 조사한 후 정리할 계획으로 다소 증액하고자 합니다.

(6번 이의 없다라 함

9번, 3번, 7번, 2번, 8번 원안 천성이라 함

의장 세출경상부 제3관 내지 제4관은 원안에 가결, 확정이라 선언함

의장 세출경상부 제5관을 의제로 붙인다는 뜻을 고함

의안을 낭독함

면장 의안을 설명함)

6번 : 제2항 축산비 종두우 구입, 배치의 이익 성적은 어느 정도입니까?

면장 : 면은 이익을 주로 하는 것이 아니라 축우(畜牛) 개량을 위해서 하는 것으로 합니다. 그리고 점차 성적 양호를 보이고 있어 본년도 경비는 불편한 개소에 보충하기 위해 1두(頭)를 구입하고자 하는 것으로 숫자적 이익 계산은 종부(種付) 머리 수의 외는 들지 않는 것으로 합니다.

9번 : 제3항 양잠 교사는 남자입니까?

면장 : 종래 여자 교사를 사용하여 2, 3령(齡)까지는 공동사육소에 근무시키고 그 후는 양잠가(養蠶家)의 각 호(戶)를 순회 지도시키고 있습니다.

6번 : 여자 교사의 성적이 불량하다라 하는 사실은 어떻습니까?

면장 : 조선의 관습상 보통 양잠은 부녀자가 사육하는 관계상 남자 교사로써는 유쾌하지 않은 경향이 있어 여자중 경험이 있는 자를 채

용하고 있습니다.

7번 : 제4항 권업장려비(勸業獎勵費) 실시 공동경작답(共同耕作畓)은 연수동(連守洞)에 두는 것보다도 충주읍 부근으로 하는 것은 어떻습니까?

면장 : 본건은 어쩔 수 없이 연수동의 동리 소유 재산 답(畓)이므로 지정했던 것이나 또 일단 연구의 후 무언가 고려하고자 합니다.

7번 : 본건은 황송스럽게도 성상 폐하께서 손수 식묘(植苗)하였다는 의의가 있는 것으로 농작물의 증식을 주로 하지 않고 농민, 기타 일반의 권농(勸農)을 주요한 취지로 하는 것이라 이해됩니다. 따라서 가능한 편리하게 다수의 사람에게 이해를 제공할 것을 고려 바랍니다.

면장 : 지극 동감합니다. 군(郡)과도 협의하여 주요한 취지에 부응하도록 고려하겠습니다.

7번 : 수도(水稻) 채종답(採種畓)의 종자의 교환은 어느 때 실시합니까?

면장 : 이론으로는 4월경이 좋다고 하나 실제는 12월 내지 1월에 실시하고 있습니다. 그리고 면(面)은 매월 저장소로 출장, 실사(實査)하여 폐해가 없도록 기약하고 있습니다.

7번 : 조선에서는 실제 종도(種稻)를 먹어버리는 등의 사실 많아 이들 예방을 위해 일정의 장소에 보존하든가 또는 다른 좋은 방법을 강구하는 것은 어떻습니까?

면장 : 또 연구, 실사의 후 최선을 기대할 수 있도록 고려하겠습니다.

3번 : 권업장려비 492원은 너무 근소한 감이 있습니다. 적극적으로 장려할 방도는 없습니까?

면장 : 말씀은 양지하였습니다. 원래 군농회(郡農會), 축산조합(畜産組合), 삼림조합(森林組合) 등에서 시설하는 것도 많이 있습니다. 따라서 면경비의 계상 예산은 적은 것 같으나 기수 2명, 기타 각종 단

체의 하에 필요한 경비 부담을 합하면 상당히 많은 액수를 올린 것이란 것을 양지하여 주시길 바랍니다. 따라서 저로써는 가능한 군산업단체가 직접 권업비를 많이 지출하는 것이 어떠한가 생각하는데 여러분의 중에는 단체 관계 직원도 있으므로 이 점 신중한 양해를 바랍니다.

2번 : 피제거 독려는 산미(産米) 진보 및 쌀의 질 개량에는 비상하게 관계가 많은 것이라 생각합니다. 수리조합과 협의의 후 적극적으로 장려를 바랍니다.

면장 : 동감합니다. 수리조합 등과도 협의의 후 이야기를 더해보고자 합니다.

3번 : 해충구제비는 송충이의 번식이 극성한 지금 경비가 적은 것 아닙니까?

면장 : 송충이 구제비로써는 면유림(面有林)에 대해서 구제하는 것으로 일반에 보조하기 위해 계상한 것이 아닙니다.

7번 : 면유림에 대해서는 삼림조합에서 단체보조를 받고 구제비를 지출해야 하는 것이라 생각합니다.

면장 : 그렇지만 면유림의 것에 대해서는 가능한 면에서 계상하는 쪽이 편리하다라 인정하여 계상하였는데 본 비용은 반드시 송충이에 한하지 않고 농사에 대한 해충 구제비도 포함하는 것입니다.

의장 : 제5관은 의견도 들었으나 원안에 대해 찬성자는 기립을 바랍니다.

(기립 총원(總員)

의장 세출경상부 제5관은 원안으로 가결, 확정이라 선고함

의장 오후 1시 30분 휴회를 선언함

의장 오후 2시 회의를 속개(續開)하는 취지를 선언함

의장 세출경상부 제6관을 의제로 하여 의안을 낭독함

면장 의안을 설명함)

2번 : 공동 우물을 새로 파는 장소는 어디입니까?

면장 : 충주면 용산리(龍山里) 1등 도로와 탄금대(彈琴臺) 도로와의 분
　　　기점에 1개소, 연수동에 1개소를 설치하려고 생각합니다.

6번 : 공동 우물은 장래 '폼프'식으로 설치를 바라며 조선인은 두레박
　　　을 아무 곳에나 두는 습관이 있으므로 위생적으로 보아도 '폼프'식
　　　을 좋습니다.

면장 : 다른 실시 상황 등을 조사하여 개선을 필요로 한다면 개선하겠
　　　습니다.

7번 : 화장장(火葬場)에 대해 먼저 도평의회 출석의 때 위생과장으로
　　　부터 옥천(沃川)에서 5백 원의 비용으로 만들었던 것이 비상하게 성
　　　적이 양호하다고 하는데 충주에서도 이를 학습하여 설치하는 것은
　　　어떤가 하는 말을 들었는데 이전부터 일본인의 화장의 때 죽은 자
　　　는 200원 여의 돈을 넣어두므로 머리를 구멍에서 빼서 넣어둔 것을
　　　배가는 사건이 있다라 하는데 이러한 범죄 예방상에서도 옥천의 예
　　　에 따라 설치하는 것이 급하다는 것을 인정합니다.

면장 : 말씀에 지극히 동감합니다. 지난 우리 지방의 설치 상황을 보
　　　지 않고서 단정하는 것은 불가하다고 생각합니다. 또 현재 적립금
　　　설치 신청 중이므로 무언가 결정을 한 후 확정 시공하려고 생각합
　　　니다.

7번 : 신청 중인 것이 불가할 때는 어떻게 합니까?

면장 : 예상한 대로 불가할 때는 적립 준비금으로써 현재 옥천의 방법
　　　에 의해 신설하려고 하는 것에 지장 없습니다. 단 애써 설치하는 것
　　　이라면 가장 완전하게 설치하는 것이 마땅하다고 생각합니다.

7번 : 공동변소는 어느 곳입니까?

면장 : 읍내에 1개소입니다.

(7번 원안 찬성이라 함

전원 찬성이라 함

의장 세출경상부 제6관은 원안에 가결, 확정이라 선고함

의장 제7관 내지 제8관을 일괄하여 의제로 하고 의사를 낭독함

면장 의안을 설명함)

3번 : 경비비(警備費) 중 자경비(自警費)의 계상이 없는 것은 왜입니까?

면장 : 경비의 관계상 계상하지 않았으나 적당한 방법이 있다면 계상해도 자장 없습니다.

7번 : 소방의 피복비는 작년도 계상하고 또 올해도 계상한 것은 전례가 없는데 지금 의안에 의하면 너무 액수가 큰 감이 있습니다. 기타 기구 구입비와 같은 것도 증가하였습니다. 그 이유는 무엇입니까?

면장 : 말씀의 대로 전년도에도 피복비를 계상하고 올해도 또 마찬가지로 피복비를 계상한 것은 실제 면목이 없는 것이라 해도 지극 좋으나, 작년도에는 다른 비목(출동비, 기구 파손 수선과 같은)에서 어쩔 수 없는 지출이 있었습니다. 피복을 구입한 것은 겨우 몇 벌로 더욱이 작년 중 조원의 증원이 있었으므로 어쩔 수 없이 올해 계상하였으나 1929년에 일절 정리하여 긴축 방침으로 가려고 생각하고 있으므로 양해하여 주시길 바랍니다.

7번 : 자경비 계상의 필요가 있음은 3번 의원의 설에 찬성하므로 조원 사상(死傷) 수당을 10원으로 하여 자경비로써 40원을 계상하도록 수정하는 것은 어떻습니까? 기타 제7관 제8관을 통해 이의 없습니다.

(2번, 3번 수정의 후 확정설에 '찬성'이라 함)

의장 : 지금 의원의 수정의 후 확정 동의에 대해 2, 3 찬성이 있었는데

다른 의원의 의견은 어떻습니까?

(전원 '찬성'이라 함

의장 세출경상부 제7관 경비비 제1항 소방비 부기 중 조원 사상수당 50원을 10원으로 변경하고, 자경비 40원을 신설 수정하여, 제7관, 제8관을 그대로 가결, 확정이라 선고함

의장 세출경상부 제9관부터 제11관까지 일괄하여 의제로 하여 의안을 낭독함

면장 의안을 설명함)

7번 : 제9관 제1항 재산관리비 중 감시인(監視人)에 대해 수당이 필요합니까? 관리 희망자는 무상으로 희망자가 많다고 인정합니다.

면장 : 역시 수당을 지급하는 쪽이 본인의 책임감을 조장하여 임야의 보호상 유리하다고 인정합니다.

(6번 원안 '찬성'이라 함

전원 '찬성'이라 함

의장 제9관부터 제11관까지는 원안에 가결, 확정이라 선고함

의장 이에 세출경상부는 전부 의론을 마침으로써 세출임시부로 옮길 뜻을 선언하고, 임시부 전부를 일괄하여 의제로 하여 의안을 낭독함

면장 의안을 설명함)

7번 : 면사무소 건축비 적립금은 현재 어느 정도 있습니까?

면장 : 8,971원입니다.

6번 : 시가 확장 구역 푯대 건설비 243원의 용도는 무엇입니까?

면장 : 후일 시가 확장 도로 확정의 때 통나무를 푯대로 세우려고 합니다.

6번 : 시가 확장을 위해 통나무를 자를 필요는 없다고 인정합니다. 누구라도 현재 급히 가옥 등 건축하기를 바랄 것입니다.

9번 : 푯대를 세우는 것은 가장 필요하다고 인정합니다. 현재 건축물
은 마구 만드는 것 같은 감이 없지 않습니다. 장래 시가지 형성상
비용의 점에서 보더라도 실제상으로도 극히 필요합니다.

면장 : 먼저 통로 예정 지구에 무언가의 표시는 필요하다고 생각합니다.

(7번 원안에 '찬성'이라 함

전원 '찬성'이라 함

의장 세출임시부는 원안에 가결, 확정이라 선고함

의장 이에 세출전부 의론을 마치므로 세입으로 옮길 뜻을 선언하고,
세입경상부를 일괄하여 부의하고 의안을 낭독함

면장 의안을 설명함)

6번 : 제5관 제3항의 영업세할(營業稅割)이 감소한 이유는 무엇입니까?

면장 : 군(郡)의 영업세 감소에 의한 결과입니다.

7번 : 제1관 제1항의 기본재산 수입의 대지료는 무엇입니까?

면장 : 작년 면 기본재산 임야로써 불하를 받았던 용산리의 면유 임야
내의 모경지(冒耕地)77)를 조사함에 밭 9반보(反步)를 발견하였던 것
입니다.

2번 : 작년도 예산 중에는 재산수입의 중 채권 이자를 계상하였는데
올해는 계상하지 않았는데 어떠한 이유입니까?

면장 : 채권은 연한 만료 후가 아니라면 이자를 주지 않는 관계상 수
입이 없습니다. 작년 계상한 것은 만기의 것입니다.

(의장 질문 응답은 여기서 종료하는 것으로 하여 원안에 대한 찬부를
물음

전원 '찬성'이라 함

---

77) 개간 허가나 토지소유자의 승락없이 임의로 농지로 조성한 토지.

의장 세입경상부는 원안으로 가결, 확정이라 선고함

의장 세입임시부로 옮길 뜻을 선언하고 임시부를 일괄하여 의제로 하여 원안을 낭독함

면장 원안 찬성이라 함

전원 찬성이라 함

의장 세입임시부는 원안에 가결, 확정이라 선고함

의장 여기서 1929년도 세입·세출예산은 전부 의론을 마칠 뜻을 선고함

의장 여기서 이번 의안 전부를 논의를 마침으로써 회의를 마칠 뜻을 고함

면장 오후 4시 30분 면협의회의 폐회를 고함

위 회의록은 사실과 서로 어긋나는 것 없음을 인정하여 의장 및 의원 다음에 서명함)

충주면협의회 의장(충주면장 대리 부장) 조명규(趙命奎)

충주면협의회원 이춘웅(李春雄)

충주면협의회원 오오와다 히카루(大和田熙)

7) 선천면 제23회 면협의회 회의록(제1일)

항 목	내 용
문 서 제 목	宣川面 第二十三回 面協議會 會議錄(第1日)
회 의 일	19280224
의 장	崔景植(면장)
출 석 의 원	洪致業(2), 廣田松太郞(3), 魯晶璘(4), 李贊弘(7), 崔鳳浚(8), 李昌鎬(10), 矢岡民藏(11), 金昌麟(12)
결 석 의 원	金英奎(5), 金秉鉉(6), 吳弼股(9)
참 여 직 원	金永杰(임석관리 선천군수), 桂龍珏(군속)
회 의 서 기	金德鳳, 谷山貞重, 韓秉泰, 桂紀善, 池得洙
회 의 서 명 자 (검 수 자)	
의 안	소화3년도 선천면 세입세출예산의 건, 선천면 배수공사 계속비 연기 및 지출방법 결정의 건, 선천면 계속사업 배수공사 실시를 위한 차입금의 건
문 서 번 호 (I D)	CJA0002657
철 명	지정면예산서(경북경남황해평남평북)
건 명	소화3년도선천군선천면세입세출예산서(선천면)(선천면제23회 면협의회회의록첨부)
면 수	17
회의록시작페이지	861
회의록끝페이지	877
설 명 문	국가기록원 소장 '지정면 예산서(경북경남황해평남평북)'에 포함된 1928년 2월 24일 선천면협의회 회의록

해 제

본 회의록(총 17면)은 국가기록원 소장 '지정면 예산서(경북경남황해평남평북)'의 '소화3년도 선천군 선천면 세입·세출예산서(선천면)(선천면 제23회 면협의회 회의록 첨부)'에 포함된 1928년 2월 24일 개최된 제23회 선천면협의회의 회의록이다. 자문 제1호 안인 1928년도 선천면 세입·세출예산에 대해 심의 의결하였다. 선천면의 1928년도 세입·세출예산 중 특히 세출(경상부, 임시부)과 관련하여 천황 즉위식 기념사업, 면직원 숙직비, 여비, 접대비의 증액 필요성, 가로전등비, 신탄시장비, 위생비 중 오물소제부 임금, 촉탁의 임용, 공동묘지, 공동변소, 공동정호 설치 등을 주로 논의하고 있으며, 이에 선천의 1928년도 주요 사업 내용을 확인할 수 있는 회의록이다. 선천면의 예산 총액은 총 7만 3,500원 규모로 전년에 비해 4만 7,140원이 증가된 액수인데, 이는 배수공사 사업 등 각종 사업에 수반한 사무 소비의 증가, 천황 즉위식 관련 경비, 면사무소 개축, 시장부지 구입, 도장개축에 따른 것이라 밝히고 있다.

위 중 특히 주목할 만한 논의는 신탄시장(薪炭市場)에 대한 것이다. 협의회에서 논의된 신탄시장 관련 내용을 보면 협의원 측이 일면 일반민들의 입장을 면당국에 전달하고자 하였다는 것이 확인된다. 협의원 측에서는 당시 선천면의 사회문제로 대두되고 있었던 신탄시장에 대해 폐지까지 면 당국에 고려해주기를 요청하였고, 면당국은 사용료 징수를 위해 신설한 것은 아니라고 하면서도 면재원이 되는 것도 사실이므로 면민(面民)들에게 그 필요성을 주지시켜주기를 요청하였다.

신탄시장은 면당국의 설명에 따르면 사용료의 징수보다는 교통, 위생 등의 문제 해소를 위해 신설할 것이었으나, 사실상 작은 액수라고 해도 이전에 없었던 세금이 부과되는 것이었고 다른 문화이기도 했기 때문에 면민들이 받아들이고 적응하는 데에 어려움이 있었던 것으로 보인다. 즉 신탄시장은 시가가 날로 번창함에 따라 시가의 교통도 복잡하게 되고 같은 가로에 신탄을 실을 우마가 여기저기에 서있어서 교통상 불편을 초래하자, 면당국에서 일정한 장소에서만 숯을 사고

팔 수 있게 만든 것이었다. 이러한 사유로 선천에서는 1927년 8월부터 신탄은 시장에서만 유통할 수 있었고, 유통 시에는 시장 사용료를 지불해야 했다. 그런데 문제는 시장 사용료를 징수하는 과정에서 신탄을 싣고 온 사람들에게 징수자가 무리한 욕설을 일삼자 농민들은 신탄(薪炭) 비매(費賣)운동을 하게 되었다.[78] 면당국도 이 문제 해결을 위해 진상 조사 등을 하게 되는데, 결국 본 회의를 통해 보면 협의원 측은 면민의 입장에서 사용료 징수자의 개선, 사용료 징수 폐지, 신탄 시장의 폐지 등을 주장하기도 하나 면당국이 본 문제의 해결을 위해 취한 조치는 확인되지 않는다. 오히려 면당국은 사용료 징수자보다는 사용료를 내지 않으려고 하는 면민들이 더 문제가 있다고 보고 있음이 확인된다.

이외 면직원의 급여 증액 등과 관련된 내용도 확인되어, 본 회의록은 당시 선천면의 면정(面政)과 면(面)의 분위기를 확인할 수 있는 주요 자료라고 볼 수 있다.

내 용

(상략-편자)

면장 : (중략-편자) 이번 자문으로 한 안건은 1928년도 선천면 세입·세출예산 기타 2건인데, 이들의 심의에 앞서서 개인적인 소회를 조금 이야기해 두고자 합니다.

돌아보면 본직이 본 면(面)에 직(職)을 받든 이래 이미 만 3년 이상이 되어서 그간 내부사무의 정리와 외부사업의 계획 실시에 힘쓰고

---

78) 「농민들이 신탄, 비매동맹, 선천에서」, 『중외일보』 1927.12.1.

도리어 면민(面民)의 복리증진과 면치의 향상, 쇄신을 기약해온 결과 점차 그 효과가 나타나서 면무(面務)는 점차 서(序)에 대해서 사업은 추가 진전의 서광을 보이기에 이르렀던 것은 각위와 함께 복직이 무엇보다 행복하게 생각하는 바입니다. 그리고 각위의 원조와 노력이 쌓여서 크게 기회가 주어진 것이라 말해두는 바입니다. 이에 면정(面政)의 일단을 서술하자면 내부 사무에 있어서는 각종 대장의 정리, 호적, 인감사무의 정리, 납세선전의 시설 등에 힘을 다한 결과 면목을 일신함에 이르렀습니다. 외부사업에 있어서는 본 면의 대부분이 시가지인 관계상 특히 힘을 토목사업에 다하고 도로 교량의 가설 개수에 힘쓴 결과, 시가의 면목이 또 점차 새로워지기에 이르렀습니다. 그리고 누차 각위가 고견을 다하여주시어 본 면(面) 하천정리공사는 각위 후원의 효과가 나타나서 1928, 9년 두 해 동안에 국고에서 금(金) 5만 4천 원, 도지방비에서 금 1만 원의 보조를 얻어서 1928년도 이후 2개년의 계속사업으로서 그것이 실시되기에 이르렀던 것은 본 면(面) 1만 2,000의 주민과 함께 크게 기뻐하고 있는 바입니다.

기타 권업, 위생, 경비 등의 각 사업에 대해서는 종전의 방침을 기본으로 하고 날로 면민의 복리 증진을 계획함과 함께 그 보건위생 아울러 위험 방지에 대해 최선의 노력을 꾀하고 있기 때문에 산업과 같은 것도 근년 착착 진척을 보기에 이르렀다. 위생의 상황 또 호전하여 수년래 전염병의 유행을 볼 수 없었다. 화재와 같은 것도 그것이 큰일에 이르지 않도록 전에 방지하여서 대화재는 그 흔적을 볼 수 없기에 이르렀습니다.

이에 지금 모두에게 자문하고자 하는 것은 1928년도 본 면(面) 세입·세출예산안 외 2건입니다. 이어서 각위 심의에 제공한 이들 자문안의 개요에 대해서 말씀드리겠습니다. 본년도 예산 총액은 7만 3,500원으로 전년도에 비해 4만 7,140원의 증가를 보았습니다. 이를 전년도의 2만 6,360원에 비하면 약 17할의 증가로서 일견 심히 팽창한 것인데 증가는 주로 지금 말씀드렸던 하천정리에 수반한 배수공사 사업에 수행에 의한 것으로서 그 소요 공사비 총액 10만 원 중 본년도 지출해야 할 액수는 5만 4천 원으로 그 재원의 일부인 차입금 이자 7백 원을 계산하고 있는 것 외 세출에서 증가의 주요한 것은 각종 사업의 진척에 수반한 결과 사무소비 등의 증가 및 이번 가을 거행되어질 즉위 대전례에 필요로 하는 경비의 증가 아울러 면사무소 개축, 시장부지 구입, 도장(屠場) 개축 등의 시설 긴급을 요하므로 그 적립금에서 604원의 증가를 보았던 것으로 기타는 작년과 큰 차이 없습니다.

오히려 다소 감소한 경향을 보이고, 특히 시가정리사업 변경 아울러 격리병사의 건축 완성에 의해 토목비 및 위생비의 일부에 있어서 8,720원의 감소를 보았습니다.

다시 말해 지출경비의 재원인 세입에 대해서 일언하자면, 가장 주요한 사업인 시가정리비의 재원은 앞서 말씀드린 국고 및 지방비 보조에 의한 외 1만 5천 원은 차입금(借入金)으로 하고, 이외의 7천 원은 일반의 세입경비를 그 재원으로 하고 있습니다. 이와 같은 증가는 일견 면민의 부담을 현저하게 증가시키는 것 같은 감이 없지 않은데 적극적으로 세출의 절검(節儉)에 힘씀과 함께 힘써서 면민의 부담이 없는 세입의 증수에 힘쓴 결과, 별할(別割)과 같은 겨우 1호 평균 30전의 증율을 보기에 이르렀습니다. 또 1회 차입금과 같이 장래에 부담이 계속되지 않는 것이므로 마땅히 상환 자원을 마련하여 면민에 무리한 부담을 없게 할 계획인데 예를 들면 그에 의해서 조금 부담 증가를 보아도 본 면(面) 영구의 이익이 될 본 공사를 위함은 이와 같은 희생은 어쩔 수 없는 것이라 생각합니다.

이상은 1928년도 예산안 중 더욱 주의를 요구하는 사항의 2, 3에 대해서 말씀드리는 것이고, 각 과목에 대한 상세는 예산 설명서에 의해서 양해해 주시길 바라여 이에 다시 말씀드리는 것은 생략하고, 바로 제2호안은 계속비에 관한 안건, 제3호안은 차입금 차입에 관한 것으로서 그것은 모두 배수공사에 관련한 것인데 그 내용의 상세는 대저 심의의 때 말씀드리는 것으로 하겠습니다. (중략-편자)

의장 : 본일(本日)의 일정은 자문 제1호안을 의제로 합니다. 예년에 의해 앞서 세출경상부의 동(同) 임시부로부터 심의해야 할 것이라 생각하는데 어떻습니까? (중략-편자)

(전원 '이의 없음')

의장 : 그렇다면 이의 없는 것이라 인정하여 세출경상부에 대해 심의하는 것으로 하겠습니다.

8번 : 올 가을 거행될 즉위 대례 거행의 때 본 면(面) 면장은 본 면을 대표하여 가표를 봉정하는 것에 대해 긴급 동의합니다. (중략-편자)

(일동 '이의 없음')

의장 : 이의 없으므로 본건의 사항은 황실에 관한 것이므로 일동 기립의 후 가부(可否)를 결정하는 것으로 하겠습니다.

(전원 기립의 후 다음과 같이 결의안을 일치 가결함) (중략-편자)

의장 : 세출경상부 동 임시부는 지금 낭독했던 것과 같습니다. 이의 있으시면 질문바랍니다. (중략-편자)

의장 : 세출경상부 제1관은 지금 낭독한 대로입니다. 이의 있습니까?

8번 : 세출경상부 제1관 제3항 잡급(雜給)에 대해서 보고자 합니다. 숙직회료는 종래 서기 1야(夜) 25전, 용인(傭人) 1야 15전이었던 것을 본년도는 서기 30전, 용인 20전으로 인상하려고 하는데, 이와 같음은 경비 절약의 이때에 가능한 종래와 같이 하여 면민 부담을 경감하는 것이 어떻습니까?

면장 : 답변하겠습니다. 종래의 숙직회료는 1924년 4월 1일부터 시행하였던 것인데, 그 후 물가의 등귀를 수반하여 1야(夜) 25전은 너무 적은 상태입니다. 면직원 대우 향상 필요도 인정되어 군(郡)에서 본년 2월 훈령으로써 숙직회료의 지금 범위가 인상되면 본 면장 또한 그 인상의 필요를 인정해서 1야(夜) 50전씩 증가시켜서 현재의 현황상 어쩔 수 없는 증가라 생각합니다.

8번 : 제3항 퇴직사망 급여금 100원 증가함은 어떠한 이유에서 입니까?

면장 : 답변 드리겠습니다. 면직원의 사망퇴직은 언제라도 어떠한 사정에 의해 돌발할지 확연한 예측은 가능하지 않으므로 본 면은 1개월 총급료 약 4백 원의 반액을 기초로 하여 계상하고 있음을 알아주시길 바랍니다.

10번 : 제4항 여비 작년보다 2백 원 증가한 이유의 설명을 바랍니다.

면장 : 답변 드립니다. 1927년도는 본 면의 중대사업인 하천정리에 수반한 배수공사로 본 도청 및 본부에 직접 절충을 위해 수차 출장하고 또 기타 사무 격증하였기 때문에 5백 원의 예산이 9백 원으로 증가하였던 것입니다. 그리고 본년도 기사, 고인(雇人) 계획 협의 등도, 본부와 절충을 요하는 사업은 작년에 적지 않았는데 가능한 절약을 기약하는 것으로 하여 겨우 2백 원을 증가하였던 것이므로 알아주시길 바랍니다.

의장 : 제1관에 이의 없으신 것 같으므로 제2관으로 논의를 옮기고자 합니다.

4번 : 이의 없습니다. (중략-편자)

의장 : 제2관 사무소비는 지금 낭독하신대로입니다. 이의 있습니까?

8번 : 제3항 잡비 접대비 1백 원 증가함은 예년에 비해 하천(河川) 정
　　리공사의 관계도 있고 다소 증가함은 어쩔 수 없다고 생각하는데,
　　작년의 예산도 과대한 염려가 있었는데 본년 다시 1백 원 증가함은
　　다소 양해가 어려운 점, 설명을 부탁드립니다.

면장 : 답변 드리겠습니다. 근래 토목사업 진척에 수반하여 시가계획
　　위원회 설치되었으므로, 각종 회의의 횟수가 증가하고 또 시찰단
　　또는 시찰원의 내방도 격증한 관계상 예년의 실적에 비추어 보면
　　현재 2백 원의 접대비 정도로는 면장 자신이 다액의 부담을 해도
　　또 부족을 발생시키는 상태이므로 본부의 방침을 기본으로 하여
　　1921년 2월 지제352호 내무국장 통첩 정액대로 증액하였던 것이므
　　로 알아주시길 바랍니다. (중략-편자)

의장 : 계속하여 개회하겠습니다. 제2관에 이의 없으면 제3관으로 넘
　　어가겠습니다.

(전원 '이의 없음') (중략-편자)

의장 : 제3관 토목비에 대해서는 지금 낭독한 대로입니다. 이의 있으
　　십니까?

8번 : 작년 가로전등비 설치비 231원을 게상(揭上)하였으나 실시하지
　　않았는데, 본정통(本町通) 및 군청통(郡廳通)은 문등(門燈) 등이 있
　　어서 어느 정도 불편을 느끼지 않으나 이통(裏通)의 정(町)은 암흑
　　을 극히 하고 있어서 불편하므로 본년은 어떻게든 실시하여 주시길
　　바랍니다.

면장 : 답변 드리겠습니다. 지금 8번 의원 질문은 전등료로서 2백 원
　　을 게상하였으나 실시가 수반되지 않았다는 것인데, 이는 전기회사
　　와의 간에 종종의 경위가 있어서입니다. 일찍이 본직(本職)이 전기

회사와도 협의한 결과 1927년 3월부터 읍내 전주 216본에 대해서 3본마다 10촉광 1개씩을 점등하여 약 70개소에 점화를 실시할 예정이었는데, 일반 외등의 관계도 있고 또 전기회사에서 전구 파손의 경우에 배상을 요구하였던 것도 면에 배상의 예산이 없어서 전기회사에서도 점차 유예 쪽의 교섭도 있었던 관계상 금일까지 연기하고 있었던 것입니다.

7번 : 수로(修路) 공부(工夫)의 급료에 대해 문의 드립니다. 수로 공부는 임시 고용으로 결빙(結氷) 중은 그것을 해고할 필요가 있는데 사용함은 무슨 연유에서 입니까?

면장 : 답변 드리겠습니다. 지금 말씀하신 것처럼 수로 공부를 결빙 중 해고하는 것은 불가능합니다. 왜냐하면 수로 공부는 기능을 요하는 것으로 보통의 사람이 가능한 것이 아니므로 경험의 없는 사람은 절대 쓸 수 없는데 일정의 기간만 사용할 때는 생활의 안정을 기대할 수 없으므로 기술을 갖은 자를 얻기 어렵습니다. 예를 들면 그것을 얻고자 해도 해고할 때는 적어도 3개월분의 월급을 위로금으로 지급하기로 내약하지 않는다면 고용할 수 없으므로 경비의 관계에서 보아도 임시로 쓰는 것 보다 상치의 쪽이 득책이라 생각합니다. 동기라 해도 도로의 제설, 부역대납금의 징수 등의 일이 있어서 충분 그 급료에 상당하는 일은 하고 있으므로 계속 사용하고 있는 것입니다.

의장 : 다른 의견 있습니까?

('이의 없음')

의장 : 이의 없으면 오전 중은 이에 휴식하겠습니다. (중략-편자)

의장 : 계속하여 개회하겠습니다. 지금부터 제4관의 권업비를 부의하겠습니다. (중략-편자)

의장 : 제4관 권업비는 지금 낭독한 대로입니다. 이의 있으시면 의견 아울러 질문하여 주십시오.

10번 : 신탄시장비(薪炭市場費) 징수에 대해 한마디 하고자 합니다. 신탄시장의 사용료는 현재 징수하고 있지 않고, 징수하지 않고 있기 때문에 그로부터 발생하는 수입이 없는 것으로 생각되는데 그 경비를 예산에 계상(計上)함은 어떠한 필요에 의한 것입니까?

면장 : 답변 드리겠습니다. 신탄시장을 설치하였던 것은 사용료 징수의 목적으로써 시설한 것이 아니라 필경 교통 및 위생시설상의 견지에서 설치한 것도 있습니다. 또 그 징수의 성적도 양호하여서 대저 반년에 1개년의 예산의 전액을 수입하고 있는 상황이나 면민의 일부는 시장에 가서 사야하는 것에 불편을 느끼고 신탄 매매 방법도 또한 불편을 느끼고 있으며, 신탄을 지참한 자를 감시하고 있기 때문에 신탄의 가격 등귀하고 면민 일부에 반감을 일으켜서 면행정의 운용상 도대체 흥미롭지 않아서 신탄의 가격 아울러 수요율 기타를 조사하고 근본책을 수립하기 위해서 작년 11월 하순경부터 시장 외 매매의 취급을 완화시킨 관계상 시장 내의 매매는 폐산의 상태입니다. 해빙의 시기를 기다려서 반드시 실시할 연구를 거듭하여서 현재에도 신탄시장을 전연 폐쇄한 것은 아닙니다. 또 이러한 시장부지는 원(元) 철도용지였지만 이번 특별한 처분지로서 본 면(面)에서 불하(拂下)의 교섭을 진행할 예정입니다. 이 같은 상황에 있어서 본년도 예산으로 그 경비를 계상한 것이므로 이해하여 주시길 바랍니다.

8번 : 시장사용료에 관련하여 촌민이 비매동맹(非買同盟)을 선전함은 결코 3전의 사용료의 징수가 문제가 아닙니다. 징수를 담당하는 사용인 마치 사법경찰관이 범죄자를 취조하는 것 같은 태도로써 수급자에 접하여 정도에 지나침은 구타 등의 폭행행위를 하는 것인데, 때문에 이러한 것이 원인이 되어 불평이 높아지고 있다라고 하는 것이므로 이후는 사용인을 가능한 선량한 사람으로 뽑아서 면(面) 행정 진행상 철저를 도모하기를 바랍니다.

면장 : 답변 드립니다. 신탄시장 사용료 징수 사용인의 행위에 대해서는 면리원으로서 조사시켰던 적도 있는데, 신탄 판매자들이 사용료를 지불하지 않고 가버린 자도 있어서 이들에 대해서 사용료의 지불 방책의 강청을 했던 것으로 알고 있는데 지금 8번 의원이 말씀하신 부분은 완전 사실 무근한 풍평이라고 생각하므로 이해하여 주시길 바랍니다.

7번 : 신탄시장이 1개소로 수청면(水淸面), 남면(南面), 동면(東面) 혹은 구성(龜城) 방면에서 온 신탄 판매자들이 불편을 느껴서 시장에 모여들지 않는 것이라 생각되므로, 지금 2, 3개소의 시장을 증설함은 어떠합니까?

면장 : 답변 드립니다. 신탄시장 설치에 대해서는 그 정부의 인가를 요하는 것으로써 또 상당 경비의 관계도 있으므로 증설문제에 대해서는 고려를 요하는 것으로 10번 의원에 답변한 대로 상당 연구 중이 있으므로 이해하여 주시길 바랍니다.

8번 : 신탄시장의 문제는 일이 이미 오래된 것으로써 징수를 그만둔 것이 4개월에 이르고 있습니다. 이와 같음은 장기간 중 사용료를 징수하지 않고 고려 중임은 심히 유감입니다. 조속 대책을 강구하여 긴급의 처치를 바랍니다.

면장 : 답변 드립니다. 신탄시장은 11월 말부터 문제가 되었는데 이는 소를 영구 노변(路邊)에 세워두는 것은 위생상 아울러 교통 상으로 다대의 영향을 미치기 때문에 방만하게 두지 않고 면리원으로서

직접 시장으로 행하여 이야기하고 있으므로 이해하여 주시길 바랍니다.

2번 : 신탄시장 사용료 징수에 대해서는 심히 악평이 있는데, 경비의 상에서 보면 연 360원의 수입으로 280원의 지불하므로 근소한 수입이 있을 뿐입니다. 위생 및 교통 상에서 보아도 큰 문제입니다. 즉 쌀시장에서 지나미를 체에 쳐서 체에서 떨어진 그 미곡의 시장은 신탄 적재의 우마 때문에 발생하는 먼지 이상으로 인류에 유해합니다. 또 왕래하는 우차 등은 그 이상으로 위험에 있으므로 충분 고려의 후 신탄시장을 폐지시킬 것을 희망합니다.

면장 : 답변 드립니다. 본 시장 설치는 그 당국에서 각 방면에 걸쳐 조사를 시킨 결과, 그 필요를 인정하여 인가하고자 하는 것입니다. 또 동(同) 사용료와 같은 것도 규정대로 징수하고 있는 것이라면 연 수입 1천 원의 수입은 보증이 됩니다. 면민의 부담은 제한이 있어서 재원(財源)도 없으므로 모두 이해하신 후 원조를 바라며 본 시장이 필요한 것을 일반 면민에 주지시킬 방책을 원합니다. 다른 의견 없습니까?

(전원 다른 의견 없음)

의장 : 다른 의견이 없으므로 제5관의 위생비로 넘어가겠습니다.

(전원 '이의 없음')

의장 : 이의 없으므로 인정하여 다음의 제5관을 부의합니다. (중략-편자)

의장 : 제5관은 지금 낭독한데로입니다. 이의 있으시면 질문하시길 바랍니다.

10번 : 오물소제부 임금에 대해 한 말씀드리겠는데 본년도 예산은 456원인데 현재의 상황을 보면 소제가 행해지고 있지 않는 것 같으므로 인부를 증가시키는 것은 어떻습니까?

의장 : 지금 10번 의원의 의견에 답변 드리고자 합니다. 상용 인부는 증가시키고자 해도 인부를 증가 시키려면 경비 팽창의 우려가 있어서 충분 고려의 필요가 있습니다. 이의 시가(市街)라 해도 대부분 넓지만 쓰레기통이 넘치지 않도록 하기 어려우므로 각성의 당면의 방책으로 직접 처리하고자 한다면 임시 인부로서 바로 소제시킵니다. 또 하천공사에 대해서 막대의 경비를 요하는 것이 있으므로 상용 인부를 늘리는 것은 가능하지 않다라고 생각합니다.

의장 : 이외 이의 있습니까?

7번 : 오물소제치장(汚物掃除置場) 차용료(借用料) 26원을 계상하고 있는데 무슨 이유로 지불하지 않고 있습니까?

면장 : 답변 드립니다. 지금까지는 월천동(越川洞)의 공지(空地)를 사용하고 있어서 지불하지 않았던 것인데, 올해는 하천정비로 여러 공지가 하천 재편성지가 되었으므로 이후는 부현(府峴) 절하(切下)의 후방에 설치할 예정으로 있습니다. 또 지금까지 지불하고 있지 않은 예산은 전부 내년도로 이월하고 있으므로 이해하여 주시길 바랍니다. 다른 의견 없습니까?

8번 : 제3관 제1항 전염병 예방비에 대해서 말씀드리겠습니다. 격리병사(隔離病舍)를 설치하고 있는데 전염병 환자를 수용한 적이 없습니다. 단 촉탁의가 없으므로 수용이 가능하지 않은 것이라 생각됩니다. 면민으로서도 의사가 없는 격리병사라고 하여 우려하고 있습니다.

면장 : 답변 드립니다. 지금 8번 의원의 말씀에 촉탁의(囑託醫)가 없다고 하셨는데 실은 본년 4월 1일부터 홍(洪) 의사(醫師)를 촉탁으로서 채용하는 것으로 결정하였습니다.

8번 : 촉탁의(囑託醫)를 둔다면 다소의 보수가 없으면 안 될 것인데 예산면에서 그것을 계상하지 않음은 어떠한 이유에서 입니까?

면장 : 지금 8번 의원의 질문에 대해 답변을 드립니다. 설명은 다음과 같다고 생각합니다. 별도로 그것을 명기하지 않았으나 격리병사비 260원 중에서 지불할 예정입니다. 다른 질문 있습니까?

8번 : 공동묘지(共同墓地)에 대해 문의 드리는데, 현재 매장의 여지가 없는 것으로 판단되는데 별도로 신설하는 것은 어떻습니까?

면장 : 지금 말씀하신 것에 대해서는 본 면장도 동감하고 있습니다. 현재 그 적당한 곳에 대해서는 공부 중에 있습니다. (중략-편자)

7번 : 공동변소(共同便所), 공동정호(共同井戶)에 대해 말씀드립니다. 공동정호의 신설장소 및 공동변소의 각 위치는 어디로 하려고 합니까?

면장 : 답변 드립니다. 신설 공동정호의 장소 아울러 공동변소 위치는 경찰서와 다소 협의를 요하는 점이 있어 아직 확정하고 있지 않습니다.

의장 : 이의 없습니까? 의견 없으시면 다음의 제6관 경비비(警備費)로 넘어가겠습니다. (중략-편자)

의장 : 제6관 경비비에 대해서는 지금 낭독한 대로입니다. 의견이 있으시면 말씀하여 주시길 바랍니다. (중략-편자)

(전원 '이의 없음') (중략-편자)

의장 : 제7관 선거비(選擧費)에서 제11관 예비비(豫備費)까지는 지금 낭독한 대로입니다. 이의 있습니까?

8번 : 본 군(郡)의 방침에 의해서 각 구장에게 면비(面費)로써 신문을 구독하게 하고 있는데, 선천면의 경우는 각 신문을 전부 구독하고 있으므로, 본 군의 방침이 있다고 하더라도 본 면의 각 구장에게 신문배급은 부적당하다라 생각합니다. 월천동 구장에 한해서 면비로 구독시키는 것이 어떻습니까?

면장 : 답변 드립니다. 구장 신문구독은 반드시 구독하지 않으면 안된 다라 한정된 것은 아니며 예산의 실시 여하는 여러분의 의견 여하 에 의해서 고려됩니다.

7번 : 다른 군(郡)의 예는 어떻습니까?

면장 : 다른 군의 예는 알지 못하지만, 선천군 각 면(面)은 대부분 구 독시키고 있는 것 같습니다. 아울러 선천면은 선천면으로서 상당 고려해야 할 것이라 생각합니다.

의장 : 다른 의견 없습니까?

(전원 '이의 없음') (중략-편자)

오후 3시 30분 재회(再會) (중략-편자)

의장 : 이번 가을 축하비로서 3백 원 계상한 것은 설명서에 설명되어 진 대로 그 사용의 대개는 시가장식비(市街裝飾費)로서 계상한 것 이므로 이해하여 주시길 바랍니다.

의장 : 이의 없습니까?

(전원 '이의 없음')

의장 : 그럼 제2관으로 넘어가겠습니다. (중략-편자)

의장 : 제2관 배수공사비(排水工事費) 본년도 지출액은 지금 낭독한 대로입니다. 이의 없습니까?

(전원 '이의 없음')

의장 : 그럼 이의 없는 것으로 인정하고 제3관 기본재산조성 및 적립 금곡(積立金穀)으로 넘어가겠습니다. (중략-편자)

의장 : 제3관은 지금 낭독한 대로입니다. 이의 없습니까?

8번 : 면사무소 개축비 적립금 및 시장부지 구입비 적립금, 도장개축 비 적립금은 어떤 수수료에 의해서 적립한 것입니까?

면장 : 지금 8번 의원의 질문에 대해 답변 드립니다. 적립금에 관해서
　　는 별도로 정한 수수료는 없습니다. 대재 적립금의 규정이 설치되
　　어져 있어서 제 규정에 준거하여 예산의 허락하는 범위 내에서 그
　　액수를 정하고 있습니다.
의장 : 이의 없습니까?
('이의 없음')
의장 : 이의 없는 것이라 인정하여 다음의 제4관 차입금으로 넘어가겠
　　습니다. (중략-편자)
의장 : 제4관 차입금은 지금 낭독한 대로입니다. 이의 있습니까?
(일동 '이의 없음') (중략-편자)

오후 4시 50분 산회

8) 선천면 제23회 면협의회 회의록(제2일)

항 목	내 용
문 서 제 목	宣川面 第二十三回 面協議會 會議錄(第2日)
회 의 일	19280225
의 장	崔景植(면장)
출 석 의 원	洪致業(2), 廣田松太郎(3), 魯晶璘(4), 李贊弘(7), 崔鳳浚(8), 李昌鎬(10), 矢岡民藏(11), 金昌麟(12)
결 석 의 원	金英奎(5), 金秉鉉(6), 吳彌股(9)
참 여 직 원	金永杰(임석관리 선천군수), 桂龍珏(군속)
회 의 서 기	金德鳳, 谷山貞重, 韓秉泰, 桂紀善, 池得洙
회 의 서 명 자 (검 수 자)	崔景植(면장), 李贊弘(7), 李昌鎬(10), 金昌麟(12)
의 안	소화3년도 선천면 세입세출예산의 건, 선천면 배수공사 계속비 연기 및 지출방법 결정의 건, 선천면 계속사업 배수공사 실시를 위한 차입금의 건
문서번호(I D)	CJA0002657
철 명	지정면예산서(경북경남황해평남평북)
건 명	소화3년도선천군선천면세입세출예산서(선천면)(선천면제23회면협의회회의록첨부)
면 수	7
회의록시작페이지	878
회의록끝페이지	884
설 명 문	국가기록원 소장 '지정면 예산서(경북경남황해평남평북)'에 포함된 1928년 2월 25일 선천면협의회 회의록

해 제

본 회의록(총 7면)은 국가기록원 소장 '지정면 예산서(경북경남황해평남평북)'의 '소화3년도 선천군 선천면 세입·세출예산서 (선천면)(선천면 제23회 면협의회 회의록 첨부)'에 포함된 1928년 2월 25일 개최의

제23회 선천면협의회 제2일차 회의록이다. 자문 제1호 1928년도 선천
면 세입·세출예산 중 세입경상부에 대한 제1독회 및 제2독회를 실시
하고, 세입임시부 및 자문안 제2호 선천면 배수공사 계속비의 연기 및
지출방법 결정, 자문안 제3호 선천면 계속사업 배수공사 실시를 위한
차입금의 건 등에 대해 심의 의결하였다. 제1호안 중 세입경상부에 대
한 논의 즉 세금징수와 관련된 부분에 대해서는 상세하게 논의하고
있어, 선천면의 세입 일반 상황에 대해서는 확인이 가능하나, 세입 임
시부나 제2, 3호안은 모두 원안대로 의결하고 있어 사업 내용이나 진
행과정 등을 확인하기에는 어려움이 있다. 다만, 자문안 제2호, 제3호
가 모두 배수공사와 관련된 것이어서 당시 선천면의 주요 사업이 배
수공사였음을 알 수 있다. 다만, 자문안의 제목으로 보았을 때 이 시
기까지는 배수공사와 관련된 예산에 문제가 있어, 설계, 공사 등을 본
격 논의하기에는 어려움이 있었던 것 같다.

　본 회의록에서 주목할 만한 논의는 잡종세와 공조조합금의 부분이
다. 본 회의에서는 잡종세와 관련하여 엽총, 기생과 관련된 부분에 대
한 논의가 확인되는데, 당시 불황인 것도 있었지만 국세와는 또 달리
불납동맹이 있다고 할 정도로 잡종세 등에 대한 징수 성적은 좋지 못
하였던 것 같다. 공조조합금의 경우 세금은 아니지만, 면장 관여의 사
업으로 징수와 관련된 부분이 논의된다. 공조조합은 면, 도 등 행정기
관에서 농민들을 수해, 한재 등으로부터 구제하기 위해 조직한 것으
로 보통 행정기관의 장이 조합장을 담당하였다.[79] 공조조합은 구제의
역할을 하였지만, 농민들이 채금(債金)을 하였을 때에는 구타, 무차별

---

79)「救助가 反히 弊端, 平南디방의 공조조합과 불평, 旱災民에게 나누어 주었던 빚독
　　촉이 성화같아」,『동아일보』1923.3.3.

차압 등을 행하면서 사회문제가 되기도 한다.[80] 위와 관련하여, 본 회의록에서는 선천면의 경우 공조조합 문제가 구 면장의 조합금 징수와 관련해서 발생하였음이 확인된다. 즉 선천면에서는 구 면장이 공조조합의 명의가 아니라 개인 명의로 공조조합금을 징수하면서 피해자가 발생한 사건이 있었던 것이다. 구 면장이 공조조합장의 명의가 아니라 개인 명의로 조합금을 징수하면서, 면민들 중에 다시 공조조합금을 납입해야 되는 경우가 생겼고, 면과 관련된 사업이었지만 면장은 이에 대한 언급을 회피하는 등의 태도를 보이는 등 본 회의록을 통해 당시 면당국의 면민(面民)의 피해 구제에 대한 행태를 엿볼 수 있다.

내 용

(상략-편자)

의장 : 지금부터 어제에 계속하여 개회하겠습니다. 오늘의 일정은 제1호안의 세입경상부는 1독회 및 제2독회를 함께 진행하고자 하는데 이의 없습니까?

(전원 '이의 없음') (중략-편자)

의장 : 세입경상부는 지금 낭독한 대로입니다. 이의 있습니까?

(일동 '이의 없음')

의장 : 이의 없으므로 다음의 제2관의 사용료 및 수수료로 넘어가겠습니다. (중략-편자)

의장 : 동 제2관은 지금 낭독한 대로인데 이의 있습니까?

---

80) 「郡面銀行員等의 作黨肆行益猛烈! 이집저집을 함부로 수색하여 늙은 부인을 때리는 등 가지가지 행패, 共助組合債金事件//執務中豪飮, 良民을 毆打(定州)」, 『동아일보』 1928.3.2.

(전원 일동 '이의 없음')

의장 : 이의 없으므로 다음의 제3관의 교부금으로 넘어가겠습니다. (중략-편자)

의장 : 제3관 교부금은 지금 낭독한 대로인데 이의 있습니까?

(전원 '이의 없음') (중략-편자)

의장 : 그렇다면 이의 없다라 인정하여 제4관 잡수입으로 넘어가겠습니다. (중략-편자)

의장 : 제4관 잡수입은 지금 낭독한 대로인데 이의 있습니까?

8번 : 이 항 수로(修路) 공부(工夫)로서 부역 대납금을 징수시키고 있는데 정당의 행위라 생각하지 않습니다. 만약 이자가 징수금을 소비하면 어떻게 할 것입니까? 신원보증이라도 한 것입니까? 자세히 설명하여 주시길 바랍니다.

면장 : 답변 드립니다. 면(面)에서 쓰고 있는 자는 면리원을 비롯 고원(雇員), 용인(傭人), 수로공부까지 상당한 보증인을 세우고 있습니다. 수로공부로서 징수를 시키는 것은 부역 독촉의 관계상 지극 편리한 방책이라 생각해서 사용하고 있습니다.

8번 : 향교유지대부료(鄕校有地貸付料) 교부금(交付金)은 교부금의 관에 들어가지 않고 잡수입(雜收入)으로 들어간 것은 어떠한 이유에서 입니까?

면장 : 답변 드립니다. 향교 재산관리자 선천군수의 의뢰에 의해서 징수하고, 일정한 법령에 의해서 징수하고 있지 않으므로 교부금으로 들어가 있지 않습니다. 이에 이해하여 주시길 바랍니다.

의장 : 다른 이의 없습니까?

(전원 일동 '이의 없음')

의장 : 이의 없다고 인정하여 다음의 제5관으로 넘어가겠습니다. (중

략:편자)

의장 : 동(同) 제5관은 지금 낭독한 대로입니다. 이의 있습니까?

7번 : 잡종할(雜種割)에 대해 한마디 하겠습니다. 엽총 10정(挺)에 대한 분만 계상하고 있는데 어떠한 이유에서 입니까?

면장 : 답변 드립니다. 엽총은 일단 10정 이상이다라 하는 것입니다. 그러나 점차 감소할 수도 있어서 확실한 계수(計數)를 들기 위해서 최소 한도에서 견적을 계상한 것입니다. 무엇보다 그것은 예산에 있으므로 실제 부과의 때 10정 이상이 있다면 한 개도 빼지 않고 부과할 수 있습니다.

8번 : 엽총에 대한 잡종할은 다른 예가 없으므로 읍내 내지인 측의 일부에서 그것을 납부하지 않는다라 하는 사람이 있는 것 같은데, 납세 성적은 어떻습니까?

면장 : 답변 드립니다. 잡종할은 초년부터 그 징수성적은 국세와 동일하게 행해지지는 않았습니다. 그러나 불납동맹이라 하는 것은 다소의 풍평은 본직도 들었던 것인데, 이와 같음은 있을 수 없는 일이라 생각합니다. 또 그것은 총독의 인가를 얻고 있어서 타도(他道)의 례(例)는 널리 알고 있지는 못하지만 본 도(道)의 내에는 본 면(面)만이 아니라 정주(定州市), 강계(江界)에서도 대저 징수하려고 하고 있습니다.

8번 : 잡종할의 예기(藝妓)는 2원, 무기(舞妓)는 1원 50전으로 하고 있는데, 수입에 관해서는 큰 차이가 없다라 생각됩니다. 균일하게 부과하는 것이 어떻습니까?

면장 : 답변 드립니다. 전선(全鮮)을 통해서 본부(本府)에서 정한 일정의 표준에 기초하여 총독의 인가를 얻어서 규정하고 있는 것이므로 다소 변경은 가능하지 않습니다.

의장 : 다른 이의 없습니까?

8번 : 이는 본안(本案)에 직접 관계는 없지만, 공조조합금(共助組合金)에 대해 말씀드리고자 합니다. 월천동 면민이 공조조합의 차금을 구 면장에게 반납하였음에도 불구하고 또 그것을 징수하고자 하여 독촉 중에 있어서 읍내에서 비상하게 소란이 있는데 이것은 왜 그렇습니까? 일단 구 김면장에게 지불했던 것을 다시 징수하는 것은 2중 징수라고 생각하는데 상세하게 설명하여 주십시오.

의장 : 지금 8번 의원의 말씀에 대해서는 의제 외에 있어서 답변하지 않아도 되는 것이지만 의장으로서 답변하겠습니다. 전 면장 김정묵(金晶黙) 씨가 공조조합장으로서 수취했던 것인데, 또 김정묵 개인의 명의로 수취한 것도 있는 것 같습니다. 후자라면 개인 간의 대차 관계에 있었던 것이므로 공조조합장으로써 다시 취한 것은 2중취라고 할 수 없습니다.

8번 : 알고 계시겠지만 전 면장이 공조조합장의 명의로 정식의 영수증을 발급하였다면 마땅한데, 전 면장 그 자 개인 명의의 영수증이라면 무효이다라고 하는 것 같습니다. 이에 예를 들어 보자면, 면부과금 징수에 대해 회계원의 직인(職印)은 없고 개인의 인판(印判)만 있는 것으로, 이와 같은 것은 정식의 것이라고 생각은 할 수 없습니다. 그렇게 보면 전 면장 개인의 명의로 하였다고 해서 무효로 하는 것은 이상할 것이 없는 것입니까?

면장 : 의제 외의 일이므로 답변 마치겠습니다.

의장 : 다른 의견은 없습니까? 의견이 없다라 인정해서 다음의 세입임시부로 넘어가겠습니다. (중략-편자)

의장 : 세입임시부 제1관에 대해서는 지금 낭독한 대로인데 의견은 없습니까? 의견 없다라 인정하여 다음이 제2관으로 넘어가겠습니다.

(중략-편자)

의장 : 제2관 이월금(移越金)은 지금 낭독한 대로입니다. 의견 없으시면 의견 없다라 인정하여 다음의 제3관으로 넘어가겠습니다. (중략-편자)

의장 : 제3관 보조금은 지금 낭독한 대로입니다. 의견 없습니까? (중략-편자)

면장 : 제4관 기부금에 대해서는 지금 낭독한 대로로 기부금의 계상은 상상(想像)을 계상한 것으로 그때가 돼서 보면 확실하지 않을 수 있습니다. 의견 있습니까?

(전원 일동 '이의 없음')

의장 : 이의 없으므로 다음의 제5관으로 넘어가겠습니다. (중략-편자)

(전원 일동 '이의 없음')

의장 : 의견이 없으므로 다음의 제6관 차입금으로 넘어가겠습니다. (중략-편자)

의장 : 제6관은 지금 낭독한 대로입니다. 의견은 없습니까?

(일동 '이의 없음') (중략-편자)

의장 : 제1호안 전부에 대해 이의 없습니까?

(전원 '이의 없음') (중략-편자)

의장 : 그렇다면 제1호안은 원안대로 가결합니다.

의장 : 이어서 자문 제2호의 심으로 넘어가겠는데 제2호안 및 제3호안은 제1호안 관련한 안건이므로 1, 2, 3 독회 모두 함께 진행하면 어떻겠습니까?

(전원 일동 '이의 없음') (중략-편자)

면장 : 제2호안은 지금 낭독한 대로로 그 이유에 대해서는 각위에 배부한 안건에 쓰여진 대로이므로 이해 후 심의하여 주시길 바랍니다.

(중략-편자)

(전원 '이의 없음') (중략-편자)

의장 : 자문 제3호안은 지금 낭독한 대로입니다. 그런데 그것은 배수 공사를 위한 금원(金員)의 차입(借入)을 하려는 것으로 의원 제군의 자문을 거쳐 그 당국에 인가원(認可願)을 제출할 예정에 있는데 이의 없습니까?

(전원 '이의 없음') (중략-편자)

오후 3시 45분 폐회.

9) (선천면) 제25회 면협의회 회의록

항목	내용
문 서 제 목	第二十五回 面協議會 會議錄
회 의 일	19280925
의 장	崔景植(면장)
출 석 의 원	洪致業(2), 魯晶璘(4), 金英奎(5), 李贊弘(7), 崔鳳浚(8), 吳弼殷(9), 矢岡民藏(11), 金昌麟(12)
결 석 의 원	廣田松太郎(3), 金秉鉉(6), 李昌鎬(10)
참 여 직 원	內田惠迪(부장), 桂燦謙(임석관리 군수), 安倍英任(임석관리 군속), 李基珍(임석관리 군속)
회 의 서 기	韓秉泰, 谷山貞重, 桂紀善
회 의 서 명 자 (검 수 자)	崔景植(면장), 洪致業(2), 崔鳳浚(8), 金昌麟(12)
의 안	자문 제1호안 1928년도 선천면 제1회 세입세출 추가경정 예산 건, 자문 제2호안 宣龜·宣朔 兩 線路 수선을 위해 부역 현품 부과의 건
문서번호(ID)	CJA0002657
철 명	지정면예산서(경북경남황해평남평북)
건 명	소화3년도선천군선천면세입세출예산서(선천면)(선천면제23회 면협의회회의록첨부)
면 수	5
회의록시작페이지	895
회의록끝페이지	899
설 명 문	국가기록원 소장 '지정면 예산서(경북경남황해평남평북)'에 포함된 1928년 9월 25일 선천면협의회 회의록

해 제

본 회의록(총 5면)은 국가기록원 소장 '지정면 예산서(경북경남황해평남평북)'의 '소화3년도 선천군 선천면 세입·세출예산서(선천면)(선천면 제23회 면협의회회 의록 첨부)'에 포함된 1928년 9월 25일 개최된 제25회 선천면협의회 회의록이다. 자문안 제1호안 1928년도 선천면 제1회 세입·세출 추가경정예산, 제2호안 선구(宣龜)·선삭(宣朔) 두 선로 수선을 위해 부역·현품을 부과하는 것에 대해 심의, 의결하였다. 먼저, 자문안 제1호 선천면 세입·세출 추가경정과 관련해서는 배수공사와 천연두 유행에 따른 천연두 예방비에 대해서, 자문안 제2호에 대해서는 면비가 추가로 부담되어야 하는 사유에 대한 논의가 주로 이루어졌다.

배수공사는 1928년 선천면의 가장 중요한 사업이었다. 연초부터 계속 문제제기가 되었으나 예산이 확정되지 않아 구체적인 논의조차 어려웠던 것이 국고 및 지방비 보조 사항 등에 따라 사업에 대한 논의가 구체화 된 것이었다. 선천면 배수공사는 9월말 청부 낙찰은 실패하였지만,[81] 재낙찰의 결과 10월 27일 기공식을 가졌다.[82] 본 회의록에서는 국고보조 및 지방비 보조의 연차별 액수 등 배수사업 진행의 구체적인 내용을 확인할 수 있다.

또한 본 회의록에서는 1928년 선천면의 천연두 창궐 실태와 이에 대한 처리 비용 등의 확인이 가능하다. 1928년 당시 천연두 환자수 전체가 290명[83]인데, 선천면의 환자가 73명인 것으로 확인되어 당시 선천면이 천연두 유행은 상당히 심각한 상태였음을 알 수 있다. 다만, 위와 관련된 추가경정 예산은 사후 처리비용에 대한 부분으로 대안과 관련된 부분은 확인되지 않는다.

---

81) 「宣川排水工事 矢野組入札?」, 『동아일보』 1928.9.28.
82) 선천 시내 중앙을 관통하는 것으로, 柳橋川 굴착 및 보안 공사, 교량 가설 공사 등이 예산액 54,000에 착수되었다.
「宣川排手工事 來 27日 起工式」, 『동아일보』 1928.10.26.
83) 『조선총독부시정연보(1928)』, 416면.

마지막으로 본 회의록에서는 선구(宣龜)·선삭(宣朔) 두 선로의 수선(修善)을 위해 세금을 추가 징수(부역·현품·일부 대금 환산 징수)하는 것에 대한 구체적인 논의를 확인할 수 있다. 협의원 측에서는 도로의 수선은 도지방비 보조로 충당해야 하는 것이 아니냐는 문제제기가 있는데, 이에 대한 면당국의 설명을 통해 당시 도로 수선이 어떤 식으로 실시되었는지를 확인할 수 있는 자료이다.

내 용

○ 안건(案件)
자문 제1호안 : 1928년도 선천면 제1회 세입·세출 추가경정예산건
자문 제2호안 : 선구(宣龜)·선삭(宣朔) 양(兩) 선로(線路) 수선을 위해
　　　　　　　부역 현품 부과의 건

○ 의사(議事)
의장 : (중략-편자) 지금부터 자문할 안건은 1928년도 선천면 추가경정
　　예산안의 외 1건인데, 예산의 추가경정에 대해서는 저번 노동자의
　　수급을 원활하게 해야 할 기관으로서 직업소개소의 설치비 아울러
　　사무소비, 토목비 등 약 1,000원의 추가를 하여서 추가예산안을 작
　　제하고, 협의회원 일동의 찬동을 얻어 그 당국에 인가를 신청 중인
　　바, 본년 본 면(面)에서 시행하는 배수공사에 대해 지방비로부터 보
　　조하는 금액 예정금 5천 원 중 3천 원 만 보조하는 것으로 내정함에
　　의해 그 예산의 경정을 하여 일괄 인가할 취지로 전기(前記) 신청을
　　반려하였습니다. 예산경정을 하는 것과 동시에 본년(本年) 9월 본도
　　(本道) 남부 각국 51개 면의 도로심사회에 수반하여 선구(宣龜)·선

삭(宣朔) 양선(兩線)의 수선(修繕)은 현재 긴급을 요구하는 공사라 인정하여, 그 부역·현품의 부과를 자문 제2호안대로 실행할 계획을 세워서 부역·현품은 가능한 대금(代金)을 환산, 징수하지 않을 것을 원칙으로 해도, 어쩔 수 없는 사정에 의해서 대금을 납부하는 것은 거절할 수 없는 것이라 인정하여 부역·현품의 약 5할은 대금 환산하여 납부하는 것으로 가정하여 그것을 부역·현품의 대납금으로 하여 예산에 계상하고, 또 본년 5월 국고보조가 결정되어진 이래 쿠라시나(倉科) 기사(技師) 이하 2명의 사무원을 채용하여서 실시 설계를 시켜 그 당국에 인가 신청의 결과, 본월 19일자로써 인가될 것이라는 내무국장으로부터의 전보가 있었음에 따라 예산에도 실시 설계 대로 경정하였던 것입니다.

본년 2월 12일부터 7월 4일까지 긴 기간에 걸쳐서 천연두가 유행함에 따라 환자 73명이 발생하고 그 중 30명은 격리병사에 수용되어 치료의 결과 불행히도 13명의 사망자가 있었고, 그 때문에 소독, 약품, 식비, 화장의 각비는 470원의 다액에 이르렀던 것으로써 임시 천연두 예방비의 항을 설치하여 예산을 추가한 것입니다.

이상 각 비목(費目)의 재원으로서는 이월금 및 과년의 수입의 증가에 의한 외 적립금에 있어서 1,067원의 감액을 하고 예비비에서 365원의 지출을 함은 어쩔 수 없기에 이르렀습니다. 전기(前記) 수지(收支)에 대한 상세는 별지 설명서대로이므로 부디 신중한 심의를 해 주기를 바랍니다. (중략-편자)

의장 : 이로부터 자문안의 심의에 들어갑니다. 각위에 전에 배포했던 안건대로 자문 제1, 2호안을 본일(本日)의 의제로 제공하였습니다. (중략-편자)

의장 : 자문 제1호안에 대해 이의 있으시면 질문하여 주시길 바랍니다.

8번 : 선구선(宣龜線)은 3등 도로이므로 도지방비(道地方費)의 보조를
받았는데 그 부족한 부분을 면(面)의 부담으로 하는 것은 어떠한 이
유에서 입니까?

면장 : 선구선(宣龜線)은 관계 면(面)에서 개수(改修)를 하는 조건으로
3등 도로에 편입되었음에 불구하고, 4년 전에 1회 개수하였을 뿐이
며, 선삭선(宣朔線)도 1917년에 1회 개수 후에는 마땅한 수선을 한
적이 없어서 긴급 수선을 하지 않으면 안됩니다. 생각건대 2등 도
로라도 관계 부락에서 수선하지 않으면 안되는 것이므로 이해하여
주시길 바랍니다.

8번 : 배수공사에 대한 지방비 보조가 3개년에 걸쳐서 있는 것이라면,
국고보조도 3개년을 받는 것입니까?

면장 : 국고보조는 2개년 간으로 매년 2만 7천 원씩 받을 예정인데, 지
방비에서는 1928년도 3천 원, 1929년도에 4천 원, 1930년에 3천 원의
보조를 할 예정입니다. 아울러 공사 진행상에 있어서는 1930년도까
지 있을 예정이므로 지장은 없습니다. (중략·편자)

의장 : 자문 제1호안을 가능하다고 생각하면 기립하여 주시길 바랍니다.
(전원 기립) (중략·편자)

의장 : 자문 제2호안에 이견 있으시면 질문하여 주시길 바랍니다.

8번 : 월천동(越川洞) 및 천남(川南), 천북동(川北洞)의 부과율이 차이
가 있고, 또 구장(區長), 총대(總代)를 면제하고 있는데 무슨 이유에
서 입니까?

의장 : 그것은 월천동은 관계 깊은 구역이어서 천남, 천북동에 비해서
2배의 부과를 하고 또 구장, 총대는 무보수로 감독으로 하기 때문에
종전 관례대로 실역(實役)을 면제하고 있습니다.

8번 : 수선 구역은 어떠한 방법으로 정하였습니까?

면장 : 구(區)를 단위로 출역자(出役者)에게 출역 구간을 정해서 감독
  을 하고 현품(現品)도 징수할 예정입니다.

의장 : 다시 이의 없습니까?

(전원 '이의 없음') (중략·편자)

의장 : 자문 제2호안에 대해 가능하다고 생각하면 기립하여 주시길 바
  랍니다.

(전원 기립) (중략·편자)

오후 3시 폐회.

10) 의주면 제28회 면협의회 회의록-1

항 목	내 용
문 서 제 목	義川面 第二十八回 面協議會 會議錄-1
회 의 일	19280308
의 장	李明煥(면장)
출 석 의 원	尹相和(1), 齊藤奎一(2), 土肥平一郎(3), 金載健(4), 山本喜助(5), 李民濟(7), 李昌洙(8), 金炳鍊(9), 福田國光(10), 裵錫元(11), 申彦洽(12)
결 석 의 원	(6번 缺員)
참 여 직 원	車均軒(의주군속), 川和田秋彦(의주군속)
회 의 서 기	野本甚作, 李昌柱, 金孝大, 朴萬德
회 의 서 명 자 (검 수 자)	
의 안	제1호안 1928년도 의주군 의주면 세입출예산의 건
문서번호(ID)	CJA0002657
철 명	지정면예산서(경북경남황해평남평북)
건 명	지정면예산의건(의주면)(평안북도지사)(회의록첨부)
면 수	17
회의록시작페이지	735
회의록끝페이지	751
설 명 문	국가기록원 소장 '지정면 예산서(경북경남황해평남평북)'에 포함된 1928년 3월 8일 의주면협의회 회의록

해 제

본 회의록(총 17면)은 국가기록원 소장 '지정면 예산서(경북경남황해평남평북)'의 '지정면 예산의 건(의주면)(평안북도지사)(회의록첨부)'에 포함된 1928년 3월 8일 개최된 의주면 제28회 면협의회의 회의록이다. 동 11일까지 개최된 제28회 의주면협의회의 제1일차 회의록이다.

의주면의 1928년도 세입·세출예산에 대한 논의가 주요 내용이다.

이날 회의는 면장인 이명환(李明煥)이 의장으로서 회의를 주재하다 건강상 이유로 중간에 서기 노모토(野本) 서기가 의장이 되어 회의를 주재하였다. 1917년 발포된 조선총독부령 제34호 면제시행규칙 제2조에 따르면 면서기는 면장이 사고가 있을 시 면장의 직무를 대리하는 것으로 규정하였다.[84] 이 규정은 1920년 7월 조선총독부령 제103호로 개정 당시 부장(副長)을 1인 설치하는 것으로 하여 면장의 사무를 보좌하고 면장 사고시 그 직무를 대리하게 하였지만 부장을 설치하지 않았을 경우에는 상석 서기가 면장 직무를 대리하도록 하였다.[85] 부장을 설치한 면도 면장, 부장이 함께 사고가 있을 경우 서기가 대리하도록 하였다. 해당 시기에는 부장이 공석이어서 노모토 서기가 회의를 주재하였던 것으로 보인다. 본 회의록에 보면 노모토 서기가 의장 직무를 위임받고 심의를 의결하고 있으나 호칭은 의장이 아니라 그대로 '번외(番外)'로 기재하고 있다.

의주면 제28회 면협의회 자문안은 총 5안이 올라와 있었다. 제1호안 1928년도 의주군 의주면 세입출예산의 건, 제2호안 의주면 부과금

---

[84] 제2장 면 직원

제2조 면에 면 서기를 두고 그 정원은 도장관이 정한다. 면서기는 유급으로 한다. 면장 사고시 상석 면서기가 그 직무를 대리한다.

「面制施行規則(朝鮮總督府令 第34號)」, 『朝鮮總督府官報』 1917.6.9.

[85] 제2조 면제(面制) 제4조의 3 규정에 의하여 지정한 면(面)에 부장(副長) 1인을 설치함.

부장은 면장(面長)의 사무를 보좌하며 면장이 사고(事故)가 있을 때는 그 직무(職務)를 대리(代理)함. 제2조의 2 면(面)에 서기(書記)를 설치함. 그 정원은 도지사(道知事)가 이를 정함.

부장(副長)을 설치하지 않는 면의 면장(面長)이 사고(事故)가 있을 때는 상석서기(上席書記)가 그 직무를 대리함. 부장을 설치한 면(面)은 면장, 부장이 함께 사고가 있을 때 또한 마찬가지임.

「面制施行規則中左ノ通改正ス(朝鮮總督府令第百三號)」, 『朝鮮總督府官報』 號外, 1920.07.29.

등급별 부과의 건, 제3호안 의주면 호별할 납부자별 부담액 사정(査定)의 건, 제4호안 의주면 특별부과금 부과 규정 개정의 건, 제5호안 의주면 특별부과금 납부자별 사정의 건이다. 이 중 1일차인 위 회의에서는 자문 제1호안 세입출예산에 대한 논의가 주로 행해졌다. 수도(水道) 전용전 설치 등 수도 관련 사항과 신규사업인 모범림(模範林), 납세(納稅) 독려 방법 등에 대해 주로 얘기가 되었다.

의주면의 경우 면당국보다 협의원들이 사업과 관련하여 방법론적으로 더 적극적으로 발언하고 있어 주목된다. 회의록 서두에 협의원이 지적한 것처럼 의사록 기재를 선별적하여 이렇게 된 것인지 확실하지는 않으나, 협의원들의 의견 개진이 번외들의 설명에 앞서는 내용들이 많다. 면당국보다 면수입의 확보에도 적극적인 면모를 보이고 있으며, 다른 지역들의 경우 사업비를 생각하지 않고 본인 이해관계에 따라 무리하게 사업 실시를 요구하는 경우가 많은데 의주면은 그 실시에 대한 점검에 대해 적극 피력하고 있는 것은 주목할 만하다.

수도 요금과 같은 것도 보면 다른 지역들의 경우 관리의 어려움 때문이기도 하지만 민간에서 요금 때문에 계량식으로 하는 것에 불만을 가지고 있는데, 절약의 측면에서 전용전을 계량식으로 하자고 제안하기도 하고, 면의 수도 증설에도 무조건적으로 찬성하지 않고 배수, 여과를 생각할 때 공용전, 전용전 모두 증설하는 것이 가능한 것인지 점검하고 있다. 그리고 면이 수도 증설을 면민의 기부금에 의존하여 하려는 것에 대해서도 우려를 표하였다.

한편, 본 회의록에서는 징세와 관련하여 납세 독려 방식을 두고 면당국과 협의회원들의 입장차이가 확인된다. 면당국이 납세선전의 방법으로 납세대(納稅袋)[86]의 예산을 올린 것에 대한 협의회원들은 면직원들이 출장하여 적극 권장하는 방식이 면에 실정에 더 맞는 것이

라고 주장하였다. 면의 현재로써는 납세사상을 직접적으로 선전하는
것이 더 시급하다는 것이 면협의회원들의 입장이었고, 납세대에 대해
서는 적극 반대하였다. 의주면은 당시 호별등급 사정에 대한 일반민
의 불만이 팽배하여 의주군에 불복 청원까지 하고 있었던 상황이었
다.[87] 면당국으로써는 이러한 상황이 또 적극적인 세금 독려에 나서
기에는 어려워 대안을 모색하였던 것으로 보인다.

내 용

(1) 개회의 장소 : 의주면사무소
(2) 개회의 일시 : 1928년 3월 8일 오전 10시 40분(중략-편자)
(6) 자문안(諮問案)
제1호안 1928년도 의주군 의주면 세입출예산의 건(중략-편자)

의사(議事)
의장 : 개회합니다. 이번의 자문사항은 제5호안까지입니다.
　먼저 제1호안을 심의 바랍니다.
(번외 노모토(野本) 서기 제1호안 낭독)
2번 : 의원이 의사(議事)에 익숙하지 않은 관계일지 모르겠는데 당국
　에서는 다른 일이라 생각하여 의사록에 기재하지 않는 의사가 있는
　것 같으므로 올해에는 이러한 일이 없도록 특히 부탁드립니다.

86) 납세대(納稅袋)는 일제시기 납세관념 선전을 위해 각 세목별(稅目別) 및 월력(月
曆)을 종이에 인쇄하여 영수증, 고지서 등을 보관하도록 만든 주머니로, 행정 관
청에서 무료로 배부하였다.
「谷城의 納稅成績, 納稅袋配付」, 『매일신보』 1925.1.1.
87) 「義州面에 不正事件暴露 關係者不服請願提出」, 『중외일보』 1928.1.3.

의장 : 필요 사항의 요령은 기재하고 있습니다.

2번 : 세입 제1관 제1항의 전년도의 실적은 어떻습니까?

번외 : 55원입니다.

1번 : 원안의 대로 이의 없습니다.

의장 : 외에 이의 없습니까?

　외에 이의가 없는 것 같으므로 원안에 찬성하는 것으로 결정합니다. 다음은 제1관 1항으로 옮깁니다.

2번 : 면제(面制) 제24조에 세입·세출예산은 적어도 신년도 개시 1개월 전에 군수에게 인가 신청을 해야 하는 것임에 불구, 당국은 매년 3월에 들어와 예산 협의회를 여는 습관이 있으므로 이후에는 예규를 준수할 것을 희망합니다. 또 늦어진 이유를 알고자 합니다.

번외 : 지당한 감이 있습니다. 2월 중에 결정할 예정이었지만, 도지방비(道地方費) 보조금의 내시(內示)가 지연되어 면(面)은 따라서 지연되었던 것입니다.

5번 : 작년도에도 희망하였는데, 의주면 하천부지 사용 인가 신청은 어떻게 되었습니까? 그 전말을 알고자 합니다. 문제는 다르지만 지금 도선(渡船) 사용료를 심의하는데 그에 관련하여 한마디 하고자 합니다. 토목국(土木局)의 압강(鴨江) 제방공사에 의해서 청마랑강(淸馬廊江)은 해마다 얕아지고 있습니다. 우기(雨期)를 제외한 외는 거의 걸어서 건너는 것이 가능한 상태로 면영(面營)에 관계한 도선 사용료는 자연적으로 감수되어지므로 이에 대신하는 수입을 계획하려면 어쨌든 하천부지사용 인가를 받을 필요가 절대로 있다고 생각합니다.

의장 : 하천부지 인가 신청 문제는 도선사용료에 관련하여 필요를 인정합니다. 모 의원은 면민을 대표하여 상경하여 그 당국에 구신(具

申)하였던 바, 본건은 그 당국에서 조건 없이도 인가하려고 한다는
것을 들었는데 작년 12월 중에 전의(詮議)하기 어렵다는 이유로 신
청이 각하되었던 것입니다. 그런데 이번은 면적을 적게라도 하여
도지사 권한 내에서 인가를 받으려고 다시 수속을 할 예정입니다.

의장 : 지금까지의 의사 진행은 의장이 하였는데 병약(病弱)으로 번외
노모토 서기에게 의사의 심의를 명령하였으므로 각 의원의 양해를
바랍니다.

번외 : 의장으로부터 명령에 의해서 번외가 의사의 진행을 하겠으므
로 양지바랍니다.

제2관 제2항으로 옮기겠습니다.

이의가 없으므로 원안에 찬성하는 것으로 하겠습니다. 다음은 제3
항으로 옮기겠습니다.

12번 : 이의 없습니다.

번외 : 외에 이의가 없으므로 원안에 찬성하는 것으로 결정합니다. 다
음의 제4항으로 옮기겠습니다.

4번 : 우시장(牛市場)은 해마다 확장되어지고 있는데 예산액을 전년보
다 줄인 것은 어떠한 이유입니까?

번외 : 전년도 실적을 보면 이 이상으로 증액하는 것은 도저히 가능하
지 않습니다.

10번 : 이의 없습니다.

번외 : 외에 이의가 없는 것 같으므로 원안에 찬성하는 것으로 결정하
고 다음은 제5항으로 옮깁니다.

5번 : 수도(水道)는 전용전(專用栓) 소지자에 대해 계량식으로 하지 않
아서 비상하게 잡수(雜水)로 사용하여 남용하는 경향이 있으므로
전용자에게 비용을 부담시키거나 혹은 면비(面費)를 지출하더라도

계량식으로 고칠 것을 희망합니다.

번외 : 여러 시험을 하여 보았지만 급수규정료에서 큰 차이는 없었던 것인데 순시(巡視)는 1일 수회에 걸쳐 전용, 공용전의 급수 상태를 시찰하여 남용되지 않도록 주의하고 있습니다.

2번 : 종래는 배수지(配水池), 여과지(濾過池)가 협소한 관계상 공용전을 연장하는 것이 가능하지 않다라 하는 것을 듣고 있습니다. 그런데 올해는 구성(舊城), 서부동(西部洞)에 공용전을 연장하는 외 전용전도 신청을 허락한다라 하는 것인데 수량 부족 관계는 없는 것입니까?

번외 : 검침원(檢針員)의 조사한 바에 의하면, 전용전을 증가해도 지장이 없다고 합니다. 또 배수지, 여과지는 모두 확장하지 않으면 안되는 시기가 온 것이라 생각합니다. 면비는 물론 지방비에서도 도저 불가능하여 그에 대해서는 국고 보조를 받아서 확대하는 것으로 원조하도록 도당국에 신청할 예정입니다. 또 조사는 착착 진행되고 있습니다. 또 종래의 전용전 신설 신청을 허가하지 않았던 것은 외에는 없습니다. 구성동 방면의 공용전 연장이 경비의 관계상 희망에 부응하는 것이 가능하지 않았던 것으로 자연 하나도 신설하는 것이 가능하지 않았습니다.

2번 : 올해는 전용전 신청을 허락한다고 하는데 무제한으로 허락할 예정입니까? 또 올해는 농학교(農學校)에서도 신청 희망이라는 것을 확실히 듣고 있는데 당국의 사정은 어떻습니까?

번외 : 가능한 한 신청을 받을 예정인데 지형 고저(高低) 및 본관(本管)과의 거리 등을 참작하여 증설할 예정입니다. 또 농학교에서 신청한다라 하는 것은 또 듣지는 못하였지만 충분 연구하는 것으로 하겠습니다.

10번 : 검침원이 말하는 바에 의하면 의주면 수도의 여과지, 배수지가 협소하므로 양수(揚水)가 충분하지 않다고 비판하는데 올해에 공용전의 연장을 하고, 또 전용전을 증설하는 것이라면 수량(水量)에는 고장을 초래하지 않겠습니까?

번외 : 연장 문제는 세출의 쪽을 심의해야 하는 것이므로 지금 부의한 수도사용료의 과목에 대해서 심의해 주십시오.

4번 : 올해에는 구성, 서부동의 공용전 증설의 외 전용전을 증설한다면 배수에는 지장 없습니까?

번외 : 절대 없을 것입니다.

2번 : 소화전(消火栓)의 증설 계획은 없습니까?

번외 : 신청한 보조금 전액을 받는다면 올해 2개소를 신설할 계획인데 보조금이 1/3밖에 나오지 않을 것 같으므로 올해는 어쩔 수 없습니다. 또 작년도에 남문동(南門洞)과 시장통에 각 1개소씩 소화전 대용 우물을 팠는데 내년도는 소방조(消防組)와도 협의의 후 1개소 신설할 계획입니다.

의장 : 외에 이의 있습니까?
　특별히 이의가 없는 것 같으므로 원안에 찬성하는 것으로 결정하고 다음은 제6항으로 옮깁니다.

11번 : 이의 없습니다.

번외 : 외에 이의 없습니까?
　이의가 없는 것 같으므로 원안에 찬성하는 것으로 결정합니다. 다음은 제7항으로 옮깁니다.

10번 : 이의 없습니다.

번외 : 만장 이의 없는 것 같으므로 원안의 대로 결정합니다. 다음 제8항으로 옮깁니다.

2번 : 전년도의 실적은 어떻습니까?

번외 : 조정액이 194원 51전으로 수입이 111원 90전입니다.

2번 : 이의 없습니다.

번외 : 다른 이의 없습니까?

　특별히 이의가 없는 것 같으므로 원안에 찬성하는 것으로 결정합니다. 다음은 제9항으로 옮깁니다.

2번 : 이의 없습니다.

번외 : 만장 이의가 없는 것 같으므로 원안에 찬성하는 것으로 결정합니다. 다음은 제10, 11, 12항으로 옮깁니다.

12번 : 이의 없습니다.

7번 : 동감입니다.

번외 : 만장 이의가 없는 것 같으므로 원안의 대로 찬성하는 것으로 결정합니다. 다음은 제3관 제1항으로 옮깁니다.

9번 : 이의 없습니다.

5번 : 마찬가지입니다.

번외 : 그럼 원안의 대로 결정합니다. 다음은 제2항으로 옮깁니다.

2번 : 이의 없습니다.

10번 : 찬성합니다.

번외 : 이의가 없는 것 같으므로 원안에 찬성하는 것으로 결정합니다. 다음은 제3항으로 옮깁니다.

2번 : 지방세(地方稅) 교부금(交附金)의 증가한 이유는 무엇입니까?

번외 : 부동산 취득세가 신설되었기 때문입니다.

2번 : 이의 없습니다.

번외 : 외에 이의 없습니까?

　특별히 이의가 없는 것 같으므로 제1호안 1928년도 의주군 의주면

세입출예산의 건, 제2호안 의주면 부과금 등급별 부과의 건, 제3호
안 의주면 호별할 납부자별 부담액 사정(査定)의 건, 제4호안 의주
면 특별부과금 부과 규정 개정의 건, 제5호안 의주면 특별부과금 납
부자별 사정의 건 원안의 대로 찬성하는 것으로 합니다. 다음은 제4
항으로 옮깁니다.

12번 : 이의 없습니다.

번외 : 특별히 이의가 없는 것 같으므로 원안의 대로 찬성하는 것으로
　　　결정합니다. 다음은 제4관으로 옮깁니다.

11번 : 이의 없습니다.

번외 : 이의가 없는 것 같으므로 원안의 대로 찬성하는 것으로 경정합
　　　니다. 다음은 제5관 제1항으로 옮깁니다.

2번 : 이의 없습니다.

번외 : 외에 이의 있습니까?

　　　만장 이의가 없는 것 같으므로 원안에 찬성하는 것으로 결정합니
　　　다. 다음은 제2항으로 옮깁니다.

2번 : 수도연장 보조금은 예산의 대로 충분한 수입이 전망됩니까?

번외 : 도평의원회가 아직 개최되지 않았으므로 지령은 받고 있지 않
　　　은데 당국에서 대체로 양해는 구하여 두었습니다.

2번 : 다행히 말씀하신 대로 보조금액을 받는다면 좋겠지만 불행히 받
　　　지 못하는 경우는 수도연장공사는 어떻게 될 예정입니까?

번외 : 불행이라도 예산의 대로는 차이 없이 받을 것이라 믿으므로 올
　　　해는 연장공사를 실시하는 것으로 하겠습니다. 다행히 전액을 받는
　　　경우는 면민의 희망의 대로 소화전, 공용전 증설하는 것으로 하겠
　　　습니다.

10번 : 도평의회에서는 가능한 보조금을 삭제하는 주의이므로 이점 주

의하여 주십시오. 연장공사는 지장 없이 실시할 것을 특히 바라여 둡니다.

번외 : 알겠습니다.

11번 : 이의 없습니다.

번외 : 외에 이의 없는 것 같으므로 원안에 찬성하는 것으로 결정합니다.

(번외 오찬을 위해 30분간 휴식을 선언함)

번외 : 계속하여 개회하겠습니다.

번외 : 제6관 제1항으로 옮기겠는데 사정에 의해 세출의 제8관 공원비 각 항목을 일괄하여 심의하고자 합니다. 이에 대해서는 각 의원의 옆에 배부한 예산 설명서와 의미를 다소 달리하고 있는 것은 이번 가을 어대전(御大典)[88] 기념사업으로서 실시할 계획으로 바뀌었기 때문입니다.

2번 : 어대전 기념사업으로서 공원을 확장함에 대해서는 크게 찬성합니다. 그런데 경비의 변통 문제로써 예산 계상액으로 가능하다면 어떠한 이의는 없습니다.

5번 : 공원 확장에는 크게 찬성을 표하는 바이지만 당국의 계획대로의 신규사업을 실시함에는 아무래도 경비가 부족할 것이란 것은 의론을 필요로 하지 않는 바입니다. 그런데 기왕을 회고하면 1914년 어대전 기념사업으로서 처음 공원 조성의 때에 도청에서 6천 원의 보조를 받아서 의주군(義州郡) 16면(面) 공동 노력에 의해 공원으로 조성하려고 한 그 이후 의주면이 이를 양수(讓受)하여 해마다 많은 액수의 경비를 투자하여 확장 관리해왔던 것은 모두 아는 바입니

---

[88] 즉위의 대전.

다. 그러나 이번 가을 어대전 기념사업으로써 확장한 때에는 단지 의주면만의 힘에 의하지 않고 기왕에 준하여 의주군 관내 각 면의 공동 노력을 기다려 실행할 것을 간절히 희망하는 바입니다. 그리고 전 조선 유일의 공원으로 조선 8경의 가치를 날로 향상시킬 것을 거듭 원합니다.

5번 : 원안의 대로 이의 없습니다.

번외 : 외에 이의 없습니까?

특별히 이의가 없는 것 같으므로 원안에 찬성하는 것으로 결정합니다. 다음은 제2항으로 옮깁니다.

7번 : 수도연장 기부금 모집 방법은 어떻습니까?

번외 : 7번 의원의 동네에 연장할 당시의 것을 좋다고 하셨던 것으로 생각되므로 그 방법에 의해 연장 부락 주민의 기부를 받을 예정입니다.

7번 : 전례에 의해 해당 구역민에게 책임을 부담시킨다면 중도에 고장이 발생할 우려가 있으므로 적절한 조치를 바랍니다.

번외 : 7번 의원의 말씀은 알겠습니다. 구장(區長)과 부락의 독지자에게 부탁할 예정입니다. 또 4번 의원으로부터 수도연장 문제에 대해서는 수년간 열망했던 결과 이제 실현함에 이르렀던 것이므로 특히 4번 의원과 1번 의원에게 부탁드립니다.

4번 : 열망의 결과 당국에서 연장공사를 실현함에 대해서는 감사를 드리는데 서부동과 구성동의 각 연장 거리를 알고자 합니다.

번외 : 구성동이 160간(間), 서부동이 150간입니다.

4번 : 공동전은 몇 개 소 신설됩니까?

번외 : 지금의 바로는 양쪽 모두 각 1개소씩 신설할 계획입니다.

4번 : 듣는 바에 의하면 서부동에 2개소, 구성동에 1개소를 신설하려고 한다는데 사실입니까?

번외 : 그렇습니다. 신설 개소는 각 1개씩인데 서부동은 1924년 연장 공사의 때 기부금을 받았지만 경비가 부족하여 뒤에 설치한다는 조건이 붙어 있었으므로 올해 연장의 때 기설선에 공동전을 1개 증설할 예정입니다.

4번 : 구성동은 160간의 연장인데, 이 사이에 또 1개소 신설을 희망하는데 당국의 방침은 어떻습니까?

번외 : 공용전의 연장에 대해서는 면에서 급수(汲水) 호수(戶數)를 충분 조사하여 하고자 하는 것으로 올해는 예산의 관계상 희망에 부응하는 것은 가능하지 않으나 면은 가능한 무슨 일이든 공평주의로 처리하고 있습니다.

11번 : 4번 의원의 말씀은 160간에 공동전 1개소는 적다라 하는 것인데 구남교(舊南橋)에서 시장통의 수백 간의 사이에 1개소도 없는 것입니다.

10번 : 아무래도 기부에 의해서 연장하는 것이므로 양쪽 모두 같은 수로 공평하게 신설하기를 바랍니다.

번외 : 알겠습니다.

2번 : 연장 거리의 차이는 겨우 10간이므로 각 1개소씩 신설하는 것은 온당하고 서부동에 1개소 증설한다라 하는 것은 앞서 번외의 말대로 이므로 원안에 찬성합니다.

7번 : 2번에 동의입니다.

11번 : 원안에 찬성합니다.

번외 : 외에 이의 없습니까?

연장공사는 모두 기부금 완납의 후 착수하는 것이고 또 4번 의원의 희망도 있었으므로 내년도는 아무튼 모두 1개소씩 증설하는 것으로 합니다. 특별히 이의 없는 것 같으므로 원안에 찬성하는 것으로 합니다. 다음은 제7관 1, 2, 3항에 대해 심의를 부탁드립니다.

11번 : 이의 없습니다.

9번 : 마찬가지입니다.

12번 : 마찬가지입니다.

번외 : 만장 이의가 없는 것 같으므로 원안대로 찬성하는 것으로 결정합니다. 또 제4항은 원안으로 계상하고 있지만 항목을 별도로 할 필요를 인정하지 않으므로 앞서 잠시 2번 의원의 안도 있었으므로 그 예산액을 제8관 제3항에 가산하는 것으로 합니다. 다음은 제8관 제1, 2항으로 옮깁니다.

9번 : 이의 없습니다.

4번 : 이의 없습니다.

번외 : 외에 이의가 없는 것 같으므로 원안에 찬성하는 것으로 결정하고 다음은 제3항으로 옮깁니다.

2번 : 불용물품(不用物品) 매각대(賣却代)는 너무 소액이라 생각합니다. 누차 말씀드렸지만 수도(水道)는 해마다 상당한 불용품을 발생시키는 것 같습니다. 또 당국에서는 예산에 계상하여 매각하는 경향이 있으므로 이는 예산면에 계상하는 것을 희망합니다.

번외 : 알겠습니다.

10번 : 이의 없습니다.

번외 : 외에 이의 없습니까?

특별히 이의가 없으므로 원안에 찬성하는 것으로 결정합니다. 다음은 4, 5, 6항으로 옮깁니다.

1번 : 이의 없습니다.

2번 : 이의 없습니다.

11번 : 마찬가지입니다.

번외 : 만장 이의 없는 것 같으므로 원안에 찬성하는 것으로 결정합니다. 다음은 제9관의 1, 2, 3, 4, 5항을 일괄하여 심의하는 것으로 하겠는데 제4항 영업세할 부기란(附記欄)의 본세(本稅)에 대한 100/100을 90/100으로 개정합니다.

2번 : 이의 없습니다.

5번 : 이의 없습니다.

번외 : 만장 이의 없는 것 같으므로 원안의 대로 가결합니다.

그럼 세입의 쪽은 여기서 원만으로 심의를 마칩니다.

번외 : 세출의 심의로 옮깁니다.

(세출 전관 낭독) 지금 낭독한 대로로써 올해의 신사업에 대해 간단하게 설명드립니다. 우리 면의 모범림(模範林) 면적은 10정(町) 2반보(反步) 여인데 여기에 '아카시아' 입목은 작년 가을에 모두 벌채를 하여서 약 7정보(町步)는 올해부터 4년간 연차 계획의 시업(施業) 편성안에 기초하여 낙엽송(落葉松)의 조림을 계획하여 40년 윤벌기(輪伐期)로써 시업하는 것으로 하였습니다. 그리고 기본림은 모범림의 일부 약 3정보를 이용하여 20년 계획으로 율림(栗林)을 만들어 면경제를 풍부하게 할 방침입니다. 어대전 기념사업계획 및 연장의 건은 전부터 각원에게 상담을 거듭하여 왔던 대로이므로 시간의 관계상 이야기하지 않겠습니다.

7번 : 면장의 수당은 작년도와 본년도가 같은 액수로 월(月)로 환산하면 겨우 59원으로 이는 필경 상사(上司)에서 면장의 대우 방법이 마땅하지 않은 것이라 인정합니다. 지금 약간 지정면으로써 대우책을 강구할 것을 간절히 바라 마지않는 바입니다.

번외 : 말씀이 마땅합니다. 대우 운운은 협의회에서는 가능하지 않은

것입니다. 희망의 의견으로써 알아는 두겠습니다.

2번 : 원안의 대로 찬성합니다.

4번 : 마찬가지입니다.

번외 : 외에 이의가 없는 것 같으므로 원안에 찬성하는 것으로 결정합 니다. 다음은 제4항으로 옮깁니다.

10번 : 제4항의 여비는 소액인 것 같으므로 지금 조금 많이 계상하여 각 방면에 활약하여 면민의 복리증진의 길을 강구하도록 하면 어떻 겠습니까?

2번 : 전년도 여비지급 실적은 어떻습니까? 저도 10번 의원과 동감인 데 1928년도의 실적을 보면 예산 200원에 대해 실제 지급액은 387원 으로 약 배액을 추가 지급한 것 등은 다소 마땅하지 않은 것이므로 가능한 한 예산 범위 내에서 지출할 것을 희망합니다.

번외 : 2월 말까지의 지출액은 287원입니다. 도청 이전 이래 보조금 기타의 관계로 관외 출장의 횟수가 증가하였지만 올해는 이렇게 경 리할 예정입니다.

2번 : 예산 유용(流用) 수속 방법은 어떻습니까?

번외 : 1관의 각 항목의 내에서 군수의 인가를 받아 유용하는 것입니다.

2번 : 이의 없습니다.

번외 : 외에 이의 없습니까?

특별히 이의가 없는 것 같으므로 원안에 찬성하는 것으로 결정합니 다. 다음은 제5항으로 옮깁니다.

11번 : 원안의 대로 찬성합니다.

12번 : 동의합니다.

번외 : 만장 이의가 없는 것 같으므로 원안의 대로 찬성하는 것으로 결정합니다.

4번 : 다른 이야기 같은데 작년 말 당국에서 배부한 세입출결산서는 서면(書面) 제시로 하는 것입니까? 협의회에 제시하는 것입니까?

번외 : 이제 본 회의에 제시합니다.

임석(臨席) 관리 : 협의회란 것은 무형(無形)의 것으로 집합하지 않아도 회로 간주하는 것이 가능합니다.

번외 : 제2관 제1항으로 옮깁니다.

2번 : 시외통화료(市外通話料)의 전년도의 실적은 어느 정도입니까?

번외 : 34원 60전입니다.

2번 : 이의 없습니다.

번외 : 외에 이의 없습니까?

특별히 이의가 없는 것 같으므로 원안에 찬성하는 것으로 결정합니다. 다음은 제2항으로 옮깁니다.

임석 관리 : 화재보험료는 일괄하여 재산관리비로 계상해야 하는 것인데…

9번 : 원안의 대로 찬성합니다.

7번 : 마찬가지입니다.

번외 : 이의가 없는 것 같으므로 원안에 찬성하는 것으로 결정합니다. 다음은 제3항으로 옮깁니다.

2번 : 잡비(雜費)의 중 납세대비(納稅袋費)는 아직 시기가 이르지 않은가 생각합니다. 또 기타의 실시하고 있는 바의 성적 등도 조사의 후 하는 것이 어떠합니까? 당국의 방침은 고지서의 분실 예방과 납세 선전을 주로 하는 것인데 형식적인 일을 하지 않고 실제로 면리원이 출장, 독려를 하는 쪽이 도리어 좋은 성적을 거둘 것이라 믿으므로 찬성하기 어렵습니다.

번외 : 2번 의원설과 같이 당국에서는 평소 직원이 실제로 가서 독려

징수를 하고 있습니다. 또 신의주(新義州), 선천면(宣川面) 방면은 실시하고 있는데 그 성적을 조사하면 비상히 좋은 성적을 거둘 뿐만 아니라 고지서의 분실 등도 가장 적은 것 같은 상태이므로 올해는 어쨌든 이를 실행하고자 계상하였던 것이므로 원안에 찬성을 부탁드립니다.

5번 : 납세대도 필요하지만 일반에 납세 사상을 철저하게 선전하는 데는 각호(各戶)에 대해 선전 독려를 하고 납세의무를 보급하는 것이 좋은 방책이라고 생각합니다. 일본과 같이 여기서 이를 각호에 배부해도 어떠한 효과도 없을 것이라 생각합니다.

10번 : 2번, 5번 의원설에 동감합니다. 제가 본 일례를 들면 벽동군(碧潼郡) 운시면(雲時面)과 같이 교통이 불편한 벽지임에도 불구하고 면이원이 흑판에 납세 기일을 엄수하라고 크게 써서 가지고 다니면서 통행하는 사람들에게 직접 선전을 하고 있는 것을 보았던 것으로 우리 면과 같은 집단지에서는 별도로 납세대의 필요를 느끼지 않습니다.

4번 : 미혹의 면민에게 납세사상을 보급하는 것은 가장 필요한 것인데 현상의 면민 경제 부진을 참작하여 1개년 정도 연기의 후 실시하는 것은 어떻습니까?

번외 : 여러 의견이 있으므로 20분간 휴식하여 협의하고자 생각하는데 올해는 어쨌든 당국 계획을 실행하고자 한다는 것을 말씀드립니다. 다시 회의를 선언하고 의장에 자문한 것 만장 이의 없으므로 그럼 제3관 제1항으로 옮깁니다.

(만장 '이의 없음')

번외 : 그럼 원안의 대로 찬성하는 것으로 결정하고 제4관 제1항으로 옮깁니다.

10번 : 우리 면과 같이 도로 교량의 정리가 되지 않은 땅에 예산면 계
　　　상으로는 도저히 완전한 수선은 가능하지 않으므로 부역에 의해 수
　　　선할 방침을 강구하여 주십시오.

2반 : 우리 면의 도로가 나쁜 것과 시구정리가 되지 않은 것은 종종
　　　보는 바이므로 무언가 이에 대한 계획은 없습니까?

번외 : 시구개정에 대해서는 각종 연구를 할 계획을 가지고 있는데 갑
　　　자기 실현하는 것은 가능하지 않은 것입니다. 경비의 관계도 있으
　　　므로 모두 도청의 양해를 구하여 순차 실시해나가고자 생각합니다.

5번 : 시구개정에 대해서는 도저히 면비로는 불가능합니다. 선천면의
　　　예를 보아도 5만 원의 보조를 받아서 실시한다라 하는 것이므로 우
　　　리 면도 속히 절차를 밟을 것을 간절하게 바랍니다.

번외 : 알겠습니다. 상당한 계획을 세워서 실행하겠습니다.

11번 : 원안의 대로 찬성합니다.

12번 : 마찬가지입니다.

번외 : 특별히 이의가 없는 것 같으므로 원안에 찬성하는 것으로 결정
　　　합니다. 다음은 제2항으로 옮깁니다.

7번 : 이의 없습니다.

10번 : 원안에 찬성합니다. 또 오늘을 여기서 폐회를 희망합니다.

번외 : 만장 이의 없는 것 같으므로 원안에 찬성하는 것으로 결정합니
　　　다. 또 동의에 의해 오늘은 여기서 폐회하겠습니다. 열심히 심의하
　　　여 주셔서 매우 감사합니다.
　　　내일은 오늘과 같이 10시에 개회하겠으므로 출석을 바랍니다.

시간 오후 5시 30분 폐회를 선언함

11) 의주면 제28회 면협의회 회의록-2

항 목	내 용
문 서 제 목	義川面 第二十八回 面協議會 會議錄-2
회 의 일	19280309
의 장	李明煥(면장)
출 석 의 원	尹相和(1), 齊藤杢一(2), 金載健(4), 山本喜助(5), 李民濟(7), 李昌洙(8), 金炳鍊(9), 福田國光(10), 裵錫元(11), 申彦治(12)
결 석 의 원	土肥平一郎(3)(6번 缺員)
참 여 직 원	車均軒(의주군속), 川和田秋彦(의주군속)
회 의 서 기	野本甚作, 李昌柱, 金孝大, 朴萬德
회 의 서 명 자 (검 수 자)	
의 안	제1호안 1928년도 의주군 의주면 세입출예산의 건, 제2호안 의주면 부과금 등급별 부과의 건, 제3호안 의주면 호별할 납부자별 부담액 사정(査定)의 건, 제4호안 의주면 특별부과금 부과규정 개정의 건, 제5호안 의주면 특별부과금 납부자별 사정의 건
문 서 번 호(ID)	CJA0002657
철 명	지정면예산서(경북경남황해평남평북)
건 명	지정면예산의건(의주면)(평안북도지사)(회의록첨부)
면 수	7
회의록시작페이지	752
회의록끝페이지	758
설 명 문	국가기록원 소장 '지정면 예산서(경북경남황해평남평북)'에 포함된 1928년 3월 9일 의주면협의회 회의록

해 제

본 회의록(총 7면)은 국가기록원 소장 '지정면 예산서(경북경남황해평남평북)'의 '지정면 예산의 건(의주면)(평안북도지사)(회의록첨부)'에 포함된 1928년 3월 9일 개최된 의주면 제28회 면협의회의 2일차 회의록이다. 이날은 1일차에 이어 1928년도 세입출예산에 대하여 논의하였다. 전날 세입에 대한 논의는 모두 마쳤고, 세출에 대해 논의하던 것을 이어 제5관 권업비부터 논의를 시작하였다. 의주면협의회의 회의록은 면당국의 예산 설명은 상세하지 않으나, 면무(面務)와 관련된 면협의원들의 세세한 문제제기를 확인할 수 있는 재미가 있다. 이날 회의에서 제기된 문제는 모범림내 흙 도난, 신의주전기회사(新義州電氣會社)와의 갈등, 수도 직원의 태도불량 등이다. 이 중 의주에 영향을 미칠 수 있는 것은 신의주전기회사와의 갈등 상황이다. 회의록상 명확하게 이야기하고 있지는 않지만, 면당국과 신의주전기회사간 타협이 원만하게 되지 않아 전력을 사용하는 수도 공급에 문제가 생길 수 있는 상황을 우려하고 있다.

한편, 본 회의록에는 다른 협의회 회의록에서는 보기 드물게 면직원, 협의원 외 소방조두(消防組頭)가 참석하여 직접 협의회원의 질문에 답변하고 있는 것을 확인할 수 있다.

내 용

(1) 개회의 장소 : 의주면사무소

(2) 개회의 일시 : 1928년 3월 9일 오전 10시 40분(중략-편자)

(6) 자문안(諮問案)

제1호안 1928년도 의주군 의주면 세입출예산의 건(중략-편자)

의사(議事)

의장 : 지금부터 개회하겠습니다.

오늘은 세출 제5관부터 13관까지 심의하겠습니다. 먼저 5관 1항에

서 전년도보다 630원 감소하였던 것은 우시장 매수 대가를 전년도
까지 전부 지불하였기 때문입니다.

2번 : 이의 없습니다.

의장 : 외에 이의 없습니까?

　외에 이의가 없는 것 같으므로 원안에 찬성하는 것으로 결정합니
다. 다음은 제2항으로 옮깁니다.

4번 : 아카시야림 벌채 자리에는 전부 낙엽송으로 새로 채웁니까?

의장 : 낙엽송과 밤입니다.

4번 : 모범림 내에서 누차 흙을 파가는 것을 목격하였는데 이것의 방
　지책으로 해당 장소에 주의 표찰을 세울 것을 희망합니다.

의장 : 알겠습니다. 잘 감시함과 함께 표찰을 세우도록 하겠습니다.

1번 : 모범림 구역을 침범하여 개착(開鑿) 하는 자가 있다는 이야기를
　듣고 있는데 사실이라면 엄중하게 처벌을 단행하여 주십시오.

번외 : 작년 가을 관측을 하였으므로 올해 봄 경계를 정해서 이러한
　폐해가 없도록 하겠습니다.

2번 : 묘목(苗木) 식부의 후 관리 방법은 어떻습니까?

번외 : 간수(看守)와 임시 인부를 써서 잡초 제거 손질을 할 계획입니
다. (중략-편자)[89]

11번 : 원안에 찬성합니다.

의장 : 원안의 대로 이의가 없는 것 같으므로 채결(採決)하는 것으로
　하겠습니다. 다음은 제6관 1항으로 옮깁니다.

4번 : 수도 용인(傭人)의 중에서 상당히 활동하는 자로서 아주 낮은 급
　료를 받고 있는 것 같은데 지금 조금 대우를 해줄 것을 희망합니다.

---

89) 원문 훼손.

의장 : 예산이 허락하는 한 대우를 하도록 하겠습니다.

10번 : 수도는 신의주 전기회사로부터 전력을 받고 있는데 당국과 회사의 타협이 충분하지 않은 것처럼 들리고 있는데 이후 상호 원만하게 조화의 방법을 취하기를 바랍니다.

번외 : 그것은 매주(賣主)와 매수(買手)의 쪽이므로 상호의 요구에 의해 다소의 어긋남이 있는 것은 면할 수 없습니다.

(의장 오찬을 위해 휴식을 선언함)

계속하여 개회합니다. (1시 15분)

5번 : 건물비에서 전년도보다 많이 계상하고 있는데 어느 곳을 수리하는 것입니까?

의장 : 숙사(宿舍)의 지붕을 전부 다시 깔려고 합니다.

2번 : 최근 수도 용인 등의 행동이 심히 유쾌하지 않은 것처럼 보입니다. 나아가 어느 용인은 근무 시간 중에 술기운을 띠고서 일에 종사하는 것도 발견되는데 당국의 감독 방법 및 장래 취할 조치 방침은 어떻습니까?

의장 : 이런 불량 동작을 여러 분에게 보인 것에 대해서는 당국에서도 죄송합니다. 당국에서도 이 건에 대해 들었으므로 엄중하게 주의를 시켜 담임 근무를 변경시킨 것도 있습니다.

5번 : 2번 의원과 동감입니다. 책임 관련이 결핍한 것은 특종 감독을 하여 주시길 바랍니다.

의장 : 알겠습니다. 지금부터 엄격한 감독을 하고 본인도 한층 주의를 해두겠습니다.

4번 : 전기회사의 태도가 좋지 않아 수도(水道) 관계에서 언제라도 의견이 충돌될 것이라 듣고 있는데 만일 중대 문제가 발생하여 전력

의 공급을 중지할 경우 등에 대한 응급수단은 어떻게 조치할 예정
입니까?

번외(番外) : 예비의 가스 기계가 1대 있으므로 만약 불시의 경우는 이
를 운전하여 배수함과 함께 면민에게 미혹은 없도록 할 각오입니다.

11번 : 원안에 이의 없습니다.

의장 : 특별히 이의가 없는 것 같으므로 원안의 대로 채결하고, 제2항
으로 옮깁니다.

12번 : 작년도의 실적은 어떻습니까?

번외 : 2월 말까지의 지출액이 약 반액인데 해빙(解氷)과 함께 본월 중
에 작은 파손을 수리하려고 생각합니다.

4번 : 하수구의 가장 험악한 것은 구성동과 동외동(東外洞)인데 당국
에서는 언제 수리를 하려는 것입니까?

의장 : 올해는 어떻게 해서라도 충분 수리를 실시할 계획입니다.

7번 : 원안에 찬성합니다.

의장 : 외에 이의 없습니까?
특별히 이의가 없는 것 같으므로 원안에 찬성하는 것으로 결정합니
다. 다음은 제3, 4, 5, 6, 7, 8, 9, 10, 11, 12항으로 옮깁니다.

11번 : 이의 없습니다.

7번 : 마찬가지입니다.

의장 : 만장 이의가 없으므로 원안에 찬성하는 것으로 결정합니다. 다
음은 제7관의 1항으로 옮깁니다.

10번 : 경비비(警備費)의 예산 편성에 대해서는 작년 협의회의 때 의
원과 일단 상담의 후 편성할 것을 원하여 두었는데 올해는 어떻게
되었습니까?

번외 : 올해부터는 위생비, 경비비의 예산 편성의 때는 관계 당국과

협의원과의 의견을 종합하여 계상하는 것으로 하였습니다.

2번 : 지금 소방조의 간부가 오셨으므로 소방비의 내용에 대해 설명을 부탁드리고자 하는데 어떻습니까?

의장 : 의원의 희망도 있으므로 조두(組頭)로부터 상세한 설명을 듣겠습니다.

2번 : '가솔린' 즉통(喞筒)을 사용하는 '모빌'유(油)[90]는 이 의주와 같이 추위가 가혹한 곳은 동절기 동결하여 사용이 어려운 점은 없습니까?

조두(組頭) : 말씀하신 대로 동결합니다. 그것을 여러 가지로 연구하여 보면 '모빌'과 휘발유를 반반 혼합하면 충분 사용 가능한 것으로 지금까지는 어떠한 걱정도 없었습니다.

2번 : 지금 소방수는 정원에 도달하여 있지만 가솔린 즉통을 운용하면 얼마간 인원을 감소해도 지장이 없다고 생각하는데 조(組)로써의 의견을 어떻습니까?

조두 : 가솔린 즉통을 사용하면 지장이 없는데 2, 3호의 즉통을 겸용하게 되었으므로 인원을 줄일 수는 없습니다.

2번 : 알겠습니다. 원안에 찬성합니다.

12번 : 원안에 찬성합니다.

의장 : 이의가 없는 것 같으므로 원안의 대로 결정합니다. 다음은 제8관 제1, 2, 3, 4항으로 옮깁니다.

제3항목은 특별히 필요가 인정되지 않으므로 그 항목을 삭제하고, 예산액을 제2항 수용비로 가산하여 부기란은 그대로 두었습니다.

4번 : 의주공원(義州公園)은 조선 유일의 명승지이므로 가능한 충실, 근면한 간수를 고용하여서 풍경을 손상하지 않도록 손질, 관리를

---

[90] 엔진유(油)의 일종으로서 자동차 엔진용 윤활유.

하도록 감독할 것을 간절히 바랍니다.

의장 : 알겠습니다. 종래도 충분 감독은 하여 왔지만 또 한층 감독을 하여 공원의 풍경을 가증하는데 힘쓰겠습니다.

12번 : 원안에 찬성합니다.

5번 : 원안의 대로 찬성합니다.

의장 : 특별히 이의가 없는 것 같으므로 원안에 찬성하는 것으로 결정합니다. 다음은 제9관 제1, 2항으로 옮깁니다.

2번 : 이의 없습니다.

10번 : 마찬가지입니다.

의장 : 이의가 없는 것 같으므로 원안에 찬성하는 것으로 결정합니다. 다음은 제10관으로 옮깁니다.

1번 : 이의 없습니다.

의장 : 그럼 원안의 대로 채결하고 다음은 11관 각 항목에 대해 심의를 바랍니다.

만장(滿場) : 이의 없습니다.

그럼 채결하는 것으로 합니다. 다음은 12, 13관 함께 심의를 바랍니다.

만장 : 이의 없습니다.

의장 : 원안의 대로 채결합니다.

그럼 세입, 세출 각관 항목의 심의는 마쳤습니다.

2번 : 상당히 시간도 늦었으므로 오늘을 여기서 폐회할 것을 희망합니다.

의장 만장으로 자문함에 전원 찬성에 대해 폐회를 선언함.

시간 오후 6시 30분

12) 의주면 제28회 면협의회 회의록-3

항 목	내 용
문 서 제 목	義川面 第二十八回 面協議會 會議錄-3
회 의 일	19280310
의 장	李明煥(면장)
출 석 의 원	尹相和(1), 齋藤杢一(2), 金載健(4), 山本喜助(5), 李民濟(7), 金炳錬(9), 福田國光(10), 裵錫元(11), 申彦治(12)
결 석 의 원	土肥平一郎(3), 李昌洙(8) (6번 缺員)
참 여 직 원	車均軒(의주군속), 川和田秋彦(의주군속)
회 의 서 기	野本甚作, 李昌柱, 金孝大, 朴萬德
회 의 서 명 자 (검 수 자)	
의 안	제2호안 의주면 부과금 등급별 부과의 건, 제3호안 의주면 호별할 납부자별 부담액 사정(査定)의 건, 제4호안 의주면 특별부과금 부과 규정 개정의 건, 제5호안 의주면 특별부과금 납부자별 사정의 건
문서번호(ID)	CJA0002657
철 명	지정면예산서(경북경남황해평남평북)
건 명	지정면예산의건(의주면)(평안북도지사)(회의록첨부)
면 수	5
회의록시작페이지	759
회의록끝페이지	763
설 명 문	국가기록원 소장 '지정면 예산서(경북경남황해평남평북)'에 포함된 1928년 3월 10일 의주면협의회 회의록

해 제

본 회의록(총 5면)은 국가기록원 소장 '지정면 예산서(경북경남황해평남평북)'의 '지정면 예산의 건(의주면)(평안북도지사)(회의록첨부)'에 포함된 1928년 3월 10일 개최된 제28회 의주면협의회의 3일차 회의록

이다. 의주면 부과금 전반과 호별할 납부자별 부담액의 사정, 특별부
과금 규정 등에 대해 논의하였다. 의주면의 부과금은 시가지세할(市
街地稅割), 영업세할(營業稅割), 호별할(戶別割), 특별영업세할(特別營
業稅割), 잡종할(雜種割) 등으로, 잡종할로는 전주할(電柱割), 예기(藝
妓), 작부(酌婦), 흥행할(興行割) 등이 부과되고 있었다.[91] 1917년 6월
조선총독부령 제34호로 발포된 면제시행규칙에 따르면 면은 부과금으
로 1) 지세할 또는 시가지세할, 2) 호별할, 3) 특별부과금을 부과할 수
있었다.[92] 1927년 3월 면제시행규칙 개정으로 영업세할(營業稅割)이
추가되었다.[93] 부과율은 1)지세할은 평안남도, 평안북도, 강원도, 함경
남도, 함경북도에서는 46전, 기타 도에서는 23전, 2) 시가지세할은 시
가지세 1원에 대해 40전, 3) 호별할은 납입의무자 평균 1인에 대해 45전,[94]
4) 영업세할은 영업세 1원에 대해 1원을 초과할 수 없는 것으로 하였
다.[95] 부과금은 명확하게 정해져 있는 것은 아니었기 때문에 협의회
에서 논의를 통해 범위 내에서 조정하는 것이 가능하였고, 본 회의록
에서는 그러한 조정 내용을 확인할 수 있다. 회의 내용을 보면 협의원
측에서 영업세할의 저하를 요청하여 정정을 이끌어 낸 사실이 확인된
다.

또 이날 중요하게 논의되었던 것 중 하나는 특별부과금 논의과정에

91) 「昭和三年度義州郡義州面歲入歲出豫算書」, 『지정면예산서(경북경남황해평남평
북)』(CJA0002657).
92) 제13조 부과금으로서 부과할 것은 다음과 같다. 1. 지세할 또는 시가지세할, 2. 호
별할 3. 특별부과금
「面制施行規則(朝鮮總督府令 第34號)」, 『朝鮮總督府官報』 1917.6.9.
93) 「面制施行規則中改正(朝鮮總督府令 第29號)」, 『朝鮮總督府官報』 1927.3.31.
94) 제13조 부과금으로서 부과할 것은 다음과 같다. 1. 지세할 또는 시가지세할, 2. 호
별할 3. 특별부과금
「面制施行規則(朝鮮總督府令 第34號)」, 『朝鮮總督府官報』 1917.6.9.
95) 「面制施行規則中改正(朝鮮總督府令 第29號)」, 『朝鮮總督府官報』 1927.3.31.

서 나온 축견세이다. 각 지방단체들이 잡종의 조세를 설정할 수 있게 되면서 지역별로 각종 세금이 부여되었는데 그 금액이 크지는 않지만 면민들의 부담은 가중시키는 것이었다. 즉 특별부과금이란 것은 지세할 및 호별할을 징수해도 면의 지출을 충당하기에 부족하거나 또는 토지 상황에 따라 지세할 및 호별할에 의하는 것보다도 다른 과목을 두어 부과하는 편이 적당하다고 면에서 판단한 경우 새로운 과목(科目)을 만들어 부과하는 것이었다. 여기에는 상세한 규정이 없었기 때문에 지역별로 본인의 지역에 맞는 것을 선택해서 총독의 인가를 얻어 징수하였다.[96] 이와 관련하여 축견세는 자주 등장하는 세목이었는데 부당국은 위생 등을 언급하여 징수를 주장하나 사실상 당시 개를 많이 키우는 것이 조선인들이었기 때문에 이에 대한 논의 방향을 살펴보는 것을 통해 해당 협의회의 성향을 확인하는 것도 가능할 것으로 생각된다. 본 의주면협의회에서는 의원들이 강력하게 반발하여 투표에까지 이르렀고 부결되었다.

또 한 가지 해당 면협의회의 징세 논의와 관련하여 특이사항은 호별할 납부자별 부담액 사정 심의를 하지 않고 있다는 것이다. 일반 협의회들의 상황을 보면, 전반적으로 의견 개진도 없이 당국자들의 의견에 따라 만장일치로 자문안을 의결, 확장하는 경우가 많고, 다만 이 호별할 사정 심의를 중요 업무처럼 하고 있다. 그런데 이 의주면협의회에서는 당국의 일임 요구로 협의원들의 심의를 거치지 않겠다고 하고 있는 것이다. 이에 대한 반발도 확인되지 않는데, 이는 아마도 면민 전체가 호별할 등급 사정에 불만을 품고, 그 중에는 부정등급사정으로 의주군에 불복청원서까지 제출하고 있는 상황이었기 때문에 다

---

96) 朝鮮總督府 編, 『面制說明書』, 朝鮮總督府, 1917.

른 방식을 취하고자 하였던 것으로 보이고 협의원들도 반발하지 못했던 것 같다.[97]

내 용

(1) 개회의 장소 : 의주면사무소

(2) 개회의 일시 : 1928년 3월 10일 오전 10시 50분 (중략-편자)

(6) 자문안 (중략-편자)

제2호안 의주면 부과금 등급별 부과의 건

안의 1 시가지세할(市街地稅割)은 본세(本稅) 1원에 대해 금 46전(錢)을 부과함

안의 2 영업세할(營業稅割)은 국세영업세(國稅營業稅) 100원에 대해 100원을 부과함

안의 3 호별할(戶別割) 등급별 부과액은 별지의 대로 부과함

제3호안 의주면 호별할 납부자별 부담액 사정(査定)의 건

제4호안 의주면 특별부과금 부과 규정 개정의 건(중략-편자)

의사(議事)

의장 : 지금부터 개회하겠는데 연일의 노고에 감사드립니다.

오늘은 제2, 3, 4, 5호안 전부에 대해 심의를 부탁드립니다. 먼저 제2호안의 1로 옮깁니다.

2번 : 이의 없습니다.

의장 : 외에 이의가 없는 것 같으므로 원안에 찬성하는 것으로 결정합

---

97) 「義州面에 不正事件暴露 關係者不服請願提出」, 『중외일보』 1928.1.3.

니다. 다음은 제2로 옮깁니다.

2번 : 영업세할의 전년도의 실적은 어떻습니까?

번외 : 수입액이 897원입니다.

2번 : 특별영업할과 영업세할의 과율의 균형이 치우지지 않은 공평한 부과를 희망한다는 취지는 작년에도 말하였으므로 지금 다시 말하지 않아도 마땅하다라 생각합니다. 당국도 본견에 대해서는 모두 양해하였던 것이므로 얼마간 저하(低下) 해주기를 바랍니다.

10번 : 2번 의원설에 동감합니다.

의장 : 전에 잠시 말씀드렸던 대로 당국도 그 필요를 인정하여 유예도 하였고 모두의 요망도 있었으므로 본세 100원에 대한 90/100로 정정한 것입니다.

2번 : 수정 원안에 찬성합니다.

의장 : 외에 이의가 없는 것 같으므로 정정안에 찬정하는 것으로 결정합니다. 다음은 제2호안의 3으로 옮깁니다.

호별할 부과율은 1호 평균 4원으로 부과표는 별표의 대로입니다.

11번 : 원안에 찬성합니다.

2번 : 마찬가지입니다.

의장 : 만장 이의 없는 것 같으므로 원안의 대로 찬성하는 것으로 결정하겠습니다. 다음은 제3호안으로 옮깁니다.

납부자 부담액 사정은 종래는 심의를 해왔지만 시간을 소비하는 것이 특별히 필요하다고 인정되지 않으므로 당국에 일임을 부탁드립니다.

12번 : 찬성합니다.

7번 : 마찬가지입니다.

의장 : 그럼 원안을 근거로 하여 원안에 약간 정정을 필요로 하는 것

을 발견하였고, 또 일본인 민간 측의 분은 예년의 대로 의주학교조합의 부과표준액 2할을 줄여서 부과하고 또 관공서 급료자는 4월 1일 현재로부터 부과하는 것으로 합니다. 다음은 제4호안의 1로 옮기겠습니다.

5번 : 작년도에도 실행하고자 희망을 해두었지만 시기상조라는 의론이 있어서 1년간 보류하는 것으로 결의하였으므로 본년도에는 어쨌든 실현하는 것에 찬의를 표합니다.

10번 : 5번설에 동감하는데 실시 초년이므로 부과액은 50전으로 내려서 원안의 대로 결정하는 것을 바랍니다.

2번 : 10번 의원설에 찬성합니다.

4번 : 본건에 대해서 작년도에 비상하게 반대하였지만 시세의 진보에 수반하여 그 부과는 지극 당연한 것입니다. 또 부과액은 2번 의원과 마찬가지입니다.

11번 : 본건은 작년도에도 여러 이론이 있었던 것으로 현재 면민의 상태를 비추어 보류할 것을 희망합니다.

9번 : 조선인의 축견(畜犬)은 주로 아이들의 양육을 위한 것이므로 면의 수입을 생각하지 말고 최소한도로 부과하는 것이 어떻습니까?

2번 : 축견의 표시는 어떠한 방법으로 하는 것입니까?

번외 : 의주면의 '마크' 및 번호를 넣은 놋쇠로 제작한 감찰(鑑札)을 부터여서 축견에 대한 것으로 할 예정입니다.

12번 : 실제 말씀하신 대로 필요는 느끼지만 지금 1년간 보류하는 것은 어떻습니까?

의장 : 전원 필요를 인정하지만 의견이 어려가지 있는 것인데 이는 면의 수입을 계획하기 위한 것인 아니라 시가정리 및 광견병 예방책으로써 실시하려고 하는 것이므로 원안에 찬성하여 주십시오.

1번 : 찬성할 수 없습니다.

의장 : 가부를 결정하는 것이 가능하지 않으므로 결정을 취하여 의결을 하는 것으로 하겠습니다.

　찬성 4명

　불찬성 5명

(이때 2번, 10번 의원은 가정사의 형편에 의해 퇴장, 귀가함)

의장 : 20분간 휴식하겠습니다.

　계속하여 개회합니다. (1시 40분)

5번 : 긴급동의가 있습니다. 오늘 육군기념일로 우리 국민으로써는 추모의 마음으로 견딜 수 없음에 다행히 재향군인회가 개최하는 강연회가 있으므로 오늘을 여기서 폐하는 것은 어떻습니까?

11번 : 동일 국민은 동일 정신입니다. 시간도 조금밖에 없으므로 계속하여 의사 진행을 하기를 바랍니다.

4번 : 2번 의원도 귀가하여 의사 진행이 가능하지 않은데 우리의 의견으로써는 뒤에 융화를 결여해도 한이 없으므로 5번 의원의 설에 동감합니다.

의장 : 융화를 결여하는 것 같은 일은 결코 없다고 생각합니다. 연도도 절박하여 인가, 신청의 사정이 있으므로 의사를 진행하는 것으로 하겠습니다.

11번 : 찬성합니다.

(2번, 10번 의원 착석함)

의장 : 축견 부과에 대해서는 각원 모두 필요가 없지 않다고 한 것은 좋은 판단이지만 채결에 이르러 부결된 것은 유감입니다. 그러나 상담의 결과 당국에 일임을 바라고, 또 상사(上司)의 쪽에 구신하여 선처하고자 생각합니다. 오늘은 상당히 피로의 색도 보이고, 시간

도 상당이 늦어졌으므로 여기서 폐회합니다. 내일도 정각에 열석을
바랍니다.

시간 오후 5시

13) 의주면 제28회 면협의회 회의록-4

항 목	내 용
문 서 제 목	義州面 第二十八回 面協議會 會議録-4
회 의 일	19280311
의 장	李明煥(면장)
출 석 의 원	尹相和(1), 金載健(4), 李民濟(7), 金炳鍊(9), 裵錫元(11), 申彦洽(12)
결 석 의 원	齊藤杢一(2), 土肥平一郎(3), 山本喜助(5), 李昌洙(8), 福田國光(10) (6번 缺員)
참 여 직 원	車均軒(의주군속), 川和田秋彦(의주군속)
회 의 서 기	野本甚作, 李昌柱, 金孝大, 朴萬德
회 의 서 명 자 (검 수 자)	李明煥(면장), 金炳鍊, 裵錫元
의 안	제4호안 의주면 특별부과금 부과 규정 개정의 건, 제5호안 의주면 특별부과금 납부자별 사정의 건
문 서 번 호 (I D)	CJA0002657
철 명	지정면예산서(경북경남황해평남평북)
건 명	지정면예산의건(의주면)(평안북도지사)(회의록첨부)
면 수	3
회의록시작페이지	764
회의록끝페이지	766
설 명 문	국가기록원 소장 '지정면 예산서(경북경남황해평남평북)'에 포함된 1928년 3월 11일 의주면협의회 회의록

해 제

본 회의록(총 3면)은 국가기록원 소장 '지정면 예산서(경북경남황해평남평북)'의 '지정면 예산의 건(의주면)(평안북도지사)(회의록첨부)'에 포함된 1928년 3월 11일 개최된 의주면 제28회 면협의회 제4일차 회의

록이다. 이날 회의에서는 특별부과금에 대한 논의와 특별부과금 납부
자별 사정을 하였다. 특별부과금 중 전주세(電柱稅)에 대해 논의를 하
고 있는데 큰 반발 없이 논의가 마무리 되었다.

내 용

(1) 개회의 장소 : 의주면사무소
(2) 개회의 일시 : 1928년 3월 11일 오전 11시 (중략-편자)
(6) 자문안 (중략-편자)
제4호안 의주면 특별부과금 부과 규정 개정의 건
제5호안 의주면 특별부과금 납부자별 사정의 건 (중략-편자)

의사(議事)
의장 : 연일 자신의 일을 중단하고 면행정을 위해 애써주신 것을 감사
　　드립니다.
　　지금부터 개회하겠습니다.
　　어제에 계속하여 자제4호의 2로 옮깁니다.
11번 : 지금 의주면의 재정상에서 최고 한도 2원 범위 내에서 1원 50전
　　으로 개정할 것을 바랍니다.
1번 : 전등 요금은 해가 갈수록 오르고 있는 상태인데 원안의 대로 규
　　정 개정에 찬성합니다.
11번 : 원안에 찬성합니다.
12번 : 마찬가지입니다.
의장 : 특별히 이의가 없는 것 같으므로 원안의 대로 결정합니다. 다
　　음은 제5호안의 심의를 바랍니다.

(번외 낭독함)

12번 : 원안의 대로 찬성합니다.

11번 : 김광빈(金光彬) 외 3명에 대해 정정을 하여 원안에 찬성합니다.

7번 : 11번에 동감입니다.

의장 : 다른 이의 없습니까?

이의가 없는 것 같으므로 원안의 대로 결정합니다.

여기서 자문안 제5호까지의 전부의 심의를 마치고, 연일 열심히 심사하여 주셔서 깊은 감사를 드립니다. 또 본 회의록의 서명은 9번, 11번 의원에게 부탁드립니다.

의장 오후 7시 폐회를 선언함

1928년 3월 11일

의장 면장 이명환(李明煥)

협의회원 김병련(金炳鍊)

동 배석원(裵錫元)

천지명

한양대학교 비교역사문화연구소 전임연구원

숙명여자대학교 문학박사. 주요 논저로 「일제의 거류민단법 제정과 그 성격」(『한국독립운동사연구』 50, 2015), 「1930년대 초 군산부회(群山府會)의 위원회 활동 연구」(『역사연구』 39, 2020) 등이 있다.